Englisch fürs Gespräch

Ein modernes Konversationsbuch

von

Heidi Stani

und der Langenscheidt-Redaktion

LANGENSCHEIDT

BERLIN · MÜNCHEN · WIEN · ZÜRICH · NEW YORK

Auflage: 11. 10. 9. | Letzte Zahlen
Jahr: 2000 | maßgeblich

Druck: Druckhaus Langenscheidt KG, Berlin-Schöneberg
Printed in Germany · ISBN 3-468-42121-4

Vorwort

Für erste sprachliche Kontakte im Ausland genügt ein Sprachführer. Strebt man aber eine intensivere Unterhaltung in englischer Sprache an, so ist das vorliegende Buch „Englisch fürs Gespräch“ eine große Hilfe.

Es bietet zeitgemäße, praktische Redewendungen und Argumente, die nach Sachgebieten geordnet sind. Im Selbststudium oder auf der Reise benutzt, ermöglicht es eine Unterhaltung in einem breiten Spektrum von Themen.

Ob beruflicher Alltag oder Schule, Freizeitaktivitäten oder Umwelt, Politik oder persönliche Daten – dieses moderne Konversationsbuch gibt dem Lernenden die nötige Sicherheit in der Unterhaltung. Auch für den in den angelsächsischen Ländern beliebten sogenannten „small talk“ – die oberflächliche Konversation, das belanglose Geplauder – werden Redemittel bereitgestellt.

In der Behandlung der Gesprächsstoffe wird den unterschiedlichen Aspekten im täglichen Leben zwischen Ländern im deutschsprachigen Raum und den englischsprachigen Ländern Rechnung getragen.

Ein ausführliches Sachregister und Inhaltsverzeichnis erleichtern das Auffinden des gesuchten Themas. Piktogramme dienen als visuelle Hilfen und zur Einstimmung des Benutzers auf das jeweilige Sachgebiet. Die Abkürzung U.S. wird zur Kennzeichnung der Besonderheiten des Amerikanischen Englisch verwandt (im Sachregister zusätzlich: Brit. für Britisches Englisch).

„Englisch fürs Gespräch“ gibt jedem Englischlernenden mit Vorkenntnissen die Sachinformationen und Redemittel für eine große Anzahl interessanter Gespräche. Die angebotenen „Sprachbausteine“ kann der Tourist ebenso benutzen wie der Geschäftsreisende; dem Schüler, der zum ersten Mal nach England fährt, werden sie ebenso eine Hilfe sein wie dem Senior, der seine Traumreise in die USA verwirklicht.

Das vorliegende Buch basiert auf der Tradition der Langenscheidt-Konversationsbücher, die sich seit Jahrzehnten bewährt haben. „Englisch fürs Gespräch" ist jedoch völlig neu gestaltet und entspricht der Sprachwirklichkeit von heute.

Viele Reisende erfahren in der fremdsprachigen Umwelt trotz ihrer Kommunikationsbereitschaft eine gewisse Ohnmacht – bedingt durch die Furcht, sich sprachlich nicht richtig zu verhalten. „Englisch fürs Gespräch" ist so gestaltet, daß der Benutzer nicht mehr „ohnmächtig" sein muß, sondern mit den notwendigen Kenntnissen in ein Gespräch eintreten kann.

Gute Unterhaltung auf englisch wünscht Ihnen

LANGENSCHEIDT

Preface

When people first come into contact with a foreign language abroad, they can generally get by with a phrase book. But anyone aiming at a deeper level of conversation will find the present volume a great help.

It offers modern, practical phrases and discussion topics, arranged according to subjects. Whether it is used on a "teach yourself" basis by the student, or by the tourist to assist him on his travels, this book enables the user to engage in conversation on a wide variety of topics.

From everyday life at work or school to leisure activities or environmental issues, politics or personal data – this modern conversation book gives the learner the confidence he needs to be able to talk about these subjects in the foreign language, either in depth or on a superficial "small talk" level.

In the treatment of the topics due attention has been paid to the characteristic differences in everyday life between German-speaking countries and the English-speaking world.

A detailed subject index and table of contents help the reader to find particular topics quickly, while numerous pictograms serve as a visual aid.

This conversation book gives learners with a previous knowledge of the foreign language information and ideas for all sorts of interesting conversations. The sentences and phrases provided can be used by the tourist or the businessman; they are equally useful to the student backpacking through Europe and the senior citizen on a package tour of German-speaking countries.

The present volume is based on the tradition of Langenscheidt conversation books, which have proved their worth over decades. At the same time, however, it has been fully reworked to reflect recent developments in the two languages.

Many people travelling abroad – despite their eagerness to communicate – are paralysed by a sense of helplessness stemming from their fear of being unable to express themselves properly in the foreign language. The present volume is designed to dispel this feeling of helplessness by providing the user with the tools necessary to strike up a conversation on all kinds of topics.

Many happy hours of discussion!

LANGENSCHEIDT

Inhalt

		Seite
1.	Ausdrucksmittel der alltäglichen Unterhaltung	17
1.1	Aufnahme, Eröffnung eines Gesprächs	17
1.2	Fortführung eines Gesprächs	18
1.3	Stellungnahme	19
1.3.1	Versicherung, Bestätigung, Anerkennung	19
1.3.2	Widerspruch, Verneinung	19
1.3.3	Zustimmung, Ablehnung	20
1.3.4	Ausdruck des Bedauerns	21
1.3.5	Ausdruck der Wichtigkeit	21
1.3.6	Ausdruck des Glaubens und der Überzeugung	22
1.3.7	Ausdruck der Ungewißheit	23
1.4	Gefühle und Stimmungen	23
1.4.1	Positive und negative Eindrücke	23
1.4.2	Hoffnung, Sorge	24
1.4.3	Wünsche	26
1.4.4	Freude, Bedauern, Mitleid	26
1.4.5	Gefallen, Mißfallen	27
1.4.6	Zufriedenheit, Unzufriedenheit	28
1.4.7	Gleichgültigkeit	28
1.4.8	Traurigkeit	29
1.4.9	Enttäuschung	30
1.5	Vorschläge	31
1.6	Rat	32
1.7	Verbot	32
2.	Persönliche Daten	33
2.1	Name, Adresse, Familienstand, Familie	33
2.2	Alter, Geburtstag, Geburtsort	35
2.3	Staatsangehörigkeit	36
3.	Zwischenmenschliche Beziehungen	37
4.	Wohnung	42
5.	Schule und Ausbildung	48
5.1	Schulsystem	48

		Seite
5.1.1	Grundschule	48
5.1.2	Hauptschule	50
5.1.3	Realschule	51
5.1.4	Gymnasium	52
5.1.5	Gesamtschule	53
5.1.6	Privatschulen	54
5.2	Hochschule	55
5.2.1	Universität, Technische Hochschule	55
5.2.2	Fachhochschule	57
5.3	Berufsausbildung	58
6.	Arbeit und Beruf	59
7.	Tägliches Leben	67
7.1	Geschäfte	67
7.1.1	Lebensmittel	67
7.1.2	Herrenbekleidung	69
7.1.3	Damenbekleidung	71
7.1.4	Kaufhäuser	73
7.1.5	Buchhandlung	75
7.1.6	Sportartikel	77
7.1.7	Schuhgeschäfte	80
7.1.8	Blumenläden	81
7.1.9	Friseur	82
7.1.10	Schuhmacher	84
7.1.11	Bäcker	85
7.1.12	Metzger (Fleischer)	86
7.1.13	Elektrogeschäft	88
7.2	Preise	89
7.3	Maße	90
7.3.1	Längen- und Flächenmaße	91
7.3.2	Hohlmaße	92
7.4	Gewichte	93
7.5	Geldinstitute	94
7.5.1	Banken	94
7.5.2	Sparkasse	95
7.5.3	Wechselstube	97
7.6	Post	98
7.7	Telefon	99

		Seite
7.8	Versicherung	100
7.8.1	Unfallversicherung	100
7.8.2	Haftpflicht	102
7.8.3	Teil-/Vollkasko	104
7.8.4	Lebensversicherung	105
8.	Verkehrsmittel	106
8.1	Öffentliche Verkehrsmittel, Flugzeug, Schiff	106
8.2	Auto	118
8.2.1	Kosten fürs Auto	118
8.2.2	Reparaturen	120
8.2.3	Tanken	121
9.	Behörden	122
9.1	Polizei	122
9.2	Meldebehörde	125
9.3	Finanzamt	127
10.	Restaurants	129
10.1	Städtische Restaurants	129
10.2	Ausflugslokale	132
10.3	Pub (Bierkneipe)	134
10.4	Weinhaus	136
10.5	Nachtclub	137
11.	Speisen und Getränke	138
11.1	Speisen	138
11.1.1	Fleischspeisen	138
11.1.2	Fisch	139
11.1.3	Gemüse	141
11.1.4	Teigwaren, Reis	142
11.1.5	Zubereitungsarten	143
11.2	Getränke	144
11.2.1	Wein, Sekt	144
11.2.2	Bier	146
11.2.3	Spirituosen	146

		Seite
11.2.4	Alkoholfreie Getränke	147
11.2.5	Kaffee, Tee	148
11.3	Mahlzeiten	148
11.3.1	Frühstück	148
11.3.2	Mittagessen	150
11.3.3	Abendessen	151
12.	Freizeit	152
12.1	Hobbys	152
12.2	Sport	153
12.2.1	Fußball	154
12.2.2	Tennis	155
12.2.3	Leichtathletik	156
12.2.4	Schwimmen	157
12.2.5	Skilaufen und Skispringen	157
12.3	Radio, Fernsehen	159
12.4	Musik	161
12.4.1	Unterhaltungsmusik	161
12.4.2	Ernste Musik	162
12.4.3	Oper, Konzert	163
12.5	Theater	165
12.6	Kino	167
12.6.1	Problemfilme	167
12.6.2	Krimis	168
12.6.3	Western	169
12.7	Lesen	170
12.7.1	Sachbücher	170
12.7.2	Unterhaltungsliteratur	171
12.8	Presse	171
12.8.1	Zeitungen	171
12.8.2	Zeitschriften	172
12.9	Kunst	173
12.9.1	Museen, Galerien	173
12.9.2	Ausstellungen, Auktionen	175
13.	Religion	176
13.1	Christliche Religionsgemeinschaften	176
13.2	Nicht-christliche Religionsgemeinschaften	178

Seite

14. Reisen, Urlaub 180

14.1 Winterurlaub 180

14.2 Sommerurlaub 182
14.2.1 Gebirge 182
14.2.2 Meer 183
14.2.3 Bahnreisen 185
14.2.4 Reisegesellschaften 187
14.2.5 Einzelreisen 189

14.3 Unterkunft 190
14.3.1 Hotel, Pension 190
14.3.2 Ferienhäuser und -wohnungen 192
14.3.3 Camping 193

14.4 Inlandsreisen 195

14.5 Auslandsreisen 196
14.5.1 Reisepapiere, Paß, Visum 196
14.5.2 Zollkontrolle 197
14.5.3 Devisenbeschaffung, -bestimmungen 198

15. Gesundheit, Körperpflege 199

15.1 Gesundheitszustand 199
15.1.1 Krankheiten 199
15.1.2 Unwohlsein 201
15.1.3 Unfall 202

15.2 Gesundheitsfürsorge 203
15.2.1 Arzt 203
15.2.2 Zahnarzt 206
15.2.3 Krankenhaus 207
15.2.4 Apotheke, Medikamente 209

15.3 Krankenversicherung 210
15.3.1 Gesetzliche Krankenversicherung 211
15.3.2 Private Krankenversicherung 212

16. Allgemeine Themen 214

16.1 Politik 214
16.1.1 Regierungssysteme 214
16.1.2 Parteien 217
16.1.3 Verfassung 219

16.2 Sitten und Gebräuche 220

		Seite
16.3	Feiertage	223
16.3.1	Nationale und gesetzliche Feiertage	223
16.3.2	Religiöse Feiertage	224
16.4	Militär	226
16.5	Industrie	228
16.6	Gewerbe, Handel	231
16.7	Landwirtschaft	234
16.8	Umwelt	236
16.8.1	Pflanzen, Tiere	236
16.8.2	Umweltbelastungen	238
16.9	Wetter, Klima	240
	Sachregister	251

Contents

		Page
1.	Expressions for Everyday Conversation	17
1.1	Starting a Conversation	17
1.2	Keeping the Conversation Going	18
1.3	Point of View	19
1.3.1	Assurance, Confirmation, Acknowledgement	19
1.3.2	Contradiction, Negation	19
1.3.3	Agreement, Refusal	20
1.3.4	Expressing Regret	21
1.3.5	Expressing Importance	21
1.3.6	Expressing Belief and Conviction	22
1.3.7	Expressing Uncertainty	23
1.4	Feelings and Moods	23
1.4.1	Positive and Negative Impressions	23
1.4.2	Hope, Concern	24
1.4.3	Wishes, Desires	26
1.4.4	Pleasure, Regret, Sympathy	26
1.4.5	Likes, Dislikes	27
1.4.6	Satisfaction, Dissatisfaction	28
1.4.7	Indifference	28
1.4.8	Sadness	29
1.4.9	Disappointment	30

		Page
1.5	Suggestions	31
1.6	Advice	32
1.7	Prohibition	32
2.	Personal Data	33
2.1	Name, Address, Marital Status, Family	33
2.2	Age, Birthday, Place of Birth	35
2.3	Nationality	36
3.	Human Relationships	37
4.	Flat (U.S.: Apartment)	42
5.	School and Education	48
5.1	School System	48
5.1.1	Primary School (U.S.: Elementary School)	48
5.1.2	Five-Year Secondary Modern (Non-Academic School)	50
5.1.3	Six-Year Secondary Modern (Non-Academic School)	51
5.1.4	Grammar School (U.S.: High School)	52
5.1.5	Comprehensive Secondary School	53
5.1.6	Private Schools	54
5.2	Higher Education	55
5.2.1	University, Polytechnic	55
5.2.2	College (U.S.: Professional School)	57
5.3	Vocational Training	58
6.	Work and Profession	59
7.	Daily Life	67
7.1	Shops (U.S.: Stores)	67
7.1.1	Food, Groceries	67
7.1.2	Men's Clothing	69
7.1.3	Ladies' Clothing	71
7.1.4	Department Stores	73
7.1.5	Bookshop	75

		Page
7.1.6	Sports Goods	77
7.1.7	Shoe Shops	80
7.1.8	Flower Shops	81
7.1.9	Hairdresser's, Barber's	82
7.1.10	Shoemaker's	84
7.1.11	Baker's	85
7.1.12	Butcher's	86
7.1.13	Electrical Supplies Shop	88
7.2	Prices	89
7.3	Measurements	90
7.3.1	Linear Measurements and Square Measurements	91
7.3.2	Measures of Capacity	92
7.4	Weights	93
7.5	Financial Institutions	94
7.5.1	Banks	94
7.5.2	Savings Bank	95
7.5.3	Exchange Office	97
7.6	Post Office	98
7.7	Telephone	99
7.8	Insurance	100
7.8.1	Accident Insurance	100
7.8.2	Liability Insurance	102
7.8.3	Third Party, Fire and Theft/Fully Comprehensive Insurance	104
7.8.4	Life Assurance	105
8.	Transport (U.S.: Transportation)	106
8.1	Public Transport, Air and Sea Travel	106
8.2	Car	118
8.2.1	Car Expenses	118
8.2.2	Repairs	120
8.2.3	Filling up	121
9.	Authorities	122
9.1	Police	122
9.2	Registration with the Authorities	125
9.3	Tax (U.S.: Revenue) Office	127

		Page
10.	Restaurants	129
10.1	Restaurants in Town	129
10.2	Restaurants in the Country	132
10.3	Pub	134
10.4	Wine Tavern	136
10.5	Night Club	137
11.	Food and Drink	138
11.1	Food	138
11.1.1	Meat Dishes	138
11.1.2	Fish	139
11.1.3	Vegetables	141
11.1.4	Pasta, Rice	142
11.1.5	Methods of Preparation	143
11.2	Drinks	144
11.2.1	Wine, Champagne	144
11.2.2	Beer	146
11.2.3	Spirits	146
11.2.4	Soft Drinks	147
11.2.5	Coffee, Tea	148
11.3	Meals	148
11.3.1	Breakfast	148
11.3.2	Lunch	150
11.3.3	Evening Meal	151
12.	Leisure Time	152
12.1	Hobbies	152
12.2	Sports	153
12.2.1	Soccer	154
12.2.2	Tennis	155
12.2.3	Track-and-Field Athletics	156
12.2.4	Swimming	157
12.2.5	Skiing and Ski Jumping	157
12.3	Radio, Television	159
12.4	Music	161
12.4.1	Easy Listening	161
12.4.2	Serious Music	162
12.4.3	Opera, Concert	163

		Page
12.5	Theatre (U.S.: Theater)	165
12.6	Cinema, Movies	167
12.6.1	Serious Films	167
12.6.2	Crime Films	168
12.6.3	Westerns	169
12.7	Reading	170
12.7.1	Non-fiction	170
12.7.2	Light Reading	171
12.8	Press	171
12.8.1	Newspapers	171
12.8.2	Journals, Magazines	172
12.9	Art	173
12.9.1	Museums, Art Galleries	173
12.9.2	Exhibitions, Auctions	175
13.	Religion	176
13.1	Christian Religious Groups	176
13.2	Non-Christian Religious Groups	178
14.	Travel, Holiday	180
14.1	Winter Holiday	180
14.2	Summer Holiday	182
14.2.1	Mountains	182
14.2.2	Seaside	183
14.2.3	Train Journeys	185
14.2.4	Travel Parties	187
14.2.5	Trips for Individuals	189
14.3	Accommodation	190
14.3.1	Hotel, Boarding House	190
14.3.2	Holiday (U.S.: Vacation) Homes and Flats (U.S.: Apartments)	192
14.3.3	Camping	193
14.4	Inland Trips	195
14.5	Travel Abroad	196
14.5.1	Travel Documents, Passport, Visa	196
14.5.2	Going through Customs	197
14.5.3	Obtaining Foreign Currency, Currency Regulations	198

		Page
15.	Health, Hygiene	199
15.1	State of Health	199
15.1.1	Illnesses	199
15.1.2	Feeling Unwell	201
15.1.3	Accidents	202
15.2	Public Health Services	203
15.2.1	Doctor's	203
15.2.2	Dentist's	206
15.2.3	Hospital	207
15.2.4	Chemist's (U.S.: Pharmacy, Drugstore), Medicines	209
15.3	Health Insurance	210
15.3.1	National Health Insurance	211
15.3.2	Private Health Insurance	212
16.	General Topics	214
16.1	Politics	214
16.1.1	Systems of Government	214
16.1.2	Parties	217
16.1.3	Constitution	219
16.2	Manners and Customs	220
16.3	Holidays	223
16.3.1	National and Bank (U.S.: Legal) Holidays	223
16.3.2	Religious Feast Days	224
16.4	Armed Forces	226
16.5	Industry	228
16.6	Trade, Commerce	231
16.7	Agriculture	234
16.8	Environment	236
16.8.1	Plants, Animals	236
16.8.2	Environmental Problems	238
16.9	Weather, Climate	240
	Index	245

1. Expressions for Everyday Conversation

1. Ausdrucksmittel der alltäglichen Unterhaltung

1.1 STARTING A CONVERSATION

1.1 AUFNAHME, ERÖFFNUNG EINES GESPRÄCHS

How do you do! (Hello!)	Guten Tag! *(beim Vorstellen)*
Good morning. (Good afternoon, good evening.)	Guten Morgen. (Guten Tag *[nachmittags]*, guten Abend.)
This is lovely weather we're having, isn't it?	Wunderschönes Wetter, nicht wahr?
Do you speak English?	Sprechen Sie Englisch?
Can you understand me when I speak slowly?	Können Sie mich verstehen, wenn ich langsam spreche?
Yes, I can understand more English than I can speak.	Ja, ich verstehe mehr Englisch als ich spreche.
Yes, I can understand you without any trouble.	Ja, ich kann Sie ohne Schwierigkeiten verstehen.
I'm having trouble understanding you. Could you speak more slowly, please?	Ich habe Schwierigkeiten, Sie zu verstehen. Können Sie bitte langsamer sprechen?
Excuse me, aren't you Lisa's friend from Birmingham?	Entschuldigung, sind Sie nicht Lisas Bekannte aus Birmingham?
Yes, I am, but I don't think we've met before. My name is Barb Wild.	Ja, das stimmt. Aber ich glaube nicht, daß wir uns schon kennen. Mein Name ist Barb Wild.
How long have you been in Germany?	Wie lange sind Sie schon in Deutschland?
I've been in Germany for two weeks now.	Ich bin bereits seit zwei Wochen in Deutschland.
Have you adjusted to life here yet?	Haben Sie sich schon eingelebt?
I'm having problems getting accustomed to the climate.	Ich habe Probleme, mich an das Klima zu gewöhnen.
How has your stay in England been so far?	Wie ist Ihr Aufenthalt in England bis jetzt gewesen?
I'm enjoying my visit here very much, but at times I still feel very homesick.	Ich genieße die Zeit hier sehr, aber manchmal habe ich noch großes Heimweh.
How are you finding things in our country?	Wie gefällt es Ihnen in unserem Land?

It's still too early to form an opinion, but I think it's probably quite different from what (U.S.: different than) I imagined.

Es ist noch zu früh, sich eine Meinung zu bilden, aber ich glaube, es ist wahrscheinlich anders als ich es mir vorgestellt habe.

1.2 KEEPING THE CONVERSATION GOING

1.2 FORTFÜHRUNG EINES GESPRÄCHS

I'd like to talk to you for a minute, if you've got time.

Wenn Sie Zeit haben, möchte ich Sie einen Augenblick sprechen.

I'd like to have a word with you!

Ich möchte Sie einen Moment sprechen!

Have you got a moment? I'd like to ask you a question.

Haben Sie einen Augenblick Zeit? Ich möchte Sie etwas fragen.

I won't keep you very long if you are in a hurry.

Wenn Sie es eilig haben, werde ich Sie nicht sehr lange aufhalten.

I've got something important to discuss with you.

Ich habe etwas Wichtiges mit Ihnen zu besprechen.

Perhaps you remember me. We've seen each other several times but have never been formally introduced.

Vielleicht erinnern Sie sich noch an mich. Wir sind uns schon mehrmals begegnet, aber noch nicht miteinander bekannt gemacht worden.

Do you remember me?

Erinnern Sie sich an mich?

Yes, I do, but I'm afraid I didn't recognize you at first.

Ja, aber leider habe ich Sie im ersten Moment nicht erkannt.

Perhaps you know of a place where we can have a chat. Do you know of a nice cafe near here?

Vielleicht wissen Sie, wo wir ein wenig plaudern können. Kennen Sie nicht ein nettes Café hier in der Nähe?

We should discuss this matter in more detail. Have you got (U.S.: Do you have) time now?

Wir sollten uns näher über die Einzelheiten unterhalten. Haben Sie jetzt Zeit?

I'm glad you brought the subject up again. We must get together and talk the matter over thoroughly. What are you doing at the moment?

Ich freue mich, daß Sie das Thema wieder zur Sprache gebracht haben. Wir müssen uns zusammensetzen und die Angelegenheit gründlich durchsprechen. Was machen Sie jetzt?

1.3 POINT OF VIEW

1.3 STELLUNGNAHME

1.3.1 Assurance, Confirmation, Acknowledgement

1.3.1 Versicherung, Bestätigung, Anerkennung

I know that for certain.	Ich weiß es ganz bestimmt.
But he assured me that the opposite was true.	Aber er versicherte mir, daß das Gegenteil wahr ist.
No, it's a hard fact.	Nein, das ist eine unumstößliche Tatsache.
I just want to make sure this information is correct.	Ich möchte mich nur versichern, daß diese Auskunft richtig ist.
I'm sure you are mistaken.	Ich bin sicher, daß Sie sich irren.
No, unfortunately this suspicion has been confirmed.	Nein, dieser Verdacht hat sich leider bestätigt.
You've been able to convince me. Your arguments are valid.	Sie haben mich überzeugen können. Ihre Argumente sind stichhaltig.
I'm quite confident that you will agree with me.	Ich bin mir ganz sicher, daß Sie mir zustimmen werden.
He will confirm what I told you.	Er wird bestätigen, was ich Ihnen gesagt habe.
I need your confirmation in this matter.	In dieser Angelegenheit brauche ich Ihre Bestätigung.
You have my full approval.	Sie haben mein volles Einverständnis.
She is highly thought of by all her colleagues.	Sie findet Anerkennung bei allen ihren Kollegen.
Your achievements are truly commendable.	Ihre Leistungen sind wirklich anerkennenswert.
He is a recognized personality in this field.	Auf diesem Gebiet ist er eine anerkannte Persönlichkeit.

1.3.2 Contradiction, Negation

1.3.2 Widerspruch, Verneinung

I understand your point of view, but I'm afraid I don't agree with you.	Ich verstehe Ihren Standpunkt, aber ich bin da anderer Meinung.
I don't agree with you fully.	Ich stimme nicht völlig mit Ihnen überein.
He cannot tolerate any contradiction.	Er kann keinen Widerspruch vertragen.

That contradicts what was said yesterday.	Das steht im Widerspruch zu dem, was gestern gesagt worden ist.
It is here that we differ completely.	Hier unterscheiden wir uns völlig.
I must contradict you.	Ich muß Ihnen widersprechen.
His actions contradict his words.	Seine Handlungsweise steht im Widerspruch zu dem, was er sagt.
I'm sure that a lot of people do not share your opinion.	Ich bin sicher, daß viele Ihre Meinung nicht teilen.
I think you're jumping to conclusions.	Ich glaube, Sie ziehen voreilige Schlüsse.
He denied having said it.	Er leugnete, es gesagt zu haben.
Unfortunately the answer is no.	Leider ist die Antwort nein.
I'm sorry I can't give you an affirmative answer.	Leider kann ich Ihnen keine positive Antwort geben.
I'm afraid that's totally out of the question.	Das ist leider völlig unmöglich.

1.3.3 Agreement, Refusal

1.3.3 Zustimmung, Ablehnung

I agree with you fully.	Ich stimme mit Ihnen völlig überein.
I agree with him on almost all points.	Ich stimme ihm in fast allen Punkten zu.
We understand each other perfectly.	Wir verstehen uns vollkommen.
I'm in favour (U.S.: favor) of that.	Ich bin dafür.
That's a good suggestion.	Das ist ein guter Vorschlag.
Does my suggestion meet with your approval?	Findet mein Vorschlag Zustimmung bei Ihnen?
What do you think about this?	Was denken Sie darüber?
That's a marvellous (U.S.: marvelous) idea. You can count on me.	Das ist eine wunderbare Idee. Mit mir können Sie rechnen.
I don't agree with you totally.	Ich bin nicht in allem mit Ihnen einverstanden.
You're probably right. I've never looked at the matter from that viewpoint before.	Sie haben wahrscheinlich recht. Ich habe die Sache niemals von dieser Seite aus betrachtet.
That's out of the question.	Das kommt nicht in Frage.
We had to refuse his offer.	Wir mußten sein Angebot ablehnen.

At the moment it's impossible.	Im Moment ist es unmöglich.
My suggestions met with sharp resistance.	Meine Vorschläge stießen auf scharfe Ablehnung.
I'm sorry that we don't see eye to eye.	Es tut mir leid, daß wir nicht einer Meinung sind.
I wish we could have arranged something, but at the moment it's out of the question.	Ich hätte wirklich gerne eine Vereinbarung mit Ihnen getroffen, aber zur Zeit ist es völlig unmöglich.

1.3.4 Expressing Regret

1.3.4 Ausdruck des Bedauerns

I regret to have to tell you this.	Ich bedaure, Ihnen das sagen zu müssen.
I'm very sorry about that.	Das tut mir sehr leid.
I have some unpleasant news for you.	Ich habe unangenehme Nachrichten für Sie.
That's a shame!	Wie schade!
I hope you won't take this too badly.	Ich hoffe, Sie nehmen es sich nicht zu sehr zu Herzen.
Have you heard the bad news about him? – Yes, I feel very sorry for him.	Haben Sie schon von seinem Pech gehört? – Ja, das tut mir sehr leid für ihn.
That was really a piece of bad luck (U.S.: a tough break). Is there anything I can do to help?	Das war wirklich Pech. Kann ich irgendwie helfen?
I can understand how you must feel.	Ich kann verstehen, wie Ihnen zumute ist.
Sorry, I didn't mean to offend you.	Verzeihen Sie mir! Es war nicht meine Absicht, Sie zu kränken.
We were all very disappointed when we found out. Unfortunately nothing can be done about it.	Wir waren alle sehr enttäuscht, als wir davon erfuhren. Leider kann man nichts dagegen tun.
Jim now regrets having done it.	Jetzt bedauert Jim, daß er es getan hat.
I'm really sorry you didn't pass your exam.	Es tut mir aufrichtig leid, daß Sie Ihre Prüfung nicht bestanden haben.

1.3.5 Expressing Importance

1.3.5 Ausdruck der Wichtigkeit

I have something important to discuss with you.	Ich habe etwas Wichtiges mit Ihnen zu besprechen.

Is it really so important? – Yes, the matter really worries me.	Ist es wirklich so wichtig? – Ja, die Sache macht mir große Sorgen.
It means a lot to me.	Das bedeutet mir viel.
Do you realize how important this is?	Ist Ihnen klar, wie wichtig das ist?
The situation is very serious.	Die Lage ist sehr ernst.
This is no small matter.	Das ist keine Kleinigkeit.
Think everything over carefully before reaching any decisions.	Überdenken Sie alles sorgfältig, bevor Sie irgendwelche Entscheidungen treffen.
It's important for me to hear your opinion on the matter.	Es ist wichtig für mich, Ihre Meinung darüber zu hören.
I realize how important this matter is to you and I'll give it my full attention.	Es ist mir klar, wie wichtig Ihnen diese Sache ist, und ich werde mich ganz darauf konzentrieren.

1.3.6 Expressing Belief and Conviction

1.3.6 Ausdruck des Glaubens und der Überzeugung

Can you believe it?	Können Sie es glauben?
Yes, I'm sure it's true.	Ja, ich bin sicher, daß es wahr ist.
I thought he was studying in Paris. – No, he's been in England for the past two years.	Ich dachte, er studiert in Paris. – Nein, seit zwei Jahren ist er in England.
It doesn't matter whether you believe me or not. I know it's true.	Ob du mir glaubst oder nicht spielt keine Rolle. Ich weiß, daß es wahr ist.
I believe you're right.	Ich glaube, Sie haben recht.
Take it from me. I know what I'm talking about.	Sie können mir glauben. Ich weiß, wovon ich spreche.
Do you think he'll accept the invitation? – Yes, I imagine so.	Glauben Sie, daß er die Einladung annehmen wird? – Ja, ich glaube schon.
It's no use trying to persuade him. He's firmly convinced that we're mistaken.	Es ist sinnlos zu versuchen, ihn zu überreden. Er ist fest davon überzeugt, daß wir im Unrecht sind.
What does he do for a living?	Was ist er von Beruf?
I think he's a teacher.	Ich glaube, er ist Lehrer.
Are you sure?	Sind Sie sicher?
I'm not positive. I've always assumed he's a teacher.	Ich bin nicht ganz sicher. Ich habe immer angenommen, daß er Lehrer ist.
I'm quite certain that he's a teacher.	Ich bin ganz sicher, daß er Lehrer ist.

1.3.7 Expressing Uncertainty — 1.3.7 Ausdruck der Ungewißheit

It's still uncertain.	Es ist immer noch ungewiß.
I don't know for sure.	Ich bin mir nicht sicher.
I doubt what he says.	Ich bezweifle, was er sagt.
This uncertainty disturbs me.	Diese Ungewißheit beunruhigt mich.
I can't be sure until I've spoken to her.	Ich kann erst dann sicher sein, wenn ich mit ihr gesprochen habe.
Everything is still up in the air.	Es ist alles noch völlig ungewiß.
I'll be able to let you know for sure next week.	Ich werde Ihnen nächste Woche sicher Bescheid geben können.
I'm still sceptical (U.S.: skeptical).	Ich bin immer noch skeptisch.
I'd rather not give my opinion until I'm familiar with all the facts.	Bis ich mit allen Fakten vertraut bin, möchte ich lieber meine Meinung nicht äußern.
What I'm going to tell you now is only a guess.	Was ich Ihnen jetzt sage, ist nur eine Vermutung.

1.4 FEELINGS AND MOODS — 1.4 GEFÜHLE UND STIMMUNGEN

1.4.1 Positive and Negative Impressions — 1.4.1 Positive und negative Eindrücke

I find him a pleasant fellow.	Ich finde, er ist ein sympathischer Kerl.
I liked him from the very start.	Ich mochte ihn vom ersten Augenblick an.
She made a very favourable (U.S.: favorable) impression.	Sie machte einen sehr positiven Eindruck.
We hit it off immediately.	Wir haben uns sofort verstanden.
We had a very pleasant chat together.	Wir haben sehr nett miteinander geplaudert.
She's a nice person.	Sie ist eine sehr nette Person.
We get on well with him.	Wir verstehen uns gut mit ihm.
I find him rather amusing.	Ich finde ihn recht amüsant.
I enjoy her company.	Ich genieße ihre Gesellschaft.
We're on amicable terms.	Wir stehen auf freundschaftlichem Fuß miteinander.

You've always been very friendly to me.	Sie sind immer sehr nett zu mir gewesen.
They go out of their way to help me.	Sie tun wirklich alles, um mir zu helfen.
You have to get to know him; he doesn't make a very good first impression.	Man muß ihn erst kennenlernen, er macht im ersten Moment keinen guten Eindruck.
I disliked him from the beginning.	Ich konnte ihn von Anfang an nicht leiden.
She is not a very likeable person.	Sie ist kein sehr sympathischer Typ.
We have nothing much in common, but we still get along with each other.	Wir haben nicht viel gemeinsam, aber wir kommen trotzdem ganz gut miteinander aus.
It's very difficult to get to know him. He comes across very cold.	Es ist sehr schwer, ihn kennenzulernen. Er wirkt unnahbar.
She is a very moody person.	Sie ist eine sehr launische Person.
I don't get along with him because he's so sullen.	Ich komme nicht sehr gut mit ihm aus, weil er so eine mürrische Art hat.
The whole situation was quite unpleasant for me.	Die ganze Situation war sehr unangenehm für mich.
I reluctantly accepted the invitation.	Ich nahm die Einladung nur sehr ungern an.
Can I count on you? Yes, but I'm not keen on doing it.	Kann ich auf Sie zählen? Ja, aber ich mache es sehr ungern.
That's not my taste at all.	Das ist überhaupt nicht mein Geschmack.
I find that all very appalling.	Ich finde das alles ganz entsetzlich.

?!

1.4.2 Hope, Concern / 1.4.2 Hoffnung, Sorge

Let's hope for the best.	Hoffen wir das Beste.
I've set my hopes on him.	Ich habe meine ganze Hoffnung auf ihn gesetzt.
We hope to hear from you soon.	Wir hoffen, bald von Ihnen zu hören.
I trust we'll see each other again before too long.	Ich hoffe, es wird nicht zu lange dauern, bis wir uns wiedersehen.

It's best not to raise one's hopes too high.	Es ist besser, sich keine allzu großen Hoffnungen zu machen.
There is still a ray of hope.	Es gibt noch einen Hoffnungsschimmer.
We're still hopeful.	Wir haben immer noch Hoffnung.
I expected her at eight o'clock; I hope nothing has gone wrong.	Ich habe sie um acht Uhr erwartet; ich hoffe, es ist nichts schiefgelaufen.
Don't worry! (or: You worry too much.)	Machen Sie sich keine Sorgen (oder: Sie machen sich zu viele Sorgen).
I'm concerned about you.	Ich mache mir Sorgen um Sie.
I hope the situation does not get worse.	Ich hoffe, daß sich die Lage nicht verschlimmert.
That really worries me.	Das macht mir große Sorgen.
I've given up hope.	Ich habe die Hoffnung aufgegeben.
I expect a change for the worse.	Ich erwarte eine Wende zum Schlechteren.
It could have been worse.	Es hätte schlimmer ausgehen können.
I'm afraid that he is worse off than before.	Ich befürchte, er ist schlimmer dran als zuvor.
She always worries herself to death.	Sie ängstigt sich immer zu Tode.
I fear the situation has gone from bad to worse.	Ich fürchte, die Lage wird immer schlimmer.
That is the least of my troubles.	Das soll mein geringstes Problem sein.
She can't seem to get rid of her troubles.	Sie scheint aus ihren Sorgen nicht mehr herauszukommen.
I was dismayed to hear about your accident.	Ich war betroffen, als ich von Ihrem Unfall hörte.
They are concerned about the well-being of their daughter.	Sie sind um das Wohl ihrer Tochter besorgt.
She always causes them trouble.	Sie bereitet ihnen immer Kummer.
It really worries me.	Das macht mir große Sorgen.
He looks very perplexed. I wonder what's wrong with him.	Er sieht ganz verblüfft aus. Ich möchte wissen, was mit ihm los ist.
It's quite unusual for him to be so anxious.	Es ist ganz ungewöhnlich für ihn, so nervös zu sein.

1.4.3 Wishes, Desires / 1.4.3 Wünsche

I wish I were you.	Ich wünschte, ich wäre Sie.
If only I had the money to buy this camera!	Wenn ich nur das Geld hätte, diese Kamera zu kaufen!
I wish he would stop bothering me.	Ich wünschte, er würde mich in Ruhe lassen!
I'd be grateful if you would help me write the letter.	Ich wäre Ihnen dankbar, wenn Sie mir helfen würden, den Brief zu schreiben.
I'd really like to go on holiday (U.S.: vacation) now. I could use the rest.	Ich würde jetzt wirklich gerne Urlaub machen. Ich hätte eine Ruhepause nötig.
I'd like to ask a favour (U.S.: favor) of you. – Yes, what can I do for you?	Ich möchte Sie um einen Gefallen bitten. – Ja, was kann ich für Sie tun?
Would you like to go to the seaside with us?	Möchten Sie mit uns ans Meer fahren?
I'd really rather stay here if you don't mind.	Wenn Sie nichts dagegen haben, möchte ich wirklich lieber hierbleiben.
Please yourself.	Ganz wie Sie wünschen.
If my German had been better, I would have got the job.	Wenn mein Deutsch besser gewesen wäre, hätte ich die Stelle bekommen.
I'd love to buy a new car, but at the moment I can't afford it.	Ich würde gern ein neues Auto kaufen, aber im Moment kann ich es mir nicht leisten.
It's high time the Smiths visited us.	Es ist höchste Zeit, daß die Smiths uns besuchen.
I've always wanted to go to Rome.	Es ist immer mein Wunsch gewesen, Rom zu besuchen.

1.4.4 Pleasure, Regret, Sympathy / 1.4.4 Freude, Bedauern, Mitleid

I'm so glad I had the opportunity of getting to know you.	Ich freue mich sehr, daß ich die Gelegenheit hatte, Sie kennenzulernen.

Everyone has been very kind to me. I've had very pleasant experiences since I've been here.

Alle sind sehr nett zu mir gewesen. Ich habe sehr schöne Erlebnisse gehabt, seitdem ich hier bin.

I'm glad everything went well.

Ich bin froh, daß alles gutgegangen ist.

I'm very happy for you. Let me be the first to congratulate you on your success.

Ich freue mich sehr für Sie. Ich möchte der erste sein, der Ihnen zu Ihrem Erfolg gratuliert.

Congratulations! We were all delighted to hear the good news.

Herzlichen Glückwunsch. Wir waren alle hoch erfreut über die gute Nachricht.

I was very sorry to hear the bad news. May I offer you my condolences.

Ich war sehr traurig über diese schlechte Nachricht. Ich möchte Ihnen mein Beileid aussprechen.

If I can help you in any way, please let me know.

Wenn ich Ihnen irgendwie helfen kann, lassen Sie es mich bitte wissen.

It must have been a great disappointment for you.

Das muß eine große Enttäuschung für Sie gewesen sein.

I feel sorry for her, but unfortunately there's nothing I can do to help.

Sie tut mir leid, aber leider kann ich ihr nicht helfen.

1.4.5 Likes, Dislikes

1.4.5 Gefallen, Mißfallen

I like listening to classical music.

Ich höre gern klassische Musik.

So do I. In fact that's one of my favourite (U.S.: favorite) pastimes.

Ich auch. Das ist sogar eine meiner Lieblingsbeschäftigungen.

Do you also enjoy going to the theatre (U.S.: theater)?

Gehen Sie auch gern ins Theater?

Yes, I usually enjoy myself immensely there.

Ja, normalerweise unterhalte ich mich dort ausgezeichnet.

I immediately took a fancy to him.

Ich habe ihn sofort gemocht.

I don't really care for pea soup. – I'm not keen on pea soup either, but I like lentil soup.

Ich mag Erbsensuppe nicht besonders. – Ich mag Erbsensuppe auch nicht, aber ich mag Linsensuppe.

Are you fond of bright colours (U.S.: colors)?

Mögen Sie leuchtende Farben?

Not really. I prefer subdued colours (U.S.: colors).

Eigentlich nicht. Ich mag lieber gedämpfte Farben.

I won't stand for that.	Das werde ich mir nicht gefallen lassen.
I don't like the look of this at all.	Das gefällt mir überhaupt nicht.

1.4.6 Satisfaction, Dissatisfaction / 1.4.6 Zufriedenheit, Unzufriedenheit

Hello Harry, how are things with you?	Hallo Harry, wie geht's denn so?
I can't complain; things are going very well.	Ich kann nicht klagen; es geht mir gut.
I'm very pleased that things are going so well.	Ich bin sehr froh, daß alles so gut läuft.
Things aren't too bad; they could be worse.	Es läuft nicht übel, es könnte schlimmer sein.
I'm fine. Life is treating me well.	Es geht mir gut. Das Leben meint es gut mit mir.
I'm very satisfied with your work. It meets my expectations fully.	Ich bin mit Ihrer Arbeit sehr zufrieden. Sie entspricht völlig meinen Erwartungen.
Of course I was very pleased with the results. In fact, they were beyond my expectations.	Ich war natürlich mit den Ergebnissen sehr zufrieden. Sie übertrafen sogar meine Erwartungen.
I'm not hard to please.	Ich stelle keine hohen Ansprüche.
Why is he so depressed?	Warum ist er so deprimiert?
I think the reason he's so discouraged is his failure in business.	Ich glaube, der Grund für seine Mutlosigkeit ist sein geschäftlicher Mißerfolg.
I can well understand that. It's very discouraging when everything goes wrong.	Ich kann das gut verstehen. Es ist sehr entmutigend, wenn alles schiefläuft.
He's never satisfied.	Er ist niemals zufrieden.
I'm very frustrated. Everything is going wrong.	Ich bin sehr frustriert. Alles läuft schief.
Don't let this one failure discourage you!	Lassen Sie sich durch diesen einen Mißerfolg nicht entmutigen!

1.4.7 Indifference / 1.4.7 Gleichgültigkeit

That's of no importance to me.	Das hat für mich keine Bedeutung.
I find him rather indifferent to the situation.	Ich finde ihn ziemlich gleichgültig dieser Situation gegenüber.
Yes, I've noticed that, too. He doesn't really care about it.	Ja, das habe ich auch bemerkt. Es ist ihm gleichgültig.

That doesn't worry me at all.	Darüber mache ich mir überhaupt keine Gedanken.
There is no need to worry about it.	Es ist nicht nötig, sich darüber Sorgen zu machen.
He doesn't care much about his work.	Er ist seiner Arbeit gegenüber ziemlich gleichgültig.
I wish you weren't so thoughtless.	Ich wünschte mir, Sie wären nicht so gedankenlos.
She seems to be a callous person, but in fact she just doesn't show her feelings.	Sie scheint eine gefühlskalte Person zu sein, aber in Wirklichkeit zeigt sie nur nicht ihre Gefühle.
Are you always so calm in such situations?	Sind Sie in solchen Situationen immer so ruhig?
He never loses control of himself, despite the difficult situations he is often confronted with.	Trotz der schwierigen Situationen, in die er oft gerät, verliert er niemals seine Selbstkontrolle.
It took him a few moments to calm down.	Es dauerte einige Zeit, bevor er sich beruhigte.
He remained calm during the heated discussion.	Während der heißen Diskussion blieb er ruhig.
It's all the same to me.	Es ist mir egal.

1.4.8 Sadness

1.4.8 Traurigkeit

Why are you looking so sad?	Warum sehen Sie so traurig aus?
I'm feeling very discouraged because nothing is going right today.	Ich fühle mich sehr entmutigt, weil heute alles schiefgeht.
It was a sad day for me when I heard about his accident.	Es war für mich ein trauriger Tag, als ich von seinem Unfall erfuhr.
He made a very sad impression.	Er machte einen sehr traurigen Eindruck.
Yes, because he is still mourning the death of his father.	Ja, weil er immer noch um seinen verstorbenen Vater trauert.
That really is a sad piece of news.	Das ist wirklich eine traurige Nachricht.
She was stricken by grief when she heard about the sudden death of her friend.	Sie wurde vom Schmerz ergriffen, als sie von dem plötzlichen Tode ihres Freundes erfuhr.
May I offer you my sincerest sympathy.	Ich möchte Ihnen mein herzlichstes Beileid aussprechen.

I must send her a letter of condolence.	Ich muß ihr ein Beileidsschreiben schicken.
It's unfortunate that we couldn't meet under better circumstances.	Es ist sehr schade, daß wir uns nicht unter günstigeren Umständen begegnet sind.
Try to cheer up. The situation isn't as grim as you imagine.	Nur Mut, die Situation ist nicht so schlimm, wie Sie es sich vorstellen.
I would be sad to lose your friendship.	Ich wäre sehr traurig, wenn ich Deine Freundschaft verlieren würde.
It makes me sad to think that this incident might affect our good relationship.	Es stimmt mich traurig, daran zu denken, daß dieser Vorfall unsere guten Beziehungen vielleicht beeinträchtigt.

1.4.9 Disappointment

1.4.9 Enttäuschung

I admit it was a disappointment for me, but I'll soon get over it.	Ich gebe zu, daß es eine Enttäuschung war, aber ich werde darüber hinwegkommen.
He disappointed me. I had expected more understanding from him.	Er enttäuschte mich, ich hatte mehr Verständnis von ihm erwartet.
I'm disappointed in you. I thought you would surely help me.	Ich bin enttäuscht von Ihnen. Ich glaubte, daß Sie mir sicherlich helfen würden.
He's met with one disappointment after another recently.	Für ihn kam in letzter Zeit eine Enttäuschung nach der anderen.
Don't be disappointed if we don't come.	Seien Sie nicht enttäuscht, wenn wir nicht kommen.
Try not to set your hopes too high. You'll only be disappointed.	Machen Sie sich keine großen Hoffnungen. Sie werden sonst nur enttäuscht.
Unfortunately our meeting was a great disappointment.	Leider war unser Zusammentreffen eine große Enttäuschung.
I can't help feeling disappointed.	Ich kann nichts dafür, daß ich enttäuscht bin.
It was a terrible misunderstanding.	Das war ein schreckliches Mißverständnis.
I'll be terribly disappointed if you refuse my invitation.	Ich werde sehr enttäuscht sein, wenn Sie meine Einladung ablehnen.
When I needed help most, there was no one I could turn to.	Als ich Hilfe am dringendsten brauchte, war keiner da, an den ich mich wenden konnte.

He's very ungrateful for all the help I've given him.	Er ist sehr undankbar für die Hilfe, die ich ihm gegeben habe.
This is the return for all my trouble.	Das ist der Dank für meine Mühe.
He could have shown a little more understanding for my situation.	Er hätte ein bißchen mehr Verständnis für meine Situation zeigen können.

1.5 SUGGESTIONS / 1.5 VORSCHLÄGE

Allow me to make a suggestion.	Erlauben Sie mir, einen Vorschlag zu machen.
I suggest having dinner at seven o'clock.	Ich schlage vor, daß wir um sieben Uhr essen.
How about coming to my house instead of meeting in town?	Wie wäre es, wenn Sie zu mir nach Hause kämen, statt daß wir uns in der Stadt treffen?
Yes, that's a good idea.	Ja, das ist eine gute Idee.
Wouldn't you rather go swimming with us instead of staying here?	Würden Sie nicht lieber mit uns schwimmen gehen, statt hier zu bleiben?
That's a good suggestion. Why didn't I think of that before?	Das ist ein guter Vorschlag. Warum habe ich nicht früher daran gedacht?
Your proposal will be considered and we'll be in touch with you within the week.	Wir werden Ihren Vorschlag in Betracht ziehen und uns im Laufe der Woche bei Ihnen melden.
Do you have any better suggestions?	Haben Sie einen besseren Vorschlag?
What do you suggest?	Was schlagen Sie vor?
My proposal is quite simple.	Mein Vorschlag ist ganz einfach.
I recommend a few days' holiday.	Ich schlage ein paar Tage Urlaub vor.
They took my advice and decided to go to London.	Auf meinen Vorschlag hin entschieden sie sich, nach London zu fahren.
Have you considered this possibility?	Haben Sie diese Möglichkeit in Betracht gezogen?
My friend recommended that I come here.	Ich kam auf Empfehlung meines Freundes hierher.

1.6 ADVICE	1.6 RAT
He advised me to think it over before making a decision.	Er riet mir, es noch mal zu überdenken, bevor ich eine Entscheidung treffe.
I asked her for advice.	Ich bat sie um Rat.
I'd like to ask your advice on this matter.	Ich möchte Sie in dieser Sache um Ihren Rat bitten.
I'll gladly help you if I can.	Ich helfe Ihnen gerne, wenn ich kann.
What would you do in my situation?	Was würden Sie in meiner Lage tun?
That's difficult to say.	Das ist schwer zu sagen.
What would you recommend?	Was würden Sie empfehlen?
On the advice of my lawyer, I decided against it.	Auf Anraten meines Rechtsanwalts habe ich mich dagegen entschieden.
Let me give you a good piece of advice.	Lassen Sie mich Ihnen einen guten Rat geben.
I don't intend to take his advice.	Ich werde seinen Rat nicht befolgen.
I must advise you against it.	Ich muß Ihnen davon abraten.
He tried to persuade me not to do it.	Er versuchte, mir davon abzuraten.
I usually don't like giving people advice.	Gewöhnlich erteile ich Leuten nicht gerne Ratschläge.
I consider it advisable (inadvisable).	Ich halte es (nicht) für ratsam.
Take my advice. I've already been through the same situation.	Hören Sie auf mich! Ich habe schon einmal das gleiche durchgemacht.
We were given bad advice when we bought our car.	Wir wurden beim Kauf unseres Autos schlecht beraten.

1.7 PROHIBITION	1.7 VERBOT
You aren't allowed to smoke here.	Sie dürfen hier nicht rauchen.
Is swimming allowed here? – No,	Darf man hier schwimmen? –

swimming isn't permitted here.	Nein, Schwimmen ist hier nicht erlaubt.
You mustn't ask him annoying questions.	Sie dürfen ihm keine lästigen Fragen stellen.
I must ask you to stop doing that.	Ich muß Sie bitten, das zu unterlassen.
Please don't do that.	Tun Sie das bitte nicht.
You really shouldn't drop litter in this park.	Sie sollten wirklich in diesem Park keine Abfälle wegwerfen.
Can we use a dictionary during the exam? – No, we're not allowed to.	Dürfen wir während der Prüfung ein Wörterbuch benutzen? – Nein, das dürfen wir nicht.
Can I borrow your bike this afternoon? – No you can't. I need it myself.	Kann ich Ihr Fahrrad heute nachmittag ausleihen? – Nein, ich brauche es selber.
That's against the law in this country.	Das ist in diesem Land gegen das Gesetz.

2. *Personal Data* — 2. *Persönliche Daten*

2.1 NAME, ADDRESS, MARITAL STATUS, FAMILY — 2.1 NAME, ADRESSE, FAMILIENSTAND, FAMILIE

What's your name, please?	Wie heißen Sie bitte?
My name is Monika Schneider.	Ich heiße Monika Schneider.
My name's Schmidt.	Mein Name ist Schmidt.
What is your first name (or: Christian name; U.S.: given name), Mr Schmidt?	Wie heißen Sie mit Vornamen, Herr Schmidt?
My name is Hans.	Ich heiße Hans.
My first name is Monika.	Mein Vorname ist Monika.
Are you Mrs Schneider?	Sind Sie Frau Schneider?
Could you spell your surname (U.S.: family name), please.	Buchstabieren Sie Ihren Nachnahmen bitte.
How do you spell your first name?	Wie schreiben Sie Ihren Vornamen?
Are you married?	Sind sie verheiratet?
I'm a bachelor.	Ich bin Junggeselle.
He isn't married.	Er ist nicht verheiratet.

She is single.	Sie ist alleinstehend.
She is separated from her husband.	Sie lebt von ihrem Mann getrennt.
I'm divorced.	Ich bin geschieden.
I am in the process of getting divorced.	Ich lebe in Scheidung.
He is a widower. His wife died two years ago.	Er ist Witwer. Seine Frau ist vor zwei Jahren gestorben.
She's been a widow for five years.	Sie ist seit fünf Jahren verwitwet.
I'm married.	Ich bin verheiratet.
Have you got any children?	Haben Sie Kinder?
We haven't got any children.	Wir haben keine Kinder.
She's got two daughters.	Sie hat zwei Töchter.
I've got one son.	Ich habe einen Sohn.
My daughter is married.	Meine Tochter ist verheiratet.
My grandchildren are three and five years old.	Meine Enkelkinder sind drei und fünf Jahre alt.
Our son is coming for a visit with his fiancée tomorrow.	Unser Sohn kommt morgen mit seiner Verlobten zu Besuch.
They want to get married next month.	Die beiden wollen nächsten Monat heiraten.
All our relatives are coming to the wedding.	Zur Hochzeit wird unsere ganze Verwandschaft kommen.
Only the immediate family have been invited.	Sie feiern im engsten Familienkreis.
He was brought up by his grandparents because he lost his parents in an accident when he was very young.	Er wuchs bei seinen Großeltern auf, da er seine Eltern durch einen Unfall verlor, als er noch sehr jung war.
My aunt and uncle are coming to visit us next week.	Mein Onkel und meine Tante kommen uns nächste Woche besuchen.
My cousin lives in the United States.	Meine Kusine lebt in den Vereinigten Staaten.
Next year she and her husband want to visit Europe.	Sie und ihr Mann wollen nächstes Jahr nach Europa kommen.
Have you got any brothers or sisters?	Haben Sie Geschwister?
I've got two brothers and one sister.	Ich habe zwei Brüder und eine Schwester.
My brothers live in Berlin.	Meine Brüder wohnen in Berlin.
I've got one nephew and two nieces.	Ich habe einen Neffen und zwei Nichten.

My sister is at Technical College.	Meine Schwester studiert an der Technischen Hochschule.
Her father has married for a second time.	Ihr Vater hat zum zweitenmal geheiratet.
His second wife is ten years younger than he is.	Seine zweite Frau ist zehn Jahre jünger als er.
They've adopted a small boy.	Sie haben einen kleinen Jungen adoptiert.
Their oldest son causes them a lot of worry.	Der älteste Sohn macht ihnen viel Kummer.
Were you an only child?	Waren Sie ein Einzelkind?
No, I've got brothers and sisters.	Nein, ich habe noch Geschwister.
How old are your children?	Wie alt sind Ihre Kinder?
Our son is fifteen and our daughter is thirteen years old.	Unser Sohn ist fünfzehn und unsere Tochter dreizehn Jahre alt.
Our children are of age. (Our children are under age.)	Unsere Kinder sind volljährig. (Unsere Kinder sind minderjährig.)
We don't have many relatives in our town.	Wir haben nicht viele Verwandte in unserer Stadt.
My parents-in-law are visiting us. They will be staying with us for another fortnight.	Meine Schwiegereltern sind zu Besuch. Sie bleiben noch vierzehn Tage.
I get on very well with my parents-in-law.	Ich komme sehr gut mit meinen Schwiegereltern aus.
Both my wife and I go out to work. During the day a mother's help takes care of our children.	Meine Frau und ich sind berufstätig. Tagsüber kümmert sich eine Haushaltshilfe um unsere Kinder.
She is very fond of children.	Sie ist sehr kinderlieb.
Our son is still at school.	Unser Sohn geht noch zur Schule.
Our daughter is an industrial purchasing manager in Frankfurt.	Unsere Tochter ist Industriekauffrau in Frankfurt.

2.2 AGE, BIRTHDAY, PLACE OF BIRTH

2.2 ALTER, GEBURTSTAG, GEBURTSORT

How old are you?	Wie alt sind Sie?
May I ask how old you are?	Darf ich fragen, wie alt Sie sind?
I wonder how old he is.	Ich möchte wissen, wie alt er ist.
She is about the same age as I am.	Sie ist ungefähr so alt wie ich.
We're the same age.	Wir sind gleichaltrig.

She can't be much older than twenty.	Sie kann nicht viel älter als zwanzig sein.
How old do you think she is?	Für wie alt halten Sie sie?
She'll be twenty-five next month.	Sie wird nächsten Monat fünfundzwanzig.
I'm forty-five years old.	Ich bin fünfundvierzig.
I would have thought he was younger.	Ich hätte ihn für jünger gehalten.
She doesn't look her age.	Man sieht ihr ihr Alter nicht an.
She must be in her late thirties or early forties.	Sie muß Ende dreißig oder Anfang vierzig sein.
He can't be much older than I am.	Er kann nicht viel älter als ich sein.
He must be about my age.	Er wird so in meinem Alter sein.
He looks much younger than he is.	Er sieht viel jünger aus als er ist.
Our son is still under age.	Unser Sohn ist noch minderjährig.
He's managed to stay quite young-looking for his age.	Er hat sich für sein Alter recht gut gehalten.
He's really aged.	Er ist doch sehr gealtert.
That's a sign of old age.	Das ist eine Alterserscheinung.
As a minor he still needs the consent of his parents.	Als Minderjähriger braucht er noch die Genehmigung seiner Eltern.
We're good friends, we've known each other since our school days.	Wir sind gute Freunde; wir kennen uns schon seit unserer Schulzeit.
Their daughter is grown up.	Ihre Tochter ist erwachsen.
When is your birthday?	Wann haben Sie Geburtstag?
My date of birth is July 5, 1952.	Mein Geburtstag ist der 5. Juli 1952.
Where were you born?	Wo sind Sie geboren?
I was born in Hamburg.	Ich bin in Hamburg geboren.

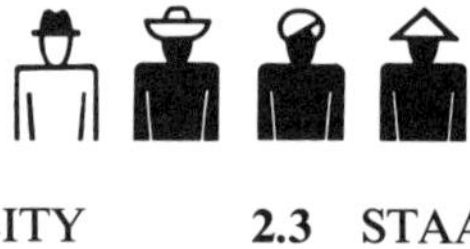

2.3 NATIONALITY

2.3 STAATSANGEHÖRIGKEIT

He is a Frenchman by birth.	Er ist ein gebürtiger Franzose.
Are you German?	Sind Sie Deutsche(r)?
No, I'm Austrian.	Nein, ich bin Österreicher(in).

He's American. She's American.	Er ist Amerikaner. Sie ist Amerikanerin.
We're German.	Wir sind Deutsche.
My friend took on American citizenship.	Mein Freund hat die amerikanische Staatsbürgerschaft angenommen.
It's not easy to become a German citizen.	Es ist nicht einfach, die deutsche Staatsbürgerschaft zu erwerben.
He is a naturalized American.	Er ist ein naturalisierter Amerikaner.
My sister is married to a foreigner but still has German citizenship.	Meine Schwester ist mit einem Ausländer verheiratet, hat aber ihre deutsche Staatsangehörigkeit behalten.
He is a stateless person.	Er ist staatenlos.
He's seeking asylum in the United States.	Er bittet um Asyl in den Vereinigten Staaten.
What nationality are you?	Welche Staatsangehörigkeit haben Sie?
I live in Germany but I'm an American citizen.	Ich lebe in Deutschland, bin aber amerikanischer Staatsbürger.
We've only been in Germany/Austria/Switzerland for three months.	Wir sind erst seit drei Monaten in Deutschland/Österreich/der Schweiz.

3. Human Relationships — *3. Zwischenmenschliche Beziehungen*

Good evening Mr X, do you have time to go for a beer with me?	Guten Abend, Herr X, hätten Sie Zeit, mit mir ein Glas Bier zu trinken?
I'd love to. Where shall we go?	Gerne, wohin wollen wir gehen?
There's a nice little pub just round the corner. They serve good beer and little snacks.	Gleich hier um die Ecke ist eine nette kleine Kneipe. Dort gibt es ein gepflegtes Bier und auch ein paar Kleinigkeiten zu essen.
May I invite you to a cup of coffee?	Darf ich Sie zu einer Tasse Kaffee einladen?
I'm sorry, I haven't got time at the	Es tut mir leid, aber im Moment

moment. Perhaps some other time?	habe ich keine Zeit. Vielleicht ein anderes Mal?
Would you and your wife like to come over this evening for a glass of wine?	Hätten Sie und Ihre Frau Lust, heute abend zu einem Glas Wein zu uns zu kommen?
We'd love to; at what time?	Gerne, um wieviel Uhr?
Would between eight and half past suit you?	Paßt es Ihnen zwischen acht und halb neun?
Have you got anything planned for the weekend?	Haben Sie am Wochenende schon etwas vor?
We've invited a few people over for Saturday evening. Wouldn't you like to come, too?	Wir haben ein paar Leute für Samstagabend eingeladen. Möchten Sie nicht auch kommen?
I'd love to come, but unfortunately I won't be able to. My brother and his wife are visiting us.	Ich würde gerne kommen, aber leider kann ich nicht. Mein Bruder und seine Frau sind gerade bei uns zu Besuch.
Why don't you bring them along with you?	Warum bringen Sie sie nicht mit?
Fine, we'll be at your place towards eight o'clock.	In Ordnung, wir sind dann gegen acht Uhr bei Ihnen.
Come on, let's go and have a beer.	Komm, gehen wir ein Glas Bier trinken.
Unfortunately, I haven't got time right now. I've got to pick up my car from the garage.	Leider habe ich jetzt keine Zeit, ich muß meinen Wagen von der Werkstatt abholen.
I'm just on my way to play cards with some friends. Would you like to come along?	Ich bin gerade auf dem Weg zu ein paar Freunden, um mit ihnen Karten zu spielen. Willst du mitkommen?
Fine, just let me call home to say that I'll be coming later.	Gerne, ich will nur schnell zu Hause anrufen und sagen, daß ich später komme.
I'd love to come, but unfortunately I can't. We're expecting company tonight and I've still got some preparations to take care of.	Ich würde sehr gerne kommen, aber leider kann ich nicht. Wir erwarten heute abend Besuch, und da muß ich noch einige Vorbereitungen treffen.
Couldn't we make it another time? I'm afraid I've got a lot to do at the moment.	Könnten wir das nicht auf ein anderes Mal verschieben? Ich habe im Moment leider sehr viel zu tun.
I'd gladly come some other time, but at the moment I've got too much to do.	Ein anderes Mal gerne, im Moment habe ich leider zu viel zu tun.

I met Mr X yesterday; he sends his best regards.	Ich habe gestern Herrn X getroffen. Er läßt Sie herzlich grüßen.
Thank you very much, please give him my regards when you see him next.	Vielen Dank, grüßen Sie ihn bitte wieder, wenn Sie ihn sehen.
Hello, Mr X, please come in.	Guten Tag, Herr X, kommen Sie doch bitte herein.
How are you today?	Wie geht es Ihnen heute?
How is your wife getting on?	Wie geht es Ihrer Frau?
May I introduce myself. My name is X.	Darf ich mich vorstellen? Mein Name ist X.
I'd like to introduce you to a good friend of mine. Mr X, this is Mr Y. Mr Y is an old college friend of mine. He's passing through town at the moment.	Ich möchte Sie mit einem guten Freund von mir bekannt machen. Herr X, das ist Herr Y. Herr Y ist ein alter Studienkollege von mir. Er ist auf der Durchreise.
Good evening, Mr X has told me a lot about you. I'm very glad to (be able to) make your acquaintance at last.	Guten Abend. Herr X hat mir schon viel von Ihnen erzählt. Ich freue mich, daß ich Sie endlich persönlich kennenlerne.
Goodbye Mrs X. I was very happy that you and your husband could come. Do come and see us again.	Auf Wiedersehen, Frau X. Es hat mich sehr gefreut, daß Sie und Ihr Mann kommen konnten. Kommen Sie doch mal wieder.
Goodbye. Be careful going home.	Auf Wiedersehen. Kommen Sie gut nach Hause.
Do you really have to go already? – Yes, I'm afraid so; it's late and I've got to get up early tomorrow morning.	Müssen Sie schon gehen? – Ja, leider. Es ist schon spät, und ich muß morgen wieder früh aufstehen.
I'm afraid I've got to go now, I've still got an important meeting.	Ich muß mich jetzt leider verabschieden. Ich habe noch eine wichtige Besprechung.
Goodbye, and thanks so much for the delightful evening.	Auf Wiedersehen. Vielen Dank für den netten Abend.
Unfortunately, I've got to go now. The last train leaves in ten minutes.	Ich muß jetzt leider gehen, die letzte Bahn fährt in zehn Minuten.
Then I won't keep you any longer. Goodbye, and give my regards to your husband.	Ja, dann will ich Sie auch nicht länger aufhalten. Auf Wiedersehen, und grüßen Sie Ihren Mann von mir.
You must come to our place next time.	Das nächste Mal müssen Sie aber zu uns kommen.
Be sure to drop by the next time	Schauen Sie auf jeden Fall bei uns

you're passing through.	herein, wenn Sie wieder durch unsere Stadt kommen.
Goodbye, and thanks again for the invitation.	Auf Wiedersehen, und nochmals vielen Dank für Ihre Einladung.
Give my regards to your brother.	Grüßen Sie bitte Ihren Bruder von mir.
Happy birthday. (Best wishes for your birthday.)	Herzlichen Glückwunsch zum Geburtstag.
I wish you all the best for the coming year.	Ich wünsche Ihnen alles Gute im neuen Lebensjahr.
Please don't forget to wish her a happy birthday.	Vergiß bitte nicht, ihr zum Geburtstag zu gratulieren.
I wish you success in your new business.	Ich wünsche Ihnen viel Erfolg in Ihrem neuen Geschäft.
Congratulations on the new arrival.	Herzlichen Glückwunsch zur Geburt Ihres Kindes.
Merry Christmas and a happy New Year.	Frohe Weihnachten und ein glückliches neues Jahr.
Thank you, and the same to you.	Danke, gleichfalls.
I wish you lots of luck and success for the new year.	Viel Glück und Erfolg im neuen Jahr.
Excuse me, please. Can you tell me what time it is?	Entschuldigen Sie bitte, können Sie mir sagen, wieviel Uhr es ist?
Can you please tell me if there is a car park (U.S.: parking lot) nearby?	Können Sie mir bitte sagen, ob hier in der Nähe ein Parkplatz ist?
Excuse me, can you recommend a restaurant with good food and reasonable prices?	Verzeihung, können Sie mir ein Restaurant empfehlen, in dem man gut und preiswert essen kann?
You could do me a great favour (U.S.: favor).	Sie könnten mir einen großen Gefallen tun.
Would you do me a favour (U.S.: favor), please? Do you think you could help me get my car started?	Würden Sie mir einen Gefallen tun? Könnten Sie mir vielleicht helfen, meinen Wagen anzulassen?
Would you call the police, please? I've had a slight accident.	Würden Sie bitte die Polizei rufen? Ich hatte einen kleinen Unfall.
May I use your telephone?	Kann ich bei Ihnen telefonieren?
Would you lend me your pen?	Würden Sie mir bitte mal Ihren Kugelschreiber ausleihen?
Excuse me, please. Have you got a moment? I need some information.	Entschuldigen Sie bitte, haben Sie einen Moment Zeit? Ich brauche eine Auskunft.

Can you give me a helping hand?	Können Sie mir behilflich sein?
I want to ask a favour (U.S.: favor) of you; it's very important.	Ich habe eine dringende Bitte an Sie.
Please have this work finished by tomorrow.	Erledigen Sie diese Arbeit bitte bis morgen.
I urge you to reconsider the matter.	Ich bitte Sie dringend, diese Angelegenheit noch einmal zu überdenken.
I must ask you to handle the matter in confidence.	Ich muß Sie bitten, diese Sache vertraulich zu behandeln.
We would be very happy if you could do that for us.	Wir würden uns sehr freuen, wenn Sie das für uns tun könnten.
Thank you very much for your help.	Vielen Dank für Ihre Hilfe.
We'd like to thank you and your wife for your condolences.	Wir möchten Ihnen und Ihrer Frau für Ihre Anteilnahme danken.
I would be very grateful if you could take care of it for me.	Ich wäre Ihnen sehr dankbar, wenn Sie das für mich erledigen könnten.
I am greatly obliged to him.	Ich bin ihm zu großem Dank verpflichtet.
You can't imagine how delighted I was. Thank you very much.	Sie können sich nicht vorstellen, wie ich mich darüber gefreut habe. Herzlichen Dank.
He was a good friend of ours. We are greatly indebted to him.	Er war ein guter Freund von uns. Wir verdanken ihm sehr viel.
You couldn't have done us a greater favour (U.S.: favor).	Sie hätten uns keinen größeren Gefallen tun können.
I hope I'll be able to return the favour (U.S.: favor) soon.	Ich hoffe, daß ich mich bald revanchieren kann.
I wish I could do more for you.	Ich wünschte, ich könnte mehr für Sie tun.
Your help came just in time.	Ihre Hilfe kam gerade rechtzeitig.
I don't know what I would have done without your help.	Ich weiß nicht, was ich ohne Ihre Hilfe getan hätte.
I'll never forget what you've done for us.	Ich werde nie vergessen, was Sie für uns getan haben.
Don't mention it.	Es ist nicht der Rede wert.
She did not think it necessary to thank us.	Sie hielt es nicht für nötig, sich bei uns zu bedanken.
Is that the thanks I get for everything I've done for you?	Ist das der Dank für alles, was ich für dich getan habe?
Please excuse me.	Bitte entschuldigen Sie mich.

I must apologize.	Ich bitte um Entschuldigung.
I'd like to apologize for my behaviour (U.S.: behavior) yesterday.	Ich möchte mich bei Ihnen für mein Verhalten von gestern entschuldigen.
I'm very sorry that I did it.	Es tut mir sehr leid, daß ich das gemacht habe.
Please forgive me.	Verzeihen Sie mir bitte.
Can you forgive me again?	Können Sie mir noch einmal verzeihen?
I didn't mean to offend you.	Ich wollte Sie nicht kränken.
I'd like to apologize for causing you so much trouble.	Ich möchte mich entschuldigen, daß ich Ihnen soviel Schwierigkeiten verursacht habe.
It's my fault. Please excuse me.	Es ist meine Schuld. Entschuldigen Sie bitte.
Please forgive my coming so late.	Bitte verzeihen Sie mir, daß ich so spät komme.
I hope you weren't offended by the comment I made yesterday.	Ich hoffe, Sie nehmen meine Bemerkung von gestern nicht übel.
Please believe me, it wasn't my fault.	Glauben Sie mir bitte, es war nicht meine Schuld.
His behaviour (U.S.: behavior) was inexcusable.	Sein Verhalten war nicht zu entschuldigen.
I accept your apology. Let's forget about it.	Ich nehme Ihre Entschuldigung an und betrachte die Angelegenheit als erledigt.

4. Flat (U.S.: Apartment) — *4. Wohnung*

Where do you live?	Wo wohnen Sie?
We live in (U.S.: on) the square by the railway station.	Wir wohnen am Bahnhofsplatz.
My daughter is studying in Berlin. She lives in lodgings there.	Meine Tochter studiert in Berlin. Sie wohnt dort zur Untermiete.
She has a nice furnished room.	Sie hat ein hübsches möbliertes Zimmer.
This flat is to let (U.S.: for rent).	Diese Wohnung ist zu vermieten.
Her landlady is a nice elderly woman.	Ihre Vermieterin ist eine nette ältere Frau.
I've rented an empty room.	Ich habe ein Leerzimmer gemietet.

I'm looking for an unfurnished room with a separate entrance.	Ich suche ein unmöbliertes Zimmer mit separatem Eingang.
I've only been living in this town for a short time.	Ich wohne erst seit kurzem hier in der Stadt.
I've rented a flat (U.S.: apartment) for the time being.	Ich habe mir für die erste Zeit eine Wohnung gemietet.
It's not very big; it consists of one room, a kitchenette, a bathroom and a small hall.	Sie ist nicht sehr groß; sie besteht aus einem Zimmer, einer Kochnische, einem Bad und einem kleinen Flur.
The kitchenette is furnished with a kitchen cabinet, refrigerator and stove.	Die Kochnische ist mit Küchenschrank, Kühlschrank und Kochherd ausgestattet.
The flat is very conveniently situated. It's only five minutes to the next tram (U.S.: streetcar) stop.	Die Wohnung ist sehr günstig gelegen. Bis zur nächsten Straßenbahnhaltestelle sind es nur fünf Minuten.
There's not much traffic in (U.S.: on) our street.	In unserer Straße ist nicht viel Verkehr.
We live in (U.S.: on) a very quiet side street with no through traffic.	Wir wohnen in einer sehr ruhigen Seitenstraße ohne Durchgangsverkehr.
It's always very difficult to get a parking space near our house in the evening.	Abends ist es immer sehr schwierig, in der Nähe unseres Hauses einen Parkplatz zu bekommen.
Our building has an underground garage. We've rented a parking space there.	Zu unserem Haus gehört eine Tiefgarage. Wir haben dort einen Stellplatz gemietet.
We live right in the centre (U.S.: center) of town.	Wir wohnen mitten in der Innenstadt.
Isn't it rather noisy in your flat (U.S.: apartment)?	Ist es nicht ziemlich laut in Ihrer Wohnung?
The noise doesn't bother us. My wife and I both work and are not at home all day. Besides, our landlord has had sound-absorbing windows installed.	Der Lärm stört uns nicht. Meine Frau und ich sind beide berufstätig und den ganzen Tag über nicht zu Hause. Außerdem hat unser Hauswirt schallschluckende Fenster einbauen lassen.
I like living in the city.	Ich wohne sehr gerne in der Stadt.
We live on a new housing estate in the north of the city.	Wir wohnen in einer Neubausiedlung im Norden der Stadt.
We have bought our own flat (U.S.: a condominium) there.	Wir haben uns dort eine Eigentumswohnung gekauft.
How big is your flat?	Wie groß ist Ihre Wohnung?
Our flat is one hundred and twenty square metres (U.S.: meters).	Unsere Wohnung ist einhundertundzwanzig Quadratmeter groß.

We have four rooms, a nice big living room, two children's rooms and a master bedroom.

Wir haben vier Zimmer, ein schönes großes Wohnzimmer, zwei Kinderzimmer und ein Elternschlafzimmer.

We live on the third (U.S.: fourth) floor. We've rented two rooms in the attic – one we use as a guest room, the other we've equipped as a darkroom.

Wir wohnen im dritten Stock. Im Dachgeschoß haben wir noch zwei Mansarden gemietet – die eine benutzen wir als Gästezimmer und in der anderen haben wir eine Dunkelkammer eingerichtet.

We've bought a terraced house.

Wir haben uns ein Reihenhaus gekauft.

We now live in the country about thirty kilometres (U.S.: kilometers) from the town.

Wir wohnen jetzt auf dem Land, etwa dreißig Kilometer von der Stadt entfernt.

The prices of owner-occupied flats (U.S.: condominiums) or houses in large cities have become so exorbitant that they are beyond the means of any normal earner.

Die Preise für Eigentumswohnungen oder Häuser in der Großstadt sind derartig ins Unermeßliche gestiegen, daß sie, jedenfalls für einen Normalverdiener, unerschwinglich geworden sind.

How high are your monthly expenses?

Wie hoch sind Ihre monatlichen Belastungen?

We were lucky to be able to finance our house on easy terms. Our other expenses are kept within reasonable bounds.

Wir hatten Glück, daß wir unser Haus günstig finanzieren konnten. Unsere sonstigen Belastungen halten sich in Grenzen.

How do you like living in the country?

Wie gefällt Ihnen das Landleben?

Nothing much has changed for me. I leave home early in the morning and don't get home again until evening.

Für mich hat sich nicht viel verändert. Ich gehe morgens früh aus dem Haus und komme erst am Abend wieder.

It's wonderful for the children; in summer they can play outdoors all day.

Für die Kinder ist es herrlich, im Sommer können sie den ganzen Tag draußen spielen.

Our town has a large variety of leisure-time activities. There are many nice wine cellars one can visit after the theatre (U.S.: theater) or cinema.

Unser Stadt hat ein großes Freizeitangebot. Es gibt viele nette Weinlokale, in die man nach einem Theater- oder Kinobesuch gehen kann.

Rents are very high here.

Die Mieten sind hier sehr hoch.

I spend almost half of my net earnings on rent and additional expenses.

Fast die Hälfte meines Nettoverdienstes gebe ich für die Miete und Nebenkosten aus.

I can't afford a house of my own.	Ein eigenes Haus kann ich mir nicht leisten.
You've got a very beautiful flat (U.S.: apartment).	Sie haben eine sehr schöne Wohnung.
I really like your flat.	Ihre Wohnung gefällt mir wirklich sehr gut.
We've re-furnished our flat.	Wir haben unser Wohnung neu eingerichtet.
Our children have pretty well ruined our furniture.	Unser Kinder haben unsere Möbel ziemlich ramponiert.
We couldn't look at our furniture any more; it was getting to look really shabby.	Wir konnten unsere alten Möbel nicht mehr sehen, sie sahen doch schon recht schäbig aus.
We've bought a new three piece suite. It consists of a two-seater sofa, a three-seater sofa and an armchair.	Wir haben eine neue dreiteilige Sitzgruppe gekauft. Sie besteht aus einem zwei- und dreisitzigen Sofa und einem Sessel.
The television is next to the book-case.	Der Fernseher steht neben dem Bücherregal.
We haven't got a dining room. Our dining table is in the hall.	Wir haben kein Eßzimmer. Unser Eßtisch steht im Flur.
Since I have to do a lot of work at home, I've furnished one room as a study.	Da ich viel zu Hause arbeiten muß, habe ich mir ein Zimmer als Arbeitszimmer eingerichtet.
Our neighbours (U.S.: neighbors) have re-furnished their flat with period furniture. I must say that I like Scandinavian furniture better.	Unsere Nachbarn haben sich mit Stilmöbeln neu eingerichtet. Ich muß sagen, skandinavische Möbel gefallen mir besser.
I don't like our neighbours' (U.S.: neighbors') new furnishings at all.	Mir gefällt die neue Wohnungseinrichtung unserer Nachbarn überhaupt nicht.
I find the furnishings cold and dull.	Ich finde, die Einrichtung wirkt kalt und langweilig.
The living room is very bright and cheery.	Das Wohnzimmer wirkt sehr hell und freundlich.
We live in an old building.	Wir wohnen in einem Altbau.
Our flat remains comfortably cool even in midsummer.	Unser Wohnung ist auch im Hochsommer noch angenehm kühl.
We have a small attic flat, in which we feel very comfortable.	Wir haben eine kleine Wohnung im Dachgeschoß, in der wir uns sehr wohl fühlen.
Do you still live in (U.S.: on) Madison Street?	Leben Sie immer noch in der Madison Street?
No, the flat got too small for us. We're looking for a larger flat.	Nein, die Wohnung ist uns zu klein geworden. Wir suchen jetzt eine größere Wohnung.

We want to buy new bedroom furniture.	Wir wollen uns ein neues Schlafzimmer kaufen.
We've rearranged our kitchen.	Wir haben unser Küche umgestellt.
The dishwasher is now between the sink and the stove.	Die Spülmaschine steht jetzt zwischen Spüle und Herd.
The washing machine is in the cellar (U.S.: basement).	Die Waschmaschine steht im Keller.
The old furniture looked pretty worn.	Die alten Möbel sahen doch schon sehr ramponiert aus.
Our flat is on the fourth (U.S.: fifth) floor.	Unsere Wohnung ist im vierten Stock.
There is a lift (U.S.: an elevator) in our building.	Es gibt einen Fahrstuhl in unserem Haus.
Acquaintances of ours have bought a flat of their own (U.S.: a condominium).	Bekannte von uns haben sich eine Eigentumswohnung gekauft.
It's very difficult to find a reasonably priced flat here.	Es ist hier sehr schwierig, eine preiswerte Wohnung zu bekommen.
We obtained our flat through an estate agent (U.S.: a real-estate agent).	Wir haben unsere Wohnung über einen Makler bekommen.
When we were looking for a new flat, we placed an ad in the local newspaper.	Als wir eine neue Wohnung suchten, haben wir eine Anzeige in der örtlichen Zeitung aufgegeben.
We had to pay the estate agent (U.S.: real-estate agent) a large fee for finding us a flat.	Für die Vermittlung unserer Wohnung mußten wir dem Makler eine hohe Provision bezahlen.
When we move out, we have to renovate the flat.	Wenn wir ausziehen, müssen wir die Wohnung renovieren.
Although the number of people looking for flats is very high, there are a lot of blocks of flats (U.S.: apartment houses) standing empty.	Obwohl die Zahl der Wohnungssuchenden sehr groß ist, stehen viele Wohnhäuser leer.
We'd like to rent a flat.	Wir möchten eine Wohnung mieten.
When can my wife and I see the flat?	Wann können meine Frau und ich die Wohnung ansehen?
How high is the rent?	Wie hoch ist die Miete?
Are extra expenses included in the rent?	Sind Nebenkosten in der Miete enthalten?
Before you move into the flat, you've got to pay two months' rent as a security deposit.	Bevor Sie in die Wohnung einziehen, müssen Sie eine Kaution von zwei Monatsmieten hinterlegen.

The lease has already been drawn up.	Der Mietvertrag ist schon ausgefertigt.
When can we move in?	Wann können wir einziehen?
You have to make an arrangement with the former tenant about paying for the carpeting and gas heating system.	Über die Abstandssumme für Teppichböden und Gasheizung müssen Sie sich mit dem Vormieter einigen.
We'll have the rent transferred from our account by standing order.	Wir werden die Miete per Dauerauftrag überweisen.
The lease stipulates how often the flat must be renovated and who has to pay for repair and maintenance work.	Im Mietvertrag wird festgelegt, wie oft die Wohnung renoviert werden muß und wer Reparatur- und Wartungsarbeiten bezahlen muß.
If you want to sublet (U.S.: sublease) the flat, you need the landlord's permission.	Wenn Sie untervermieten wollen, benötigen Sie die Genehmigung des Vermieters.
We have to clean the stairs once a week.	Wir müssen einmal in der Woche das Treppenhaus reinigen.
We haven't got a caretaker.	Wir haben keinen Hausmeister.
I can do small repairs myself.	Kleinere Reparaturen kann ich selbst übernehmen.
Because workmen are so expensive, we've wallpapered the living room ourselves.	Da Handwerker sehr teuer sind, haben wir das Wohnzimmer selber tapeziert.
Next year we want to fit out the cellar (U.S.: basement). We are planning to make it into a party room.	Im nächsten Jahr wollen wir den Keller ausbauen. Wir haben vor, ihn als Partyraum einzurichten.
I enjoy doing amateur handiwork. I have a small hobby workshop in our cellar (U.S.: basement).	Ich bastele sehr gerne. Ich habe im Keller eine kleine Hobbywerkstatt.
Unfortunately, we're not allowed to keep a dog; our landlord is against the idea.	Leider dürfen wir uns keinen Hund halten; unser Hauswirt ist dagegen.
It is very difficult to find a suitable flat for a big family.	Für eine große Familie ist es sehr schwierig, eine geeignete Wohnung zu finden.
More and more young people are moving out of their parents' house and looking for a small flat.	Immer mehr junge Leute ziehen von zu Hause aus und suchen eine kleine Wohnung.
Many young people share flats.	Viele junge Leute leben in Wohngemeinschaften.

5. *School and Education* / 5. *Schule und Ausbildung*

5.1 SCHOOL SYSTEM / 5.1 SCHULSYSTEM

5.1.1 Primary School (U.S.: Elementary School) / 5.1.1 Grundschule

Do your children go to school yet?	Gehen Ihre Kinder schon zur Schule?
Our daughter is at nursery.	Unsere Tochter geht in den Kindergarten.
My son is at primary school. He is in the first year (U.S.: grade).	Mein Sohn besucht die Grundschule. Er ist in der ersten Klasse.
Compulsory education for children begins at the age of six in this country.	Bei uns müssen die Kinder mit sechs Jahren in die Schule gehen.
The children go to primary school for four years before moving on to an upper level school.	Die Kinder gehen zuerst vier Jahre in die Grundschule und wechseln dann auf eine weiterführende Schule über.
The primary school is about ten minutes away from our house. Our two children can walk to school.	Die Grundschule ist etwa zehn Minuten von unserem Haus entfernt. Unsere beiden Kinder können zu Fuß in die Schule gehen.
Our children have to take the school bus to school.	Unsere Kinder müssen mit dem Schulbus fahren.
At primary school age it is very important for children to learn to work together in a group.	Es ist sehr wichtig, daß die Kinder im Grundschulalter das Zusammenarbeiten in der Gruppe lernen.
She is good at reading and writing but has difficulty with arithmetic.	Sie ist im Lesen und Schreiben gut, hat aber Schwierigkeiten mit dem Rechnen.
Religious instruction is part of the curriculum in all schools here.	Der Religionsunterricht ist fester Bestandteil des Lehrplans in allen Schulen hier.
At this age the pupils are usually very quick learners.	In diesem Alter lernen die Kinder normalerweise sehr schnell.
She is a slow learner.	Sie lernt schwer.
Our children do a lot of handicrafts at school. This school year	Unsere Kinder basteln viel in der Schule. Sie haben dieses Schuljahr

they've already made hand puppets, mobiles and vases.	schon Handpuppen und Mobiles gebastelt und Vasen getöpfert.
Tomorrow the children must take some glue as well as a paintbrush and paint to school with them.	Morgen müssen die Kinder Klebstoff, Pinsel und Farbe in die Schule mitbringen.
He is often late for school.	Er kommt häufig zu spät in die Schule.
When does school start for your children?	Wann beginnt der Schultag für Ihre Kinder?
Classes begin at 8 o'clock and usually last until half past one.	Der Schulunterricht beginnt um 8 Uhr und dauert normalerweise bis 13.30 Uhr.
In day-schools lessons begin at 9 o'clock and go on till 4 o'clock.	In Ganztagsschulen fangen die Unterrichtsstunden um 9 Uhr an und dauern bis 16 Uhr.
How many lessons do your children have a week?	Wieviel Unterrichtsstunden haben Ihre Kinder pro Woche?
Which courses are compulsory in this class?	Welche Pflichtkurse gibt es für diese Klasse?
At the end of primary school (in the fifth or sixth form; U.S.: grade) pupils are selected for one of the different types of secondary schools: the Hauptschule (forms five to nine), the Realschule (forms five to ten) or the Gymnasium (forms five to thirteen).	In der Orientierungsstufe entscheidet es sich, welche weiterführende Schule die Kinder besuchen: die Hauptschule (Klasse fünf bis neun), die Realschule (Klasse fünf bis zehn) oder das Gymnasium (Klasse fünf bis dreizehn).
A common complaint is that too much is asked of the pupils at school, which causes stress and rivalry at an early age.	Es wird allgemein beklagt, daß die Anforderungen in der Schule zu hoch sind, was schon im frühen Alter zu Streßerscheinungen und Konkurrenzkampf führt.
Some parents complain that there is not enough emphasis on learning in the schools and that the quality of education has decreased drastically in recent years.	Einige Eltern beklagen sich, daß die Kinder nicht genug lernen und daß die Qualität der Ausbildung in den letzten Jahren sehr stark abgenommen hat.
It has become easier for pupils to transfer from one type of school to another.	Es ist für die Schüler leichter geworden, von einer Schulform zur anderen zu wechseln.

5.1.2 Five-Year Secondary Modern (Non-Academic School)	**5.1.2 Hauptschule**
His teachers have recommended him to go to the five-year secondary modern school.	Seine Lehrer haben ihm empfohlen, zur Hauptschule zu gehen.
Next year he will be starting at the five-year secondary modern school.	Nächstes Jahr kommt er in die Hauptschule.
Why have you chosen this school for your daughter?	Warum haben Sie diese Schule für Ihre Tochter ausgewählt?
We feel that this school is best suited to her abilities.	Wir sind der Meinung, daß diese Schule ihren Fähigkeiten am besten entspricht.
The children who attend the Hauptschule learn English as a first foreign language.	Die Hauptschüler lernen Englisch als erste Fremdsprache.
Each period usually lasts forty-five minutes.	Jede Unterrichtsstunde dauert in der Regel fünfundvierzig Minuten.
In Physical Education classes pupils can participate in team sports such as football (U.S.: soccer) or hockey. Other sports are also available.	Die Schüler können an Mannschaftssportarten wie Fußball oder Hockey teilnehmen. Auch werden andere Sportdisziplinen angeboten.
Mathematics is taught at various ability levels.	Mathematik wird je nach Leistungsfähigkeit in verschiedenen Kursen unterrichtet.
The children are no longer divided into groups according to ability.	Die Kinder werden nicht mehr nach dem Leistungsprinzip eingestuft.
It was very difficult for our son to find an apprenticeship.	Es war sehr schwierig für unseren Sohn, eine Lehrstelle zu finden.
He finished school when he was sixteen and then started an apprenticeship to become a motor mechanic (U.S.: car mechanic).	Er beendete die Schule mit sechzehn und fing dann eine Lehre als Kfz-Mechaniker an.
This type of school is sometimes criticized because it limits the pupils' possibilities to certain job areas and restricts their job mobility.	Dieser Schultyp wird manchmal kritisiert, weil er die Möglichkeiten der Schüler auf bestimmte Berufsgruppen beschränkt und damit ihre berufliche Beweglichkeit einschränkt.

He was absent from school for three weeks because of illness and had difficulty catching up on his school work.

Er mußte drei Wochen wegen Krankheit fehlen und hatte Schwierigkeiten, den Lernstoff nachzuholen.

Your daughter never pays attention in class. Her thoughts seem to be somewhere else.

Ihre Tochter paßt im Unterricht nie auf. Sie scheint mit ihren Gedanken irgendwo anders zu sein.

Prevocational training in schools can be quite helpful for young people who have to make a choice as to which occupation they wish to take up and become familiar with the working world.

In den Schulen kann eine vorberufliche Ausbildung hilfreich für junge Leute sein, die eine Berufswahl treffen und mit der Arbeitswelt vertraut werden müssen.

5.1.3 Six-Year Secondary Modern (Non-Academic School)

5.1.3 Realschule

What school does your son go to?

Welche Schule besucht Ihr Sohn?

He goes to the secondary modern which is about half an hour's bus ride from our house.

Er besucht die Realschule, die ungefähr eine halbe Stunde Busfahrt von unserem Haus entfernt ist.

The secondary modern prepares pupils for mid-level jobs in industry and business.

Die Realschule bereitet Schüler auf mittlere Stellungen in Industrie und Handel vor.

Some vocational courses are offered at this American junior high school.

Einige Berufsausbildungskurse werden an dieser amerikanischen Junior High School angeboten.

Our school also offers computer courses.

Unsere Schule bietet auch Computerkurse an.

I'd like to speak to the headmaster. Can you tell me where his office is?

Ich möchte den Rektor sprechen. Können Sie mir sagen, wo sein Büro ist?

Although our teacher sets very high standards, he is also fair. He has a good relationship with the pupils.

Obwohl unser Lehrer sehr hohe Ansprüche stellt, ist er auch fair. Er hat ein gutes Verhältnis zu den Schülern.

English is a compulsory subject at this school and French is optional.

Englisch ist an dieser Schule Pflicht-, Französisch Wahlfach.

My daughter is taking chemistry this year.

Meine Tochter belegt dieses Jahr Chemie.

She will need extra tutoring because of her poor marks (U.S.: grades) in maths (U.S.: math) and biology.

Wegen ihrer schlechten Noten in Mathematik und Biologie muß sie in diesem Jahr Nachhilfeunterricht nehmen.

Won't that be rather expensive?

Kostet das nicht ziemlich viel?

Yes, but she has already failed the

Ja, sie ist aber schon einmal in der

tenth form once, and that's why it's really necessary for her to pass this time. zehnten Klasse sitzengeblieben, deshalb ist es wirklich notwendig, daß sie dieses Mal versetzt wird.

What's your favourite (U.S.: favorite) subject at school? Was ist dein Lieblingsfach in der Schule?

I like Physical Education best. Am liebsten mag ich Sport.

He has got to prepare for a written test in French. Er muß sich auf eine Französischarbeit vorbereiten.

5.1.4 Grammar School (U.S.: High School) — 5.1.4 Gymnasium

Both our children attend a grammar school. Unsere beiden Kinder besuchen ein Gymnasium.

Do all grammar schools in the Federal Republic of Germany offer Greek and Latin? Werden Griechisch und Latein an jedem Gymnasium in der Bundesrepublik angeboten?

No, most grammar schools here set great store by modern languages. Nein, die meisten Gymnasien hier legen Wert auf die neueren Sprachen.

What kind of courses does your son take at grammar school? Was für Kurse belegt Ihr Sohn auf dem Gymnasium?

There are a number of compulsory subjects, such as maths, religion, history, German and English. Pflichtfächer sind zum Beispiel: Mathematik, Religion, Geschichte, Deutsch und Englisch.

Next year our daughter will have to decide between French and Latin as a second foreign language. Nächstes Jahr muß sich unsere Tochter für Französisch oder Latein als zweite Fremdsprache entscheiden.

He is preparing for the school-leaving examination. Er bereitet sich auf das Abitur vor.

The advanced level work in the final school year is limited to three or four subjects. Die Arbeit der Oberstufe wird im letzten Schuljahr auf drei oder vier Fächer beschränkt.

What subjects is your daughter specializing in? Auf welche Fächer spezialisiert sich Ihre Tochter?

She is concentrating on French, English and mathematics. Sie konzentriert sich auf Französisch, Englisch und Mathematik.

And what would she like to do when she has completed grammar school? Und was hat sie nach dem Abitur vor?

She wants to study French and English at a school for interpreters. Sie möchte Französisch und Englisch auf dem Dolmetscherinstitut studieren.

Do most of her fellow pupils want to go on to university? Wollen die meisten ihrer Mitschüler auch studieren?

Many of her fellow pupils are preparing for university but others will look for apprenticeships in industry and business.

Viele ihrer Mitschüler bereiten sich auf die Universität vor, andere werden jedoch Ausbildungsplätze in Industrie und Handel suchen.

When my daughter completed the twelfth form she transferred to a career orientated (U.S.: oriented) college.

Nachdem meine Tochter die zwölfte Klasse beendet hatte, wechselte sie auf eine Fachhochschule.

An American high school diploma really cannot be compared with the final certificate obtained in a German grammar school.

Ein amerikanischer High-School-Abschluß ist wirklich nicht mit dem deutschen Abitur zu vergleichen.

My daughter often complains that she has to do too much homework and has too little time for other interests or hobbies.

Meine Tochter beklagt sich oft, daß sie zu viele Hausaufgaben machen muß und daß sie dadurch zu wenig Zeit für andere Interessen und Hobbys hat.

We would like our son to spend a year in an English or American school, but then he'll have to repeat the form here.

Wir möchten gern, daß unser Sohn ein Jahr auf einer englischen oder amerikanischen Schule verbringt, aber dann wird er hier die Klasse wiederholen müssen.

5.1.5 Comprehensive Secondary School

5.1.5 Gesamtschule

The Comprehensive School unites the three different types of German secondary education (Hauptschule, Realschule and Gymnasium) within one school.

Die Gesamtschule vereinigt die drei verschiedenen Typen der deutschen Sekundarstufe (Hauptschule, Realschule und Gymnasium) in einer Schule.

According to the principles of this school, pupils should be able to change from one type of school to another with less difficulty.

Den Prinzipien dieser Schule gemäß sollten die Schüler leichter von einem Schultyp zum anderen wechseln können.

This school is not selective. Its aim is to provide as many pupils as possible with some sort of qualification.

An dieser Schule findet keine Auslese statt. Ihr Ziel ist es, möglichst viele Schüler mit einem qualifizierten Abschluß zu versehen.

Many argue that the quality of education suffers when discipline becomes too lax.

Viele behaupten, daß die Qualität der Ausbildung leidet, wenn man es mit der Disziplin nicht so genau nimmt.

In this experimental school it is not customary for weak pupils (U.S.: students) to repeat a form (U.S.: fail a grade).

In dieser Modellschule ist es nicht üblich, eine Klasse zu wiederholen.

It is hoped that a greater percentage of socially disadvantaged children will continue their education beyond the compulsory age.

Man hofft, daß ein größerer Anteil von sozial benachteiligten Kindern ihre Ausbildung über die Schulpflicht hinaus fortsetzen wird.

This school tries to integrate pupils from various social backgrounds.

Diese Schule bemüht sich, die Schüler aus verschiedenen sozialen Schichten zu integrieren.

Some people doubt that the high goals set by this school can ever be realized.

Man bezweifelt, ob die hohen Ziele, die sich diese Schule gesetzt hat, jemals verwirklicht werden können.

A drop in the number of children of school age has led to cuts in staff and the closure of some schools.

Der Rückgang der Zahl an schulpflichtigen Kindern führte dazu, daß die Zahl des Lehrpersonals verringert wurde und einige Schulen geschlossen wurden.

5.1.6 Private Schools

5.1.6 Privatschulen

We send our children to a private school.

Wir schicken unsere Kinder auf eine Privatschule.

Oh really, why is that? Isn't it very expensive?

Wirklich? Warum? Ist es nicht sehr teuer?

Yes, but we're willing to pay the high fees because we're convinced that the quality of education is superior to that in other schools.

Ja, wir sind aber bereit, ein hohes Schulgeld zu bezahlen, da wir überzeugt sind, daß die Qualität der Erziehung höher ist als auf anderen Schulen.

How does the curriculum of this independent school differ from that of a state school?

Wie unterscheidet sich der Lehrplan dieser unabhängigen Schule von dem der staatlichen?

The emphasis here is on developing the diverse talents of the pupils (U.S.: students). Teachers are able to spend more time with individual pupils or with small groups than is normally possible in a state school.

Der Schwerpunkt hier liegt auf der Entwicklung der verschiedenen Begabungen der Schüler. Die Lehrer sind in der Lage, mehr Zeit für den einzelnen Schüler oder kleine Gruppen aufzubringen, als es in einer staatlichen Schule sonst möglich ist.

This school has the aim of encouraging particularly gifted pupils (U.S.: students).

Diese Schule soll besonders begabte Schüler fördern.

How is this private school financed?

Wie wird diese Privatschule finanziert?

Our school receives no financial support from the state. It is totally

Unsere Schule erhält keine finanzielle Unterstützung vom Staat.

dependent on donations and tuition fees.

Sie ist ausschließlich auf Spenden und Schulgeld angewiesen.

This private school also receives financial support from the state.

Diese Privatschule erhält auch finanzielle Unterstützung vom Staat.

There are various types of independent schools in this country. Some are religious schools, others follow certain educational guidelines.

In diesem Land gibt es verschiedene Arten von unabhängigen Schulen. Einige sind konfessionell, andere lassen sich von bestimmten pädagogischen Richtlinien leiten.

Our son is at a boarding school.

Unser Sohn besucht ein Internat.

This boarding school also accepts day pupils.

Dieses Internat nimmt aber auch Tagesschüler auf.

All private schools here are supervised by the state and must meet certain requirements regarding lessons, teachers and examinations (U.S.: testing).

Alle Privatschulen hier werden vom Staat beaufsichtigt und müssen bestimmten Ansprüchen, die den Unterricht, die Lehrer und die Prüfungen betreffen, genügen.

I'm a firm believer in investing in the education of my children.

Ich glaube fest daran, daß es kein Fehler ist, in die Ausbildung meiner Kinder zu investieren.

5.2 HIGHER EDUCATION

5.2 HOCHSCHULE

5.2.1 University, Polytechnic

5.2.1 Universität, Technische Hochschule

Most German universities are public institutions. Is that also the case in your country?

Die meisten deutschen Universitäten sind öffentliche Einrichtungen. Ist das bei Ihnen auch so?

All universities in England are independent institutions but receive financial support from the government.

Alle Universitäten in England sind vom Staat unabhängig, erhalten aber finanzielle Unterstützung von ihm.

Which university do you go to?

Wo studieren Sie?

I go to a university in the north of Germany.

Ich studiere an einer Universität in Norddeutschland.

And what are you studying?

Und was studieren Sie?

I'm studying geology.

Ich studiere Geologie.

When I've finished my studies I'll be qualified as a civil engineer.	Wenn ich mein Studium beendet habe, bin ich Bauingenieur.
When will you complete your studies?	Wann werden Sie Ihr Studium beenden?
I should be finished in three years.	Ich schätze, ich werde in drei Jahren fertig sein.
He's studying physics.	Er studiert Physik.
Next autumn (U.S.: fall) I have to take my first state examination.	Nächsten Herbst muß ich das erste Staatsexamen machen.
Do you have good prospects of finding a job after completing your studies?	Haben Sie gute Aussichten auf einen Arbeitsplatz nach Beendigung Ihres Studiums?
At the moment there are still openings in my field. I hope this will also be the case when I've graduated.	Im Moment gibt es noch offene Stellen in meinem Fachgebiet. Ich hoffe, dies wird auch dann der Fall sein, wenn ich mein Studium absolviert habe.
This university offers courses in many fields of study. There are a lot of different departments here.	Diese Universität bietet Lehrveranstaltungen in vielen Studienzweigen an. Es gibt hier viele verschiedene Fachbereiche.
Admission to certain subjects has been restricted due to the limited number of places available.	Die Zulassung zu bestimmten Studiengängen ist wegen der begrenzten Anzahl an Studienplätzen beschränkt.
He had to wait for a year before he was accepted to study medicine.	Er mußte ein Jahr auf einen Studienplatz in Medizin warten.
This university is well-known for its law faculty (U.S.: law school).	Diese Universität ist für ihre juristische Fakultät bekannt.
He received an excellent education.	Er genoß eine ausgezeichnete Ausbildung.
What kind of degree will you have when you've finished your studies?	Was für ein Diplom haben Sie, wenn Sie Ihr Studium beendet haben?
When have we got to register for spring term (U.S.: semester)?	Wann müssen wir uns für das Sommersemester einschreiben?
Registration begins next week.	Die Einschreibung beginnt nächste Woche.
How many students are enrolled (U.S.: enroled) at this university?	Wie viele Studenten sind an dieser Universität immatrikuliert?
This university is known for its rigid admission requirements.	Diese Universität ist für ihre strengen Zulassungsbedingungen bekannt.
The modern student halls of residence (U.S.: dormitories) on cam-	In den modernen Studentenwohnheimen auf dem Universitätsge-

pus house up to three hundred students.

lände wohnen bis zu dreihundert Studenten.

Shall we meet in the refectory (U.S.: university cafeteria) for lunch?

Sollen wir uns in der Mensa zum Mittagessen treffen?

As a teaching assistant I belong to the university's part-time staff.

Als wissenschaftlicher Assistent gehöre ich zum Teilzeitpersonal der Universität.

He lectures in linguistics.

Er hält Linguistikvorlesungen.

The professor is usually in his office from 4 to 5 o'clock.

Der Professor ist normalerweise zwischen 16 und 17 Uhr in seinem Büro.

Many students try to obtain financial aid to cover the costs of their education.

Viele Studenten versuchen, finanzielle Hilfe zu bekommen, um die Kosten ihrer Ausbildung zu decken.

My daughter received a scholarship from her university last year.

Meine Tochter erhielt letztes Jahr ein Stipendium von ihrer Universität.

He applied for an educational grant this year to help pay for his fees at the university.

Er hat sich dieses Jahr um eine Ausbildungsförderung beworben, um seine Studiengebühren zu bezahlen.

The cost of education has risen tremendously in recent years. It is becoming increasingly difficult for many students to pay for their keep, fees and books.

Die Studienkosten sind in den letzten Jahren enorm gestiegen. Für viele Studenten wird es zunehmend schwieriger, die Kosten für Unterhalt, Gebühren und Bücher zu zahlen.

He went to university (U.S.: the university) and took a degree in maths (U.S.: math).

Er schloß sein Studium an der Universität mit dem Mathematikdiplom ab.

5.2.2 College (U.S.: Professional School)

5.2.2 Fachhochschule

This institution trains students for specialized work requiring scientific knowledge and artistic or technical skill.

Diese Hochschule bildet Studenten für qualifizierte Arbeit aus, die wissenschaftliche Kenntnisse und künstlerische oder technische Fähigkeiten erfordert.

The curriculum at this specialized institution includes long periods of practical training, so the diplomas

Im Lehrplan dieser Fachhochschule sind viele Praktika vorgesehen, weshalb sich die Diplome

differ from those obtained at universities.	von denen der Universitäten unterscheiden.
This college specializes in business administration.	Diese Hochschule ist auf Betriebswirtschaftslehre spezialisiert.
Our academic year is divided into two terms (U.S.: semesters).	Unser akademisches Jahr ist in zwei Semester geteilt.
I'm taking four lecture courses and two seminars this term.	Dieses Semester belege ich vier Vorlesungen und zwei Seminare.
My study group meets once a week.	Meine Arbeitsgemeinschaft trifft sich einmal wöchentlich.
He is required to do a great deal of research at this stage in his studies.	In diesem Stadium seines Studiums wird von ihm viel selbständige Arbeit verlangt.
Tomorrow I have to read a paper on Japanese culture.	Morgen muß ich ein Referat über die japanische Kultur halten.
The written examination next week will last two hours.	Die schriftliche Prüfung nächste Woche dauert zwei Stunden.
How many courses does a student usually take here?	Wie viele Veranstaltungen belegt ein Student normalerweise?

5.3 VOCATIONAL TRAINING

5.3 BERUFSAUSBILDUNG

Our son is looking for an apprenticeship in the mining industry.	Unser Sohn sucht einen Ausbildungsplatz im Bergbau.
As an apprentice he will receive practical on-the-job training and also take part in courses at technical college (U.S.: vocational school).	Als Lehrling wird er eine praktische Berufsausbildung erhalten und nebenbei am Unterricht in der Berufsschule teilnehmen.
The course of instruction for apprentices follows uniform guidelines.	Der Lehrplan für Auszubildende richtet sich nach einheitlichen Richtlinien.
She is being trained as a dental assistant.	Sie wird als Zahnarzthelferin ausgebildet.
How often do you have to go to classes at technical college?	Wie oft müssen Sie Kurse der Berufsschule besuchen?
We have classes at technical college twice a week.	Wir haben zweimal in der Woche Unterricht an der Berufsschule.

And how long does your course of instruction last?
Und wie lange dauert Ihr Lehrgang?

My apprenticeship lasts three years altogether.
Meine Lehre dauert insgesamt drei Jahre.

More and more girls are looking for apprenticeships in the skilled trades.
Immer mehr Mädchen suchen eine Stelle als Lehrling in den handwerklichen Berufen.

To make sure that there are enough apprenticeships for young people, the government sometimes awards subsidies to businesses.
Manchmal subventioniert die Regierung Unternehmen, um eine ausreichende Anzahl an Lehrstellen für Jugendliche zu gewährleisten.

These trainees must prepare themselves for the final examination which is required for their trade.
Diese Lehrlinge müssen sich auf die Abschlußprüfung vorbereiten, die für ihren Beruf erforderlich ist.

In the final year of training, apprentices concentrate on their specialized field of work.
Im letzten Jahr der Ausbildung konzentrieren sich die Lehrlinge auf ihr Spezialgebiet.

Some firms are reluctant to offer an apprenticeship because it is seen as unprofitable.
Manche Unternehmen stellen nur ungern Ausbildungsplätze zur Verfügung, weil sie es für unwirtschaftlich halten.

Our firm has trained more apprentices this year than it actually needs.
Unser Betrieb hat in diesem Jahr über den eigenen Bedarf hinaus Lehrlinge ausgebildet.

I'm convinced that training in one of the skilled trades is always worthwhile.
Ich bin überzeugt, daß sich eine handwerkliche Ausbildung immer lohnt.

Yes, a skilled craftsman can remain much more flexible on the job market and can adapt himself to other jobs more quickly than an unskilled worker can.
Ja, ein gelernter Handwerker kann auf dem Arbeitsmarkt viel flexibler bleiben und findet sich schneller in anderen Berufen zurecht als ein ungelernter Arbeiter.

6. *Work and Profession*

6. *Arbeit und Beruf*

What do you do for a living?
Was sind Sie von Beruf?

Do you work?
Sind Sie berufstätig?

Where do you work?
Wo arbeiten Sie?

What company do you work for?
Bei welcher Firma arbeiten Sie?

He is a blue-collar worker.
Er ist Arbeiter.

She works in an office.	Sie ist Büroangestellte.
He works as a driver for a haulage firm (U.S.: in a shipping agency).	Er arbeitet als Kraftfahrer bei einer Speditionsfirma.
I'm a skilled worker in a car factory.	Ich bin Facharbeiter in einem Autowerk.
The company no longer takes on unskilled workers.	Die Firma stellt keine ungelernten Arbeitskräfte mehr ein.
Because they have little chance of finding a job in their original line of work, many workers have to be retrained and learn a new trade.	Viele Arbeitnehmer müssen sich umschulen lassen und einen neuen Beruf erlernen, da sie mit ihrem erlernten Beruf nur noch wenig Chancen auf dem Arbeitsmarkt haben.
There are many foreign workers in our country.	Es gibt viele ausländische Arbeitnehmer bei uns.
There are often problems in integrating foreign workers.	Es gibt oft Schwierigkeiten bei der Integration der Gastarbeiter.
Citizens of common market countries don't need a work permit in Germany.	Angehörige der EG-Mitgliedsländer brauchen keine Arbeitserlaubnis in Deutschland.
I'm a white-collar worker.	Ich bin Angestellte(r).
I work in the personnel department of a company dealing in electronic equipment.	Ich arbeite in der Personalabteilung einer Firma für elektronische Geräte.
She's an office worker in local government.	Sie arbeitet als Angestellte in der Gemeindeverwaltung.
Mr Phillips is a senior executive in an international corporation.	Herr Phillips ist leitender Angestellter in einem internationalen Unternehmen.
She is in a managerial position.	Sie ist in leitender Stellung.
Her duties include receiving and processing orders, customer canvassing and advertising.	Ihr Aufgabenbereich umfaßt die Hereinnahme und Abwicklung von Bestellungen, Akquisition und Werbung.
He is one of our authorized signatories.	Er ist einer unserer Prokuristen.
Most teachers in Germany are civil servants.	In Deutschland sind die Lehrer gewöhnlich Beamte.
New posts cannot be created because the state's budgetary appropriations have been reduced.	Neue Planstellen können nicht geschaffen werden, da die Haushaltsmittel des Landes gekürzt wurden.
My brother has been appointed a civil servant for life.	Mein Bruder wurde zum Beamten auf Lebenszeit ernannt.

As a civil servant I don't have to pay any social welfare contributions.	Als Beamter brauche ich keine Sozialabgaben zu zahlen.
My father will be retiring next year.	Mein Vater wird nächstes Jahr pensioniert.
He worked for the post office for 30 years.	Er war 30 Jahre bei der Post.
He has a high position with the regional authorities.	Er hat eine hohe Position bei einer Landesbehörde.
There are lower, clerical, higher and senior civil servants.	Es gibt Beamte des einfachen, mittleren, gehobenen und höheren Dienstes.
In contrast to blue-collar workers and salaried employees, civil servants have a particular relationship of trust with the state government.	Im Unterschied zu Arbeitern und Angestellten stehen Beamte in einem besonderen Treueverhältnis zum Staat.
I work freelance.	Ich bin freiberuflich tätig.
I became self-employed two years ago when I founded my own company.	Vor zwei Jahren habe ich mich selbständig gemacht und eine eigene Firma gegründet.
He is self-employed; he has a law office in Bahnhofstrasse.	Er ist selbständig; er hat eine Anwaltskanzlei in der Bahnhofstraße.
I own a small leather goods shop in the centre of town (U.S.: downtown).	Ich besitze ein kleines Lederwarengeschäft in der Innenstadt.
Last year I modernized and expanded my shop.	Letztes Jahr habe ich meinen Laden modernisiert und vergrößert.
I managed to increase the turnover by 10% during the first half-year.	Der Umsatz konnte im ersten Halbjahr um 10% gesteigert werden.
I am responsible for customer service.	Ich bin für den Kundendienst zuständig.
Who is the claims adjuster in this insurance company?	Wer ist der Schadenssachbearbeiter in dieser Versicherung?
She is employed by the city as an administrative clerk.	Sie ist Verwaltungsangestellte bei der Stadt.
Are you a wholesaler or a retailer?	Sind Sie Groß- oder Einzelhandelskaufmann?
We have greatly increased our range of merchandise and now offer luxury items.	Wir haben unser Warenangebot stark ausgedehnt und bieten jetzt auch Artikel für den gehobenen Bedarf.
I cannot make a decision on the	Ich kann in dieser Angelegenheit

matter without the approval of my partner.	nicht ohne Zustimmung meines Partners entscheiden.
Our turnover in the first half of this year was below that of the same time last year.	Unsere Umsätze lagen in der ersten Hälfte dieses Jahres unter denen des Vergleichszeitraums des letzten Jahres.
To keep up with the competition we had to increase our range of merchandise greatly.	Um wettbewerbsfähig zu bleiben, mußten wir die Angebotspalette erheblich vergrößern.
The pressures of competition force us to produce our goods more economically in order to market our products at bargain rates.	Der Konkurrenzdruck zwingt uns, kostengünstiger zu produzieren, um unsere Produkte preisgünstiger auf den Markt zu bringen.
Competition keeps business going.	Konkurrenz belebt das Geschäft.
My job is the maintenance of the firm's machinery and fleet of motor vehicles.	Meine Aufgabe ist die Wartung des Maschinen- und Fahrzeugparks der Firma.
I'm an engineer at a mechanical engineering factory.	Ich bin Ingenieur in einer Maschinenbaufabrik.
I work in the XY group enterprise. It is one of the biggest manufacturers of optical lenses in Europe. Because it is a big international company, there are good chances for promotion.	Ich arbeite in einem Unternehmen der XY-Gruppe. Es ist eine der größten europäischen Herstellerfirmen für optische Gläser. Da es sich um eine große, internationale Firma handelt, gibt es gute Aufstiegsmöglichkeiten.
He works as an agent for a big insurance company.	Er arbeitet als Vertreter in einer großen Versicherungsgesellschaft.
He enjoys his work a lot because he meets a lot of interesting people.	Seine Arbeit macht ihm viel Spaß, denn er trifft viele interessante Leute.
I work in the food industry.	Ich arbeite in der Lebensmittelbranche.
He is a department manager in a big supermarket here in the city.	Er ist Abteilungsleiter in einem großen Supermarkt in dieser Stadt.
She works as a commercial clerk in an import-export firm.	Sie arbeitet als kaufmännische Angestellte in einer Import-Export-Firma.
With the introduction of modern electronic office equipment, the work in our book-keeping department has been greatly simplified.	Durch die Einführung moderner elektronischer Büromaschinen wurde die Arbeit in unserer Buchhaltungsabteilung sehr vereinfacht.

What is your line of work?	In welcher Branche arbeiten Sie?
I'm a sales representative for electronic data-processing equipment.	Ich bin Verkaufsrepräsentant für elektronische Datenverarbeitungsanlagen.
That sounds very interesting. Can you describe the particulars of your job?	Das klingt sehr interessant. Worin besteht im einzelnen Ihre Aufgabe?
I keep in contact with our customers and advise them in the purchase of data-processing equipment and accessory units.	Ich pflege Kontakte mit unseren Kunden und berate sie bei der Anschaffung von EDV-Anlagen und Zusatzgeräten.
I also try to find new customers and convince them of the advantages of our product and I try to help them in the purchase of the most efficient system for their business.	Ich versuche auch neue Kunden zu gewinnen und von den Vorzügen unserer Produkte zu überzeugen und ihnen zu helfen, das für ihren Betrieb wirtschaftlichste System anzuschaffen.
Are you a salaried employee or do you work as an independent representative?	Sind Sie fest angestellt oder arbeiten Sie als selbständiger Vertreter?
I'm an employee; the amount I earn depends on the number of completed sales I have transacted.	Ich bin fest angestellt; die Höhe meines Einkommens richtet sich aber nach der Anzahl der Verkaufsabschlüsse, die ich getätigt habe.
Wouldn't you rather have a desk job?	Hätten Sie nicht lieber einen Schreibtischjob?
No, I like my work very much because it is very diversified and every day I'm faced with new problems which have to be solved.	Nein, mir gefällt meine Arbeit sehr gut, da sie sehr abwechslungsreich ist und mich jeden Tag vor neue Probleme stellt, die gelöst werden müssen.
I would like to speak to your boss about a business matter.	Ich möchte Ihren Chef in einer geschäftlichen Angelegenheit sprechen.
Please wait just a moment. I'll tell him that you're here.	Warten Sie bitte einen Augenblick. Ich melde Sie sofort an.
Mr Phillips is busy at the moment. Please wait a few minutes.	Herr Phillips ist im Moment beschäftigt. Warten Sie bitte ein paar Minuten.
The situation on the job market is not very good at the moment.	Die Lage auf dem Arbeitsmarkt ist im Augenblick nicht sehr günstig.
There are more people looking for work than there are vacancies.	Es gibt mehr Arbeitssuchende als offene Stellen.
In our country there is no unemployment.	Wir haben in unserem Land Vollbeschäftigung.

In many particularly popular trades apprenticeships are scarce.	In vielen besonders begehrten Berufen sind die Ausbildungsplätze knapp.
The government is trying to secure and increase the number of jobs by means of planned investments.	Die Regierung versucht die Arbeitsplätze durch gezielte Investitionen zu sichern und auszubauen.
In the service sector there is a shortage of labour (U.S.: labor).	In den Dienstleistungsberufen herrscht ein Arbeitskräftemangel.
I have to work shifts.	Ich muß Schicht arbeiten.
We work in three shifts.	Wir arbeiten in drei Schichten.
I prefer working the early shift. Of course that means beginning at 6 o'clock but then the working day is over at 2 o'clock, and you have the rest of the day for yourself and your family.	Am liebsten arbeite ich in der Frühschicht. Die beginnt zwar bereits um sechs Uhr, aber der Arbeitstag ist schon um 14 Uhr zu Ende, und man hat den Rest des Tages für sich und seine Familie.
It is always difficult to get used to changing back and forth from the early to the late shift.	Es ist immer wieder schwierig, sich beim Wechsel von Frühschicht und Spätschicht an den neuen Rhythmus zu gewöhnen.
We do piecework, which is certainly very demanding, but you can also earn a lot that way.	Wir arbeiten im Akkord. Das ist zwar sehr anstrengend, aber man verdient auch sehr gut dabei.
The atmosphere at work is very good in our company.	Wir haben ein sehr gutes Betriebsklima in unserer Firma.
Unfortunately, the atmosphere at work in our company is not particularly good.	Bei uns ist das Betriebsklima leider nicht so gut.
We have flexible working hours in our company, which means we can begin work sometime between 7 and 9 o'clock and go home between 4 and 6.	Wir haben in unserem Betrieb gleitende Arbeitszeit, d. h. wir können in der Zeit von 7 bis 9 Uhr mit der Arbeit beginnen und zwischen 16 und 18 Uhr nach Hause gehen.
The main working hours are from 9.00 a. m to 4.00 p. m., which means that every employee must be in the office (*Fabrik:* on the shop floor) during this time.	Die Kernzeit ist von 9 bis 16 Uhr, d. h. jeder Mitarbeiter muß in diesem Zeitraum an seinem Arbeitsplatz sein.
How many days' holiday (U.S.: vacation days) do you have left this year?	Wieviel Tage Urlaub haben Sie noch dieses Jahr?
I've still got 26 days' holiday left.	Ich habe noch 26 Urlaubstage.
The amount of holiday (U.S.:	Die Urlaubsdauer ist tarifvertrag-

vacation) granted is fixed by collective agreement.	lich geregelt.
She's already taken her holiday.	Sie hat ihren Urlaub schon genommen.
When are you taking your holiday?	Wann nehmen Sie Ihren Urlaub?
I'm taking my holiday in June this year; it's still the early season then in most holiday resorts.	Ich mache dieses Jahr im Juni Urlaub; dann ist in den meisten Feriengebieten noch Vorsaison.
I'm looking for a new job.	Ich bin auf der Suche nach einer neuen Stellung.
Have you already given notice at your old job?	Haben Sie Ihre alte Stelle schon gekündigt?
Why is it that you want to change your job?	Warum wollen Sie denn Ihren Arbeitsplatz wechseln?
The chances for promotion are not very good in the company I work for now.	Die Aufstiegsmöglichkeiten in meiner jetzigen Firma sind nicht sehr gut.
I have already applied for a new position in Frankfurt.	Ich habe mich schon um eine neue Stelle in Frankfurt beworben.
Are there good chances for promotion in your company?	Gibt es in Ihrem Betrieb gute Aufstiegsmöglichkeiten?
I want to change my profession.	Ich möchte mich beruflich verändern.
He was promoted to head of department yesterday.	Er ist gestern zum Abteilungsleiter befördert worden.
For this position a completed course of study in industrial management is a prerequisite.	Für diese Stelle ist ein abgeschlossenes betriebswirtschaftliches Studium Voraussetzung.
In this profession you need a good training as a craftsman and a lot of technical skill.	In diesem Beruf muß man eine gute handwerkliche Ausbildung und viel technisches Geschick haben.
Because we have business connections with many European and non-European companies, a knowledge of English and French is necessary.	Da wir mit vielen Firmen im europäischen und außereuropäischen Ausland in Geschäftsverbindung stehen, sind englische und französische Sprachkenntnisse erforderlich.
Good typing skills and a knowledge of shorthand are required for this job.	Für diese Stelle wird erwartet, daß man gute Schreibmaschinenkenntnisse hat und Steno beherrscht.
A knowledge of foreign languages is advantageous in this job.	Fremdsprachenkenntnisse sind bei dieser Arbeit von Vorteil.

Wage agreements are negotiated between management and workers.	Tarifverträge werden von den Tarifpartnern ausgehandelt.
The two sides which negotiate wage agreements are the employers' association and the trade union (U.S.: labor union).	Tarifpartner sind Arbeitgeberverbände und die Gewerkschaft.
Trade unions are organized according to industrial groups or professions and represent the interests of the employees.	Die Gewerkschaften sind nach Industrie-Gruppen oder Berufen gegliedert und vertreten die Interessen der Arbeitnehmer.
The German trade unions are not organized according to professional trade groups but according to the principle of industrial associations.	Die deutschen Gewerkschaften sind nicht nach beruflichen Fachgruppen, sondern nach dem Prinzip des Industrieverbandes organisiert.
All the employees of one company belong to one trade union.	Sämtliche Arbeitnehmer eines Betriebes fallen in die Zugehörigkeit einer Gewerkschaft.
In Germany sixteen trade unions make up the German Trade Union Federation.	In Deutschland bilden sechzehn Gewerkschaften den Deutschen Gewerkschaftsbund (DGB).
The German Union of Salaried Employees represents the interests of the salaried employees.	Die Deutsche Angestellten-Gewerkschaft (DAG) vertritt die Interessen der Angestellten.
Approximately 40% of all employees in Germany are organized in trade unions.	Ungefähr 40% aller Arbeitnehmer in Deutschland sind gewerkschaftlich organisiert.
Employers are joined together in employers' associations.	Die Arbeitgeber sind in Arbeitgeberverbänden zusammengeschlossen.
The union called for selective strike action.	Die Gewerkschaft hat zu Schwerpunktstreiks aufgerufen.
Workers do not black an entire branch of industry when selective strike action is called. Instead only limited strike measures are taken against individual companies.	Bei Schwerpunktstreiks wird nicht ein ganzer Industriezweig bestreikt, sondern es gibt nur gezielte Arbeitskampfaktionen gegen einzelne Betriebe.
Employers answer a strike with a lock-out.	Die Arbeitgeber beantworten die Streikaktionen mit einer Aussperrung.
During wage negotiations an across-the-board wage increase is agreed upon.	In den Tarifverhandlungen wird eine lineare Lohnerhöhung vereinbart.

Are you a union member?
Sind Sie Gewerkschaftsmitglied?

Which union is responsible for the workers in your firm?
Welche Gewerkschaft ist für die Arbeiter in Ihrer Firma zuständig?

Members of our union have been on strike for three weeks now.
Unsere Gewerkschaftsmitglieder streiken schon seit drei Wochen.

It is expected that an agreement will be reached soon.
Man erwartet, daß eine Vereinbarung bald getroffen wird.

We received a pay rise (U.S.: pay raise) this year.
Wir haben dieses Jahr eine Gehaltserhöhung bekommen.

7. *Daily Life* — 7. *Tägliches Leben*

7.1 SHOPS (U.S.: STORES) — 7.1 GESCHÄFTE

7.1.1 Food, Groceries — 7.1.1 Lebensmittel

Where do you buy your groceries?
Wo kaufen Sie Ihre Lebensmittel ein?

I usually buy most of my groceries at the supermarket.
In der Regel kaufe ich die meisten Lebensmittel im Supermarkt.

I prefer shopping at the supermarket because I can get everything I need there.
Ich kaufe lieber im Supermarkt, weil ich dort alles bekomme, was ich brauche.

I buy all my groceries at the grocer's shop (U.S.: grocery store) round the corner. I know the shopkeeper (U.S.: storekeeper) there very well.
Ich kaufe alle Lebensmittel im Lebensmittelgeschäft um die Ecke. Ich kenne den Ladenbesitzer dort sehr gut.

Good morning, what can I get you?
Guten Morgen, was wünschen Sie?

A tin of salmon, a packet of macaroni and a bottle of orange juice, please.
Eine Dose Lachs, ein Paket Makkaroni und eine Flasche Orangensaft, bitte.

I also need a pound of coffee. Would you grind it, please?
Ich brauche auch ein Pfund Kaffee. Würden Sie ihn bitte mahlen?

I'd like to try one of those tarts.
Ich möchte gern eins von den Törtchen dort probieren.

This shop always sells freshly baked bread, cakes and pastries on Tuesday mornings.
Dieser Laden verkauft jeden Dienstag morgen frische Backwaren.

You should try the sausage here. It's very good.
Sie sollten einmal die Wurst hier probieren. Sie ist sehr gut.

I'm always very satisfied with the quality of the meat here.	Mit der Qualität des Fleisches bin ich hier immer sehr zufrieden.
Let's take a shopping trolley (U.S.: cart).	Nehmen wir einen Einkaufswagen.
Where are the baking ingredients?	Wo finde ich die Backzutaten?
The baking ingredients are in the second aisle.	Die Backartikel sind in der zweiten Reihe.
Do you still have coffee on special offer? I can't find any on the shelf.	Haben Sie noch Kaffee im Angebot? Ich kann im Regal keinen finden.
You can pick out the vegetables yourself. Here are plastic bags to put them in. The contents are weighed at the cash point.	Sie können das Gemüse selbst auswählen. Hier sind Plastikbeutel dafür. Der Inhalt wird an der Kasse gewogen.
I need apples, oranges and strawberries.	Ich brauche Äpfel, Apfelsinen und Erdbeeren.
The strawberries are prepacked in punnets (U.S.: cartons).	Die Erdbeeren sind schon in Schalen verpackt.
I'll take two punnets.	Ich nehme zwei Schalen.
Let's go to the frozen foods section.	Gehen wir zur Tiefkühlkostabteilung.
How much does this frozen fish cost?	Wieviel kostet dieser tiefgefrorene Fisch?
Special offers are advertised in the local section of the daily newspaper.	Sonderangebote werden im lokalen Teil der Tageszeitung angekündigt.
They are sold out of lettuce but there are still two punnets of mushrooms left.	Salat ist ausverkauft, aber es sind noch zwei Schälchen Champignons übrig.
Let's go to the greengrocer's to buy our vegetables.	Gehen wir zum Gemüsehändler, um Gemüse einzukaufen.
Don't forget to buy milk, cheese and yoghurt.	Vergessen Sie nicht, Milch, Käse und Joghurt zu kaufen.
The price hasn't been marked on this item.	Auf diesem Artikel ist der Preis nicht angegeben.
The prices here are very reasonable.	Die Preise hier sind sehr günstig.
A lot of the food here is overpriced.	Viele Lebensmittel sind hier zu teuer.
I generally spend £60 a week on food.	Meistens gebe ich £60 für Lebensmittel in der Woche aus.
That'll be exactly £15, please.	Ihre Rechnung beträgt genau £15.
I think the cashier miscalculated the amount to my disadvantage.	Ich glaube, der Kassierer hat sich zu meinem Nachteil verrechnet.

Where can I take these bottles back (U.S.: get cash on these bottles)?	Wo kann ich diese Pfandflaschen einlösen?
There is a ten pence deposit on each bottle.	Auf jeder Flasche ist zehn Pence Pfand.

7.1.2 Men's Clothing

7.1.2 Herrenbekleidung

Where do you buy your suits? They are all very smartly tailored.	Wo kaufen Sie Ihre Anzüge? Sie sind alle sehr gut verarbeitet.
I usually buy my suits tailor-made in a small shop (U.S.: store) in the town centre (U.S.: downtown).	Ich kaufe meistens maßgeschneiderte Anzüge in einem kleinen Geschäft in der Stadtmitte.
I usually buy ready-to-wear clothing in a well-established shop in the High Street (U.S.: on High Street).	In der Regel kaufe ich meine Konfektionskleidung in einem alteingesessenen Geschäft in der High Street.
They have an excellent range of men's clothing at reasonable prices.	Sie haben ein ausgezeichnetes Sortiment an Herrenbekleidung zu günstigen Preisen.
May I help you?	Kann ich Ihnen behilflich sein?
I'd like to see what you have in the way of sports shirts.	Ich möchte gern sehen, was Sie an Sporthemden haben.
What size do you take?	Welche Größe haben Sie?
In Germany I take a size forty-eight.	In Deutschland trage ich Größe achtundvierzig.
This size fourteen-and-a-half will probably match your German size. Why don't you try it on?	Diese Größe vierzehneinhalb entspricht wahrscheinlich Ihrer deutschen Größe. Probieren Sie es doch mal an.
The sizes are on the small side. You might need the next size.	Die Größen fallen klein aus. Sie brauchen vielleicht eine Nummer größer.
This is much too big for me.	Das ist viel zu groß für mich.
This shirt fits perfectly.	Das Hemd paßt ausgezeichnet.
It's a little too tight across the shoulders.	Es ist ein bißchen zu eng an den Schultern.
These shirts are made of 100% cotton.	Diese Hemden bestehen aus 100% Baumwolle.
This suit is made of a wool and polyester mixture.	Dieser Anzug besteht aus einer Wolle-Polyester-Mischung.

I need a new white linen shirt.	Ich brauche ein neues weißes Hemd aus Leinen.
I like the cut of this suit.	Ich mag den Schnitt dieses Anzuges.
The material of these trousers is very light and comfortable for summer.	Der Stoff dieser Hosen ist sehr leicht und für den Sommer sehr bequem.
The material is crease-resistant.	Der Stoff knittert nicht so leicht.
I'm looking for a grey woollen (U.S.: gray woolen) suit.	Ich suche einen grauen Wollanzug.
I saw the advertisement for overcoats in the newspaper.	Ich sah das Inserat für Mäntel in der Zeitung.
These coats are priced at between £400 (four hundred) and £425 (four hundred and twenty-five pounds).	Diese Mäntel kosten zwischen £400 und £425.
Can you show me something less expensive?	Können Sie mir etwas Preiswerteres zeigen?
Which tie would match this brown suit?	Welche Krawatte würde zu diesem braunen Anzug passen?
That tie is a little too colourful (U.S.: colorful) for my taste.	Die Krawatte ist für meinen Geschmack ein bißchen zu bunt.
Can I see the leather belts, please?	Kann ich bitte die Ledergürtel sehen?
Men's pyjamas (U.S.: pajamas), socks and underwear are reduced this week.	Herrenschlafanzüge, Socken und Unterwäsche sind diese Woche reduziert.
The trousers are slightly long and a bit too wide but the jacket fits well.	Die Hose ist ein bißchen lang und etwas zu weit, aber die Jacke sitzt gut.
The trousers can be altered at no extra charge.	Die Hose kann kostenlos geändert werden.
A small fee will be charged for additional alterations.	Für zusätzliche Änderungen wird ein geringfügiger Aufpreis verlangt.
Have you got trousers to match this sports jacket?	Haben Sie eine Hose, die zu dieser Sportjacke paßt?
These trousers are uncomfortable.	Diese Hose ist unbequem.
This style is very flattering and makes you look slim.	Dieser Stil ist sehr kleidsam und macht schlank.
What other colours (U.S.: colors) are these trousers available in?	In welchen anderen Farben ist die Hose erhältlich?
These fur-lined suede gloves are very warm for winter.	Diese pelzgefütterten Wildlederhandschuhe sind im Winter sehr warm.

Would you show me the men's cardigan I saw in the window?

Würden Sie mir die Herrenstrickweste aus dem Schaufenster zeigen?

How should I wash this sweater?

Wie muß dieser Pullover gepflegt werden?

This sweater must be washed by hand.

Dieser Pullover muß von Hand gewaschen werden.

I'd like this sweater in navy blue.

Ich möchte diesen Pullover in marineblau.

Would you like a polo- or a V-neck?

Möchten Sie einen Rollkragen oder V-Ausschnitt?

I'm not very fond of synthetic fibres (U.S.: fibers), can you show me something in wool?

Ich mag synthetische Stoffe nicht besonders, können Sie mir etwas aus Wolle zeigen?

I'm having trouble deciding between these two shirts.

Es fällt mir schwer, zwischen diesen beiden Hemden zu wählen.

This colour (U.S.: color) is very neutral and goes with almost anything.

Diese Farbe ist sehr neutral und paßt zu fast allem.

What sorts of socks do you have?

Was für Socken haben Sie?

We have silk, woollen (U.S.: woolen) and cotton socks.

Wir führen Socken aus Seide, Wolle und Baumwolle.

Give me two pairs of beige cotton socks.

Geben Sie mir zwei Paar beige Baumwollsocken.

7.1.3 Ladies' Clothing

7.1.3 Damenbekleidung

Would you like to go shopping with me? I'd like to buy some dresses for the spring.

Hätten Sie Lust, mit mir einkaufen zu gehen? Ich würde gern einige Frühjahrskleider kaufen.

Where do you buy your blouses? They are very pretty.

Wo kaufen Sie Ihre Blusen? Sie sind sehr attraktiv.

Your dress suits you very well.

Das Kleid steht Ihnen sehr gut.

She always dresses according to the latest fashion.

Sie kleidet sich immer nach der neuesten Mode.

This suit is always fashionable because of its timeless styling.

Dieses Kostüm ist durch seinen zeitlosen Zuschnitt immer in Mode.

I prefer to buy my clothes in small boutiques, because they have all

Ich kaufe meine Kleidung am liebsten in kleinen Boutiquen, da

the latest fashions and the service is good.	dort die neueste Mode angeboten wird und man gut bedient wird.
A new collection of winter coats has just arrived.	Eine neue Kollektion Wintermäntel ist gerade angekommen.
The clearance sale begins this week.	Der Schlußverkauf beginnt in dieser Woche.
This flannel skirt is a real bargain.	Dieser Flanellrock ist ein echter Gelegenheitskauf.
Raincoats in your size are unfortunately sold out.	Regenmäntel in Ihrer Größe sind leider ausverkauft.
On the second (U.S.: third) floor they have a large range of sweaters. Perhaps we can find a nice one there in our size.	Sie haben in der zweiten Etage eine große Auswahl an Pullovern. Vielleicht können wir dort einen schönen Pullover in unserer Größe finden.
What sort of wool is this sweater made of?	Aus welcher Wolle besteht dieser Pullover?
It is a mixture of mohair and lambswool.	Es ist eine Mischung aus Mohair und Lammwolle.
This colour (U.S.: color) suits your complexion very well.	Diese Farbe ist für Ihren Teint sehr vorteilhaft.
I can't wear clothing in this shade. It doesn't suit me at all.	Ich kann Kleidung in diesem Farbton nicht tragen. Sie steht mir überhaupt nicht.
Is this cardigan also available in other colours?	Ist diese Strickjacke auch in anderen Farben erhältlich?
Is there a shop near here that sells loden outfits?	Ist hier in der Nähe ein Geschäft für Trachtenkostüme?
This fashion is very popular among young people.	Diese Mode ist bei jungen Leuten sehr beliebt.
I only buy ready-to-wear clothes.	Ich kaufe nur Konfektionskleidung.
This linen blouse would go very nicely with a skirt of mine.	Ich könnte diese Leinenbluse sehr gut mit einem Rock von mir kombinieren.
Although the price has been reduced, this blouse is still too expensive.	Obwohl der Preis reduziert wurde, ist diese Bluse immer noch zu teuer.
I'd like to try on this trouser suit (U.S.: pant suit).	Ich möchte diesen Hosenanzug anprobieren.
When I am choosing my clothes I pay a lot of attention to how comfortably they fit.	Bei der Auswahl meiner Kleidung lege ich Wert auf bequemen Sitz.
Skirts are being worn shorter again.	Die Röcke werden wieder kürzer getragen.

Do you want to take this pleated skirt?	Wollen Sie diesen Faltenrock nehmen?
You have a collection of fur coats in the window. Could you bring me the mink coat to try on?	Sie haben in Ihrem Schaufenster eine Auswahl an Pelzmänteln. Können Sie mir den Nerzmantel zur Anprobe bringen?
I'd like to buy this fur collar as a gift.	Ich würde gern diesen Pelzkragen als Geschenk kaufen.
Do you have the fur hat to match this coat?	Haben Sie zu diesem Mantel die passende Pelzmütze?
This boutique gets most of its leather goods from abroad; that's why they are more expensive than in other shops.	Diese Boutique bezieht den größten Teil ihrer Lederwaren aus dem Ausland; deshalb sind sie im Vergleich teurer als in anderen Geschäften.
Where is the ladies' underwear department?	Wo ist die Abteilung für Damenunterwäsche?
I'd like a cotton brassière.	Ich möchte einen Büstenhalter aus Baumwolle.

7.1.4 Department Stores / 7.1.4 Kaufhäuser

Let's go window-shopping this afternoon.	Machen wir heute nachmittag einen Schaufensterbummel.
This store is celebrating its hundredth anniversary and has reduced a lot of its goods to celebrate the occasion. We might be able to find some real bargains here.	Dieses Geschäft feiert sein hundertjähriges Jubiläum und hat aus diesem Anlaß viele Waren reduziert. Vielleicht können wir hier einige günstige Angebote finden.
I don't like the hectic atmosphere in big stores.	Ich mag die hektische Atmosphäre in großen Kaufhäusern nicht.
We should park in the underground car park (U.S.: parking lot). We can then get to the shop easily by taking the stairs or a lift (U.S.: an elevator).	Wir sollten in der Tiefgarage parken. Wir können das Geschäft dann leicht über die Treppe oder mit dem Aufzug erreichen.
Shouldn't we first take a look at the shop windows?	Sollten wir nicht erst einen Blick in die Schaufenster werfen?
I've got a long shopping list. I'd like to buy some children's clothing, some table linen and sheets,	Ich habe eine lange Einkaufsliste. Ich möchte einige Kinderkleider, Tischwäsche und Bettlaken kau-

and if we still have time I'd like to look at the cooking utensils.

fen, und wenn wir noch Zeit haben, möchte ich mir das Kochgeschirr ansehen.

There was a full-page advertisement for fabrics in today's paper. Shall we take a look at what is on offer?

In der Tageszeitung gab es ein ganzseitiges Inserat für Stoffe. Sollen wir uns das Angebot ansehen?

Excuse me, can you tell me where the haberdashery department (U.S.: notions department) is?

Entschuldigen Sie, können Sie mir sagen, wo die Kurzwarenabteilung ist?

You'll find that on the fourth (U.S.: fifth) floor.

Sie finden sie im vierten Stockwerk.

I must go to the hardware department in the basement. I need a hammer and some nails.

Ich muß in die Eisenwarenabteilung im Untergeschoß gehen. Ich brauche einen Hammer und Nägel.

The toy department is on the fifth (U.S.: sixth) floor next to children's clothing. We can take the escalator.

Die Spielwarenabteilung ist im fünften Stock neben der Kinderkleidung. Wir können die Rolltreppe benutzen.

These children's dungarees are quite practical. The straps are adjustable.

Diese Kinderjeans sind sehr praktisch. Die Träger sind verstellbar.

Perhaps we should get something to eat in the restaurant here.

Vielleicht sollten wir hier in dem Restaurant etwas essen.

This store has an excellent reputation for its extensive range of household furnishings.

Dieses Geschäft hat einen ausgezeichneten Ruf für sein umfassendes Angebot an Haushaltsmöbeln.

I'd like to buy some garden chairs for our patio.

Ich möchte einige Gartenstühle für unsere Terrasse kaufen.

That bed-settee (U.S.: bed-couch) would be ideal for my son's small flat (U.S.: apartment).

Die Bettcouch wäre für die kleine Wohnung meines Sohnes ideal.

Can you help me please?

Können Sie mich bitte bedienen?

Can you show me some gifts that are typical for this country?

Können Sie mir einige landestypische Geschenkartikel zeigen?

I'll go to the music department while you go to the electrical appliance department.

Während Sie in die Abteilung für elektrische Geräte gehen, werde ich in die Musikabteilung gehen.

This shop is always filled with people before Christmas and you have to wait in a long queue (U.S.: line) to pay.

Vor Weihnachten ist dieses Geschäft immer überfüllt, und man muß in einer langen Schlange warten, um zu bezahlen.

You can join the queue now (U.S.:

Sie können sich jetzt schon an-

You can get in line already). I'll be back in a moment.

stellen, ich bin sofort zurück.

Can I exchange it if it is too small?

Kann ich es umtauschen, falls es zu klein ist?

You can exchange your purchase if you keep your receipt.

Sie können die gekauften Waren umtauschen, wenn Sie Ihre Quittung aufbewahren.

This shopping centre (U.S.: center) attracts many customers because of its excellent location and variety of shops.

Dieses Einkaufszentrum zieht durch seine ausgezeichnete Lage und seine vielen Geschäfte viele Kunden an.

This shopping precinct (U.S.: mall) has over fifty different shops.

Dieses Einkaufszentrum hat über fünfzig verschiedene Geschäfte.

How long do the shops stay open here?

Wie lange bleiben die Geschäfte hier geöffnet?

The shops in the centre of town (U.S.: downtown) are open from 9 o'clock until half past six.

Die Geschäfte in der Stadtmitte haben durchgehend von 9 Uhr bis 18.30 Uhr auf.

During the pre-Christmas season most shops are open longer on Saturdays.

Während der Vorweihnachtszeit haben die meisten Geschäfte am Samstag länger auf.

It's worth taking a look at this shop because of the many different and unusual articles it has to offer.

Wegen der vielen verschiedenen und ungewöhnlichen Artikel lohnt es sich, dieses Geschäft anzusehen.

This shop sells almost everything.

Dieses Geschäft führt fast alles.

7.1.5 Bookshop

7.1.5 Buchhandlung

Can you recommend a good bookshop?

Können Sie mir eine gute Buchhandlung empfehlen?

I often buy books in the bookshop at the station. They have a large selection: specialized textbooks, reference books, cookbooks, novels, guidebooks, language books and all types of books on hobbies and leisure activities.

Ich kaufe oft Bücher in der Buchhandlung am Bahnhof. Sie hat eine umfangreiche Auswahl: Fachbücher, Nachschlagewerke, Kochbücher, Romane, Reiseführer, Sprachbücher und verschiedene Hobby- und Freizeitbücher.

I'm looking for the latest novel by this author.

Ich suche den neuesten Roman dieses Schriftstellers.

The book was sold out im-

Das Buch war sofort verkauft,

mediately, but we can order it for you again.	aber wir können es für Sie noch mal bestellen.
How long will it take?	Wie lange wird es dauern?
It usually takes only two days.	In der Regel dauert es nur zwei Tage.
What is the order number of the book?	Wie lautet die Bestellnummer des Buches?
The book is published by XY.	Das Buch erscheint im XY-Verlag.
The book was first published in 1968 (nineteen-sixty-eight).	Das Buch erschien erstmals 1968.
Since then it's been reprinted six times.	Seitdem sind sechs Auflagen erschienen.
This is an unaltered edition.	Dies ist eine unveränderte Ausgabe.
I'd like the abridged version.	Ich hätte gern die gekürzte Fassung.
I have the revised edition of this book.	Ich habe die überarbeitete Ausgabe dieses Buches.
The book is out of print.	Das Buch ist vergriffen.
This book has an interesting cover.	Der Einband dieses Buches ist interessant.
I skimmed through the book and glanced at the table of contents before I decided to buy it.	Ich habe das Buch überflogen und das Inhaltsverzeichnis kurz angeschaut, bevor ich mich entschloß, es zu kaufen.
The bibliography seems quite extensive.	Das Literaturverzeichnis scheint mir sehr umfangreich zu sein.
The author is well-known in this country.	Der Autor ist in diesem Land sehr bekannt.
I've read almost all of his books.	Ich habe fast alle seine Bücher gelesen.
I'm looking for a book on photography.	Ich suche ein Buch über Fotografie.
Where are the language books?	Wo sind die Sprachbücher?
I need an English-German dictionary.	Ich brauche ein Wörterbuch, Englisch-Deutsch.
How much does this book cost?	Wieviel kostet dieses Buch?
This shop has some beautiful children's books. The illustrations are very imaginative and colourful (U.S.: colorful).	Diese Geschäft hat einige schöne Kinderbücher. Die Bilder sind sehr phantasievoll und farbig.
The leather-bound edition is very expensive.	Die ledergebundene Ausgabe ist sehr teuer.

The book is also available in paperback.	Das Buch ist auch als Taschenbuch erhältlich.
I enjoy reading science fiction.	Ich lese gern Science-fiction.
I'd like to buy a book for a friend. He likes reading westerns. What can you recommend?	Ich möchte ein Buch für einen Bekannten kaufen. Er liest gern Western. Was können Sie mir empfehlen?
I haven't read this book yet.	Ich habe dieses Buch noch nicht gelesen.
How many chapters does this book have?	Wie viele Kapitel hat dieses Buch?
I'm still at the first chapter.	Ich bin immer noch beim ersten Kapitel.
I found the book boring.	Ich fand das Buch langweilig.
I'm looking for an exciting detective novel.	Ich suche einen spannenden Kriminalroman.
This book is a real thriller.	Dieses Buch ist ein richtiger Thriller.
We bought a very useful guidebook for our holiday (U.S.: vacation) in Australia.	Wir haben einen sehr nützlichen Reiseführer für unsere Ferien in Australien gekauft.
This book is worth reading.	Dieses Buch ist lesenswert.

7.1.6 Sports Goods

7.1.6 Sportartikel

Where do you buy your sports goods?	Wo kaufen Sie Ihre Sportsachen?
I buy all my sports equipment in the sports section of the department store.	Ich kaufe meine Sportausrüstung in der Sportabteilung des Kaufhauses.
The sports equipment is cheaper there than in other shops.	Die Sportausrüstung ist dort billiger als in anderen Geschäften.
This sports shop sells equipment for all types of leisure sports.	Dieses Sportgeschäft führt Ausrüstungen für alle Freizeitsportarten.
All the sportswear here is top quality.	Die gesamte Sportbekleidung hier ist beste Qualität.
These leotards are made of hardwearing material.	Diese Gymnastikanzüge sind aus widerstandsfähigem Stoff gemacht.
I have to buy some new shirts for the football team.	Ich muß einige neue Trikots für die Fußballmannschaft kaufen.

I'd like a new pair of gym shoes and a tracksuit.	Ich möchte ein neues Paar Turnschuhe und einen Trainingsanzug.
He needs special studs for the game next Saturday.	Er braucht besondere Stollen für das Spiel am nächsten Samstag.
Where are the winter sports goods?	Wo sind die Wintersportartikel?
I'd like to buy a sledge (U.S.: sled) for my son.	Ich möchte einen Schlitten für meinen Sohn kaufen.
I need an entirely new set of skiing equipment.	Ich brauche eine völlig neue Skiausrüstung.
Only the bindings on my old skis have to be replaced.	Nur die Bindungen an meinen alten Skiern müssen ersetzt werden.
The new ski suits this year are very stylish.	Die neuen Skianzüge dieser Saison sind sehr modisch.
The ski boots are not included in the price.	Die Skistiefel sind nicht im Preis inbegriffen.
These sticks (U.S.: poles) are too long for me.	Diese Skistöcke sind zu lang für mich.
I'd like to see the cross-country skis.	Ich möchte die Langlaufski sehen.
How much do these winter boots cost?	Wieviel kosten diese Winterstiefel?
These ice-skates are also available in children's sizes.	Diese Schlittschuhe sind auch in Kindergrößen erhältlich.
These are ice-hockey skates.	Dies sind Eishockeyschlittschuhe.
The hockey sticks that I saw in the other shop (U.S.: store) were cheaper.	Die Hockeyschläger, die ich in dem anderen Geschäft gesehen habe, waren billiger.
These trousers (U.S.: pants) are ideal for hiking.	Diese Hose ist zum Wandern ideal.
There are comfortable shoes, shirts and anoraks for hiking over here.	Hier sind bequeme Wanderschuhe, Hemden und Anoraks.
This store has a large range of camping equipment. We bought our tent and sleeping bags here.	Dieser Laden führt eine große Auswahl an Campingartikeln. Wir haben hier unser Zelt und unsere Schlafsäcke gekauft.
Do they also have good rucksacks (U.S.: backpacks)? I'm looking for a very sturdy one.	Führen sie auch gute Rucksäcke? Ich suchen einen sehr stabilen.
I'm sure they do, but they are probably very expensive.	Ja bestimmt, aber sie sind wahrscheinlich sehr teuer.
I'd like to compare prices before making a decision.	Ich möchte erst die Preise vergleichen, bevor ich mich entscheide.

The new range of surf boards have just arrived.	Die neuen Surfbrettmodelle sind gerade eingetroffen.
Where can I find the swimwear?	Wo kann ich die Badekleidung finden?
I'd like to buy these waterskis but they're simply too expensive.	Ich würde diese Wasserski gern kaufen, aber sie sind einfach zu teuer.
These waterskis are in a more reasonable price category.	Diese Wasserski sind preiswerter.
I'd like to try on this swimsuit (U.S.: bathing suit).	Ich möchte diesen Badeanzug anprobieren.
What do you have in the way of swimming flippers?	Was haben Sie an Schwimmflossen?
These swimming trunks are all too large. I need a size smaller.	Diese Badehosen sind alle zu groß. Ich brauche eine Nummer kleiner.
Can you show me the bathing caps?	Können Sie mir die Bademützen zeigen?
This shop has everything for the riding enthusiast.	Dieses Geschäft hat alles für den Freund des Reitsports.
I need a complete riding suit: boots, breeches, coat and hat.	Ich brauche einen kompletten Reitanzug: Stiefel, Hose, Jacke und eine Kappe.
These saddles and harnesses vary in price and quality.	Dieses Sattelzeug ist in Preis und Qualität unterschiedlich.
These riding boots are a bit too tight.	Diese Reitstiefel sind ein bißchen zu eng.
Would you show me the golf-clubs, please?	Zeigen Sie mir bitte die Golfschläger.
This club is too long for me. Do you have anything shorter?	Dieser Schläger ist für mich zu lang. Haben Sie einen etwas kürzeren?
I like these clubs. How much are they?	Diese Schläger gefallen mir. Wieviel kosten sie?
I also need some new golfballs.	Ich brauche auch einige neue Golfbälle.
My tennis instructor recommended me to buy a new racket.	Mein Tennislehrer empfahl mir, einen neuen Schläger zu kaufen.
Are you looking for anything in particular?	Suchen Sie etwas Bestimmtes?
I'm interested in good quality and am willing to pay a little more.	Ich bin an guter Qualität interessiert und bin bereit, dafür ein bißchen mehr zu bezahlen.
Is it possible to have this old racket restrung?	Ist es möglich, diesen alten Schläger neu bespannen zu lassen?

Do you stock table-tennis rackets and balls?	Führen Sie Tischtennisschläger und -bälle?
This shop sells American footballs.	Dieses Geschäft führt amerikanische Fußbälle.
Are these balls made of leather?	Sind diese Bälle aus Leder?
This sport is a costly business.	Dieser Sport ist ein teures Vergnügen.
This is the only hobby I allow myself.	Das ist das einzige Hobby, das ich mir gönne.

7.1.7 Shoe Shops / 7.1.7 Schuhgeschäfte

A friend of mine recommended this shoe shop.	Eine Bekannte empfahl mir dieses Schuhgeschäft.
This shop sells orthopaedic (U.S.: orthopedic) shoes.	Dieses Geschäft verkauft orthopädische Schuhe.
I'd like a pair of black patent leather shoes.	Ich möchte ein Paar schwarze Lackschuhe.
I usually take size thirty-eight.	Normalerweise habe ich Größe achtunddreißig.
These sandals are very comfortable.	Diese Sandalen sind sehr bequem.
I'd like to try on the brown suede shoes I saw in the window.	Ich möchte die braunen Wildlederschuhe anprobieren, die ich im Schaufenster gesehen habe.
The children's shoes are all very expensive here.	Die Kinderschuhe sind hier alle sehr teuer.
Look how flexible the soles of these shoes are!	Schauen Sie, wie biegsam die Sohlen dieser Schuhe sind!
These soles are much too hard.	Diese Sohlen sind viel zu steif.
These rubber boots are very practical for children.	Diese Gummistiefel sind für Kinder sehr praktisch.
I'd like a pair of slippers.	Ich möchte ein Paar Hausschuhe.
Have you anything in dark blue?	Haben Sie etwas in dunkelblau?
The heel is too high for me.	Der Absatz ist für mich zu hoch.
These shoes have a low heel.	Diese Schuhe haben einen flachen Absatz.
I'm afraid we haven't got that shoe in your size.	Leider haben wir den Schuh nicht in Ihrer Größe.
That's a pity! Will you be getting more in later in the season?	Wie schade! Erwarten Sie mehr im Laufe der Saison?

No, I'm afraid we're sold out.

Nein, wir sind leider ausverkauft.

These shoes all look a bit too old-fashioned.

Diese Schuhe sehen ein bißchen zu altmodisch aus.

Although these shoes look very stylish, they're much too uncomfortable.

Obwohl diese Schuhe sehr modisch aussehen, sind sie viel zu unbequem.

They're too wide for me.

Sie sind für mich zu breit.

The right shoe pinches.

Der rechte Schuh drückt.

These shoes fit perfectly.

Diese Schuhe passen ausgezeichnet.

I need a pair of white shoe-laces.

Ich brauche ein Paar weiße Schnürsenkel.

This shoe cream protects shoes in bad weather.

Diese Schuhcreme schützt Schuhe bei schlechtem Wetter.

I'm only interested in buying boots that are lined.

Für mich kommen nur gefütterte Stiefel in Betracht.

Are these beach shoes made of real leather?

Sind diese Strandschuhe aus echtem Leder?

No, they're made of Leatherette.

Nein, sie sind aus Kunstleder.

There are quite a few shoe shops in the city, but I find this shop the best.

Es gibt ziemlich viele Schuhgeschäfte in der Stadt, aber ich finde, dieses ist das beste.

The service here is always friendly and I can usually find the shoes I am looking for.

Die Bedienung ist immer sehr freundlich, und ich finde meistens die Schuhe, die ich suche.

It's difficult for me to find shoes that fit well. That's why I usually have to buy shoes in an expensive shop.

Es ist schwierig für mich, gut passende Schuhe zu finden. Deshalb muß ich in der Regel in einem teuren Laden Schuhe kaufen.

7.1.8 Flower Shops

7.1.8 Blumenläden

Before we visit Mary, let's stop at a flower shop and buy a bunch of flowers.

Bevor wir Mary besuchen, halten wir bei einem Blumengeschäft und kaufen einen Blumenstrauß!

That's a lovely bunch, isn't it?

Das ist ein schöner Strauß, nicht wahr?

The colour (U.S.: color) of these lilacs is really beautiful.

Die Farbe dieses Flieders ist wirklich prächtig.

These flowers have a pleasant fragrance that is not too obtrusive.

Diese Blumen haben einen angenehmen Duft, der nicht zu aufdringlich ist.

The carnations look very fresh.	Die Nelken sehen sehr frisch aus.
The violets look a bit wilted already.	Die Veilchen sehen schon etwas verblüht aus.
I'd like a bunch of flowers for a young lady. What would you recommend?	Ich möchte einen Blumenstrauß für eine junge Dame. Was können Sie mir empfehlen?
Perhaps she would like a pot of flowers instead.	Vielleicht möchte sie statt dessen eine Topfblume.
This flower-basket would make a lovely gift.	Dieser Blumenkorb wäre ein schönes Geschenk.
How much will it cost to have a bouquet of flowers sent to this address?	Wieviel wird es kosten, einen Blumenstrauß an diese Adresse zu schicken?
I'd like to have a wreath of flowers sent to this address.	Ich möchte einen Blumenkranz an diese Adresse schicken lassen.
These are unusual flowers. What kind are they?	Diese Blumen sind ungewöhnlich. Was für Blumen sind das?
I like this type of flower, but unfortunately they wilt very quickly.	Ich habe diese Blumenart sehr gern, aber leider halten sie nicht lange.
This flower arrangement is beautiful but it's too expensive.	Dieses Blumengesteck ist schön, aber es ist zu teuer.
I'd like to bring our hostess some tulips. She seems to have a special liking for them.	Ich möchte unserer Gastgeberin einige Tulpen mitbringen. Sie scheint eine besondere Vorliebe dafür zu haben.
Can you put together a bunch of flowers for me in soft autumn colours (U.S.: colors)?	Können Sie für mich einen Strauß mit herbstlichen Farben zusammenstellen?
I'd like something with light spring colours (U.S.: colors).	Ich möchte etwas mit hellen Frühlingsfarben.
Please make the bouquet a bit bigger. Perhaps you can add some green to it.	Machen Sie bitte den Strauß etwas voller. Vielleicht können Sie ein bißchen Grün dazutun.

7.1.9 Hairdresser's, Barber's

7.1.9 Friseur

I must go to the hairdresser's as soon as possible. My hair looks terrible.	Ich muß so bald wie möglich zum Friseur gehen. Meine Haare sehen fürchterlich aus.
My hair is much too long.	Meine Haare sind viel zu lang.

I'd like to make an appointment for next week.	Ich möchte mich für nächste Woche anmelden.
Is Tuesday morning all right?	Wie wär's mit Dienstag morgen?
That will be fine; at what time?	Das wäre schön, um wieviel Uhr?
How would you like your hair done?	Wie möchten Sie Ihre Haare?
I'd like an entirely new hair style. What would you recommend?	Ich möchte eine völlig neue Frisur, was empfehlen Sie mir?
I think the style shown on this picture would suit you.	Ich glaube, der Schnitt auf diesem Bild würde Ihnen gut stehen.
I'd like to have my hair dyed. Please use a gentle hair-dye.	Ich möchte mir die Haare färben lassen. Verwenden Sie bitte ein schonendes Färbemittel.
I'd just like a trim.	Schneiden Sie nur die Spitzen ab.
Please don't take too much off.	Bitte schneiden Sie nicht zu viel.
I'd like my hair cut a bit shorter.	Schneiden Sie die Haare ein bißchen kürzer.
Use a shampoo for greasy hair.	Nehmen Sie ein Shampoo gegen fettiges Haar.
Can you put some hair conditioner on?	Können Sie mir eine Haarkur machen?
I'd like a shampoo and set.	Waschen und legen, bitte.
Would you please blow-dry my hair.	Würden Sie bitte meine Haare fönen?
This hairstyle is very popular because it is easy to manage.	Dieser Haarschnitt ist sehr beliebt, weil er leicht zu pflegen ist.
The style is attractive but requires a lot of care.	Der Schnitt ist attraktiv, aber er erfordert viel Pflege.
These modern styles do not suit me.	Diese modernen Schnitte stehen mir nicht.
I'd like to let my hair grow long again.	Ich möchte meine Haare wieder wachsen lassen.
Just take a bit off the fringe (U.S.: bangs).	Schneiden Sie nur den Pony ein bißchen.
A side parting (U.S.: part) suits you better.	Ein Seitenscheitel steht Ihnen besser.
I prefer to part my hair in the middle.	Ich mag lieber einen Mittelscheitel.
This hair style looks better with a perm.	Dieser Haarschnitt sieht mit einer Dauerwelle besser aus.
I'd like a manicure while my hair is drying.	Ich möchte eine Maniküre während mein Haar trocknet.
How would you like your nails filed, round or pointed?	Wie möchten Sie Ihre Nägel gefeilt haben, rund oder spitz?

I'd like them pointed and you can leave them rather long.	Ich möchte sie spitz, und Sie können sie ziemlich lang lassen.
I want to buy some shampoo and facial cream.	Ich möchte Shampoo und Gesichtscreme kaufen.
Which cream is best for my complexion?	Welche Creme ist am besten für meinen Hauttyp?
This cream is especially suitable for dry skin.	Diese Creme ist besonders für trockene Haut geeignet.
I'm not satisfied with my hair; I think I'll change hairdressers.	Ich bin mit meinen Haaren nicht zufrieden. Ich glaube, ich werde den Friseur wechseln.
There is a good barber not far from here. He'll take you without an appointment.	Es gibt einen guten Herrenfriseur nicht weit von hier. Er wird Sie ohne Termin nehmen.
How long will I have to wait before it's my turn?	Wie lange muß ich warten, bis ich drankomme?
It'll be another ten minutes.	Es wird noch zehn Minuten dauern.
A shave and haircut, please.	Bitte rasieren Sie mich und schneiden Sie mir die Haare.
Don't take much off the sides.	Schneiden Sie an der Seite nicht so viel.
Where would you like the parting?	Wo möchten Sie den Scheitel?
On the right, please.	Rechts, bitte.
I usually part my hair in the middle.	Normalerweise habe ich den Scheitel in der Mitte.
No parting please, comb my hair straight back.	Bitte keinen Scheitel, kämmen Sie die Haare direkt nach hinten.
Please trim my beard.	Stutzen Sie bitte den Bart.
I'll take a bottle of hair tonic with me.	Ich nehme eine Flasche Haarwasser mit.
What kind of shaving cream is that? It smells very nice.	Was für Rasiercreme ist das? Sie riecht gut.
What kinds of aftershave lotion do you sell?	Welche Aftershaves führen Sie?

7.1.10 Shoemaker's / 7.1.10 Schuhmacher

Do you know of a good shoemaker?	Kennen Sie einen guten Schuhmacher?
I always have my shoes repaired by a cobbler in (U.S.: on) Regent Street.	Ich lasse meine Schuhe immer von einem Schuhmacher in der Regent Street reparieren.

He works quickly and efficiently.	Er arbeitet schnell und gut.
These shoes have got to be repaired.	Diese Schuhe müssen repariert werden.
Can you tell me how much the repairs will cost?	Können Sie mir sagen, wieviel die Reparatur kosten wird?
I'd like to have these shoes resoled.	Ich möchte diese Schuhe neu besohlen lassen.
The seam is splitting. Can you resew it?	Die Naht reißt. Können Sie sie wieder nähen?
Can these shoes still be repaired?	Können diese Schuhe noch repariert werden?
They're not worth repairing.	Es lohnt sich nicht mehr, sie zu reparieren.
The strap is worn.	Der Schuhriemen ist zerschlissen.
Can the rubber sole be replaced?	Kann die Gummisohle ersetzt werden?
Your boots should be made waterproof.	Ihre Stiefel sollten imprägniert werden.
The heels will have to be replaced.	Die Absätze müssen erneuert werden.
Do you sell insoles?	Verkaufen Sie Einlegesohlen?
These insoles will fit all size forty shoes.	Diese Einlegesohlen passen in alle Schuhe der Größe vierzig.
This cobbler also sells quite comfortable clogs.	Dieser Schuhmacher verkauft auch bequeme Clogs.
When can I pick up my shoes?	Wann kann ich meine Schuhe abholen?
You can pick them up tomorrow morning after 10 o'clock.	Sie können sie morgen früh ab 10 Uhr abholen.

7.1.11 Baker's / 7.1.11 Bäcker

We have a very good baker not far from our house.	Nicht weit von uns haben wir einen sehr guten Bäcker.
We often buy fresh rolls for breakfast. The bakery is open at 6 o'clock in the morning.	Wir kaufen oft frische Brötchen zum Frühstück. Die Bäckerei ist ab sechs Uhr morgens geöffnet.
This bakery has a large assortment of rolls: plain, rye, cheese, caraway seed, poppy seed and onion.	Diese Bäckerei hat eine große Auswahl an Brötchen: einfache helle, Roggen-, Käse-, Kümmel-, Mohn- und Zwiebelbrötchen.
The whole grain bread is made without preservatives.	Das Vollkornbrot ist ohne Konservierungsstoffe.

That white bread looks very fresh. Does it taste somewhat sweet?	Das Weißbrot sieht sehr frisch aus. Schmeckt es etwas süßlich?
Yes, it has a mildly sweet taste. We have sweet white bread with or without raisins.	Ja, es ist leicht gesüßt. Wir haben süßes Weißbrot mit oder ohne Rosinen.
I'll take a loaf without raisins.	Ich nehme ein Weißbrot ohne Rosinen.
This bread is made out of seventy per cent rye flour.	Dieses Brot besteht zu siebzig Prozent aus Roggenmehl.
This bread is made of rye, linseed and barley.	Dieses Brot besteht aus Roggen, Leinsamen und Gerste.
Do you have soya (U.S.: soy) bread?	Haben Sie Sojabrot?
What kind of biscuits (U.S.: cookies) are those?	Was sind das für Plätzchen?
Are they very sweet?	Sind sie sehr süß?
Do you have other types of pastry?	Haben Sie noch andere Gebäcksorten?
Those doughnuts look nice. How much do they cost?	Die Berliner (Pfannkuchen)/Krapfen sehen gut aus. Wieviel kosten sie?
I'll try the cheese cake.	Ich probiere mal den Käsekuchen.
That'll be £1.50 (one pound fifty) altogether.	Das macht zusammen £1,50.
I don't like this soft white bread. It has no taste at all.	Ich mag dieses weiche Weißbrot nicht. Es hat überhaupt keinen Geschmack.

7.1.12 Butcher's — 7.1.12 Metzger (Fleischer)

We buy all our meat at the butcher's shop (U.S.: meat market).	Wir kaufen unser Fleisch nur beim Metzger.
They have the best sausages in town.	Sie haben die besten Wurstwaren in der Stadt.
These white veal sausages are a speciality (U.S.: specialty) here.	Diese weißen Kalbswürstchen sind eine Spezialität hier.
Look at all the different sausages and meats in the shop window!	Sehen Sie nur die vielen verschiedenen Wurst- und Fleischsorten im Schaufenster!
Half a pound of thinly sliced boiled ham, please.	Ich möchte bitte ein halbes Pfund dünn geschnittenen gekochten Schinken haben.
I'll try the smoked ham.	Ich werde den geräucherten Schinken probieren.

Is it salty?	Ist er salzig?
No, it has a very mild taste.	Nein, er hat einen sehr milden Geschmack.
Is that sausage seasoned with garlic?	Ist diese Wurst mit Knoblauch gewürzt?
I'd like a piece of liver sausage, one hundred grams of assorted sliced cold sausage meats (U.S.: cold cuts) and two hundred grams of meat salad.	Ich möchte ein Stück Leberwurst, hundert Gramm Aufschnitt und zweihundert Gramm Fleischsalat.
Will that be all?	Ist das alles?
You can give me a pound of calf's liver, too.	Geben Sie mir bitte auch noch ein Pfund Kalbsleber.
I need a pound and a half of mince (U.S.: ground meat).	Ich brauche anderthalb Pfund Hackfleisch.
That pork is too fatty.	Das Schweinefleisch ist zu fett.
The beef looks dried up.	Das Rindfleisch sieht trocken aus.
What kind of sausage is that?	Welche Sorte Wurst ist das?
These chickens are very fresh.	Diese Hähnchen sind ganz frisch.
What kind of meat would you recommend for a stew?	Welches Fleisch würden Sie für ein Eintopfgericht empfehlen?
This stewing meat would be good. It's very tender when cooked.	Dieses Schmorfleisch wäre dafür geeignet. Nach dem Schmoren wird es sehr zart.
The pork chops are on special offer today.	Die Schweinekoteletts sind heute im Angebot.
I'd like enough beef fillet (U.S.: filet) for two people.	Ich möchte Rinderfilet für zwei Personen.
What kind of meat should I take for fondue?	Welches Fleisch sollte ich für ein Fondue nehmen?
The pork fillet (U.S.: filet) is very tender, or you might want to try roast beef.	Das Schweinefilet ist sehr zart, oder vielleicht möchten Sie Roastbeef probieren.
Do you have any game?	Haben Sie Wild?
We have venison and wild boar at the moment.	Zur Zeit haben wir Reh und Wildschwein.
The wild boar is too expensive. I'll take beef instead.	Wildschwein ist zu teuer. Ich nehme statt dessen Rindfleisch.
Do you make deliveries?	Liefern Sie auch ins Haus?
I've noticed that veal is more expensive here than in other shops.	Ich habe festgestellt, daß hier Kalbfleisch teurer ist als in anderen Läden.
I don't like tongue or kidney.	Niere und Zunge mag ich nicht.

7.1.13 Electrical Supplies Shop

7.1.13 Elektrogeschäft

Where is the nearest electrical supplies dealer?

Wo ist das nächste Elektrofachgeschäft?

This electrical supply shop has a number of small kitchen appliances. What exactly are you looking for?

Dieses Elektrogeschäft führt eine Reihe von kleinen Küchengeräten. Was suchen Sie eigentlich genau?

I'd like to buy an egg cooker, and in addition I want to look at the various types of lamps for my flat (U.S.: apartment).

Ich möchte einen Eierkocher kaufen, und außerdem möchte ich mir verschiedene Lampen ansehen.

We've just moved into our flat and are still getting settled in. There are a number of household appliances that I have to buy right away: a vacuum cleaner, a coffee machine and a clock radio.

Wir sind gerade in unsere Wohnung eingezogen und sind immer noch dabei, uns häuslich einzurichten. Einige Haushaltsgeräte muß ich sofort kaufen: einen Staubsauger, eine Kaffeemaschine und einen Radiowecker.

Can you send someone to my house today to install this strip light?

Können Sie noch heute jemanden zu mir schicken, um diese Lichtschiene zu montieren?

I need a forty watt bulb for a table lamp.

Ich benötige eine 40-Watt-Birne für eine Tischlampe.

Our electricians will be able to replace your faulty wiring and sockets today.

Unsere Elektriker können heute Ihre schadhaften Leitungen und Steckdosen erneuern.

This combination of dishwasher and electric cooker (U.S.: stove) is especially recommendable for small kitchens.

Diese Kombination von Geschirrspülmaschine und Elektroherd ist besonders für kleine Küchen zu empfehlen.

All these electrical appliances are tested brand-name articles.

Alle diese elektrischen Geräte sind geprüfte Markenartikel.

We guarantee our household appliances for one year.

Auf unsere elektrischen Haushaltsgeräte geben wir ein Jahr Garantie.

I want you to install a lamp above my mirror.

Bringen Sie mir bitte eine Lampe über dem Spiegel an.

There seems to be a loose connection in this plug.

Der Stecker hat einen Wackelkontakt.

There seems to be something wrong with this cable.

Mit diesem Kabel scheint etwas nicht in Ordnung zu sein.

You need an adapter to use your

Um Ihren elektrischen Rasierap-

electric razor.

parat benützen zu können, benötigen Sie einen Adapter.

I need several powerful electrical appliances for my workshop.

Für meine Heimwerkstatt benötige ich einige leistungsstarke elektrische Maschinen.

Can you explain the advantages of this expensive drill to me?

Können Sie mir die Vorteile dieser teuren Bohrmaschine erklären?

I need some additional attachments for my vacuum cleaner. I bought it here.

Für meinen Staubsauger benötige ich einige Zusatzteile. Ich habe ihn bei Ihnen gekauft.

7.2 PRICES

7.2 PREISE

Prices are constantly rising.

Die Preise steigen ständig.

I find the price of basic commodities very high in this country.

Ich finde die Preise für Artikel des täglichen Bedarfs sehr hoch in diesem Land.

The price of fuel has risen by over ten per cent in the last year.

Die Brennstoffpreise sind im letzten Jahr um über zehn Prozent gestiegen.

The price of dairy products has fallen recently.

Die Preise von Milchprodukten sind kürzlich gefallen.

How much are these new houses (U.S.: homes) selling for?

Wie teuer werden diese neuen Häuser verkauft?

How much is the bill?

Wie hoch ist die Rechnung?

How would you like to settle your account?

Wie möchten Sie Ihre Rechnung begleichen?

I always pay cash.

Ich bezahle immer bar.

I'll pay by cheque (U.S.: check).

Ich werde mit einem Scheck bezahlen.

Can I pay by credit card?

Kann ich auch mit einer Kreditkarte bezahlen?

This shop always attracts its customers with its low prices.

Dieses Geschäft wirbt immer mit niedrigen Preisen.

That's a very reasonable price.

Das ist ein sehr günstiger Preis.

That's certainly more than I can afford.

Das ist mit Sicherheit mehr als ich mir leisten kann.

My wife knows how to economize.

Meine Frau versteht zu wirtschaften.

He lives beyond his means.

Er lebt über seine Verhältnisse.

I find that rather expensive.

Ich finde das ziemlich teuer.

Here is your change, two pounds forty.

Hier ist das Wechselgeld, zwei Pfund vierzig.

I think I was overcharged. The salesman (U.S.: clerk) must have made a mistake.	Ich glaube, ich habe zuviel bezahlt. Der Verkäufer muß einen Fehler gemacht haben.
In this country wages automatically increase as prices rise.	In diesem Land steigen die Löhne automatisch mit den Preisen.
The rate of inflation in this country is relatively low.	Die Inflationsrate in diesem Land ist verhältnismäßig niedrig.
Groceries are cheaper here than in other shops (U.S.: stores).	Lebensmittel sind hier billiger als in anderen Geschäften.
What's the daily rate for this hotel room?	Wieviel kostet das Hotelzimmer pro Tag?
Is there a cheaper weekly rate?	Gibt es einen ermäßigten Wochenpreis?
That's an outrageous price.	Dieser Preis ist unerhört.
What is included in the price?	Was ist alles im Preis eingeschlossen?
Is value-added tax (VAT) included?	Ist die Mehrwertsteuer inbegriffen?
The price includes all extras.	Der Preis schließt alle Sonderleistungen ein.
Is there a seasonal surcharge I should be aware of?	Gibt es einen Saisonzuschlag, den ich beachten sollte?
When is the price lower?	Wann ist der Preis niedriger?
The price is more reasonable in spring.	Im Frühling ist der Preis niedriger.
Is there a special price reduction for children?	Gibt es eine besondere Ermäßigung für Kinder?
There is a list of our prices in this catalogue (U.S.: catalog).	Dieser Katalog enthält eine Preisliste.
Will I have to pay more later on?	Muß ich später mit einer Preiserhöhung rechnen?
No, our prices stay the same.	Nein, unsere Preise bleiben stabil.
There is a reduced rate for senior citizens.	Für Rentner gibt es eine Preisermäßigung.
Is a deposit required?	Ist eine Anzahlung erforderlich?
Ten per cent of the total amount must be paid in advance.	Zehn Prozent des Gesamtbetrages müssen im voraus bezahlt werden.

7.3 MEASUREMENTS — 7.3 MASSE

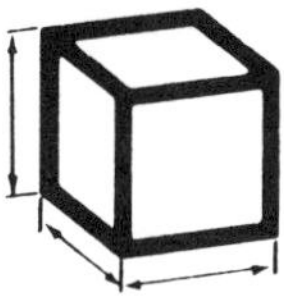

7.3.1 Linear Measurements and Square Measurements — 7.3.1 Längen- und Flächenmaße

1 Kilometer	= 0.6214 miles
1 Meter	= 1.0936 yards, 3.28 feet
1 Zentimeter)	= 0.39 inches
1 Hektar	= 2.47 acres
1 acre	= 0,4047 Hektar
1 inch	= 2,54 cm
1 foot	= 30,48 cm
1 yard	= 91,44 cm
1 mile	= 1609,3 m

to be remembered when translating: A yard is equivalent to 3 feet. Measurements of length are expressed in both yards and feet.

zur Beachtung beim Übersetzen: Das „yard“ enspricht 3 „feet“. Längenmaße werden in „yards“ und „feet“ ausgedrückt.

On my first visit to Great Britain I had to tackle the problem of the different measurements.

Bei meinem ersten Besuch in Großbritannien mußte ich mich mit den verschiedenen Maßen auseinandersetzen.

You'll have no problem in Canada because the metric system is used there.

Sie werden in Kanada keine Probleme haben, da man dort das metrische Maß- und Gewichtssystem anwendet.

How far is it to the train station from here?

Wie weit ist es von hier bis zum Bahnhof?

It's not very far. It's a little over a mile away.

Es ist nicht weit, es sind circa anderthalb Kilometer.

We're going to travel a long way today.

Wir werden heute eine große Entfernung zurücklegen.

The speed limit here is sixty miles per hour.

Die Höchstgeschwindigkeit beträgt hier etwa 100 Stundenkilometer.

How tall is he?	Wie groß ist er?
He's well over six feet tall.	Er ist annähernd zwei Meter groß.
What are the measurements of this table?	Welche Maße hat dieser Tisch?
The table is about two feet long, one foot wide and one and a half feet high.	Der Tisch ist 60 cm lang, 30 cm breit und 45 cm hoch.
How large is this room? – About 269 square feet.	Wie groß ist das Zimmer? – Ungefähr 25 Quadratmeter.
The mountain is 10,000 feet high.	Der Berg ist etwa 3000 Meter hoch.
We're 6,560 feet above sea level.	Wir sind etwa 2000 Meter über dem Meeresspiegel.
My father owns about twenty-five acres of land.	Mein Vater besitzt zehn Hektar Land.
I'm five feet ten inches tall.	Ich bin einen Meter achtundsiebzig groß.

7.3.2 Measures of Capacity — 7.3.2 Hohlmaße

1 Liter	= 0.22 British gallons, 0.26 U.S. gallons
1 British pint	= 0,57 Liter
1 U.S. pint	= 0,47 Liter
1 British quart	= 1,14 Liter
1 U.S. quart	= 0,95 Liter
1 British gallon	= 4,55 Liter
1 U.S. gallon	= 3,79 Liter

At many gas stations in the United States the pumps show the amount sold in gallons and litres (U.S.: liters).	An vielen Tankstellen in den Vereinigten Staaten zeigen die Zapfsäulen die Menge in Gallonen und Litern an.
How many miles does your car do to the gallon?	Wie viele Meilen können Sie mit einer Gallone fahren?

How much petrol does your car consume on a hundred kilometres?
Wieviel Benzin verbraucht Ihr Auto auf 100 km?

My car does thirty miles to the gallon.
Ich kann 30 Meilen mit einer Gallone fahren.

My car consumes about nine litres per hundred kilometres.
Mein Auto verbraucht circa neun Liter auf 100 km.

7.4 WEIGHTS / 7.4 GEWICHTE

1 Gramm	= 0.035 ounces
1 Pfund	= 1.10 pounds
1 Kilogramm	= 2.20 pounds
1 Zentner (100 Pfund)	= 110.23 pounds
1 Tonne (1000 kg)	= 0.984 Brit. tons, 1.10 U.S. tons
1 British ton	= 1016,05 kg
1 U.S. ton	= 907,188 kg
1 pound (16 ounces)	= 453,6 Gramm
1 stone	= 14 pounds

to be remembered when translating: The English-American "pound" (453.6 g) is not identical with the German "Pfund".
zur Beachtung beim Übersetzen: Das englisch-amerikanische „pound" (453,6 g) ist mit dem metrischen „Pfund" (500 g) nicht identisch.

He has gained over a stone in weight.
Er hat knapp 13 Pfund zugenommen.

I've lost five pounds since I saw you last.
Seit ich Sie zum letzten Mal gesehen habe, habe ich ungefähr $4^{1}/_{2}$ Pfund abgenommen.

I'm having difficulty getting accustomed to metric measurements.
Ich habe Schwierigkeiten, mich auf die metrischen Maße umzustellen.

I'd like 250 grams of beef liver (a little more than an English half pound).
Ich möchte ein halbes Pfund Rinderleber.

Give me a kilo of cherries, please (2.2 English pounds).
Geben Sie mir bitte ein Kilo Kirschen.

$ £

7.5 FINANCIAL INSTITUTIONS

7.5 GELDINSTITUTE

7.5.1 Banks

7.5.1 Banken

The first thing I'll have to do after moving to London is open a bank account.	Sobald ich nach London gezogen bin, muß ich als erstes ein Bankkonto eröffnen.
Where do you have your account?	Wo haben Sie Ihr Konto?
I have my account at one of the largest banks in the country. There are branches in every big town.	Ich habe mein Konto bei einer der größten Banken hier im Land. In jeder Großstadt gibt es Zweigstellen.
I can deposit money in my account at any branch of my bank.	Ich kann Geld bei allen Zweigstellen meiner Bank einzahlen.
I'd like to open a current (U.S.: checking) account at the bank. When are the banks open?	Ich möchte bei der Bank ein Girokonto eröffnen. Wann sind die Banken geöffnet?
The banks are open from half past nine to half past three on weekdays.	Die Banken sind an Wochentagen von 9.30 bis 15.30 Uhr geöffnet.
You'll have to speak to the Assistant (U.S.: Deputy) Manager to open an account.	Um ein Konto zu eröffnen, müssen Sie mit dem stellvertretenden Leiter sprechen.
With this account you are automatically issued a cheque (U.S.: check) book.	Mit diesem Konto bekommen Sie automatisch ein Scheckheft.
The bank charges a small fee for every cheque (U.S.: check) you write.	Für jeden Scheck, den Sie ausstellen, erhebt die Bank eine geringfügige Gebühr.
What other bank services will I be charged for?	Für welche anderen Bankleistungen werden noch Gebühren berechnet?
Please send me my statement of account once a month.	Schicken Sie mir bitte einmal im Monat meinen Kontoauszug.
What's my balance?	Wie ist mein Kontostand?
You've overdrawn your account.	Sie haben Ihr Konto überzogen.
I paid him with a crossed cheque (U.S.: check).	Ich habe ihn mit einem Verrechnungsscheck bezahlt.
He will pay the bill with a money transfer.	Er wird die Rechnung mit einer Banküberweisung begleichen.

I'd like to pay my rent, electricity bills and life insurance premiums by standing order.

Ich möchte meine Miete, meine Stromrechnungen und meine Lebensversicherungsprämie per Dauerauftrag bezahlen.

I think the amount shown on this statement of my current account is incorrect.

Ich glaube, daß der neue Kontostand auf diesem Auszug nicht richtig ist.

Your telephone bill has already been deducted from your account.

Ihre Telefonrechnung ist schon abgebucht worden.

This statement does not show any payments being received since last week.

Auf diesem Kontoauszug ist seit der letzten Woche kein Zahlungseingang registriert.

I'd like to withdraw £100.00 from my account. I'd like it in £10.00 and £20.00 notes.

Ich möchte £100,00 von meinem Konto abheben. Ich möchte das Geld in Zehn- und Zwanzigpfundnoten haben.

This bank issues credit cards to those with good credit standing.

Diese Bank stellt Kreditkarten für kreditwürdige Kunden aus.

There are several cash dispensers in our city that enable me to withdraw cash or make deposits after hours.

Es gibt einige Geldautomaten in unserer Stadt, wo ich auch nach Schalterschluß Geld abheben und einzahlen kann.

I have a joint account with my wife at this bank.

Bei dieser Bank habe ich ein gemeinsames Konto mit meiner Frau.

I need a new passbook.

Ich brauche ein neues Sparbuch.

You will find counterfoils in your paying-in book. These provide you with a permanent record of your transactions.

In Ihrem Einzahlungsheft finden Sie Kontrollabschnitte, welche als schriftliche Nachweise dienen.

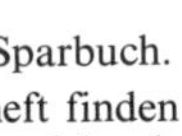

7.5.2 Savings Bank / 7.5.2 Sparkasse

I do all my banking at the Savings Bank.

Ich erledige alle Banktransaktionen bei der Spar- und Darlehenskasse.

I get a good rate of interest from my deposit account.

Mein Sparkonto bringt mir einen günstigen Zinssatz.

The rate of interest varies with the bank rate.

Der Zinssatz richtet sich nach dem Diskontsatz.

What is the current rate of interest on deposit accounts?

Wie ist die Höhe des Zinssatzes für Sparkonten?

The accrued interest will be credited automatically to your account.	Die angesammelten Zinsen werden Ihrem Konto automatisch gutgeschrieben.
He is authorized to use my bank account.	Er ist berechtigt, über mein Konto zu verfügen.
I'd like to invest my money for a short time.	Ich möchte mein Geld kurzfristig anlegen.
Instead of keeping all your money in your savings account, it would be to your advantage to buy government bonds.	Es ist für Sie günstiger, Staatsanleihen zu kaufen, anstatt Ihr ganzes Geld auf Ihrem Sparkonto zu lassen.
The money must be at my disposal at all times.	Ich muß immer über das Geld verfügen können.
I'm interested in a long term investment. What kinds of investment plans is your bank now offering?	Ich bin daran interessiert, mein Geld langfristig anzulegen. Welche Investitionsmöglichkeiten bietet Ihre Bank jetzt an?
If you have a lot of cash at your disposal, it might be interesting for you to buy some shares (U.S.: stock).	Wenn Sie über viel Bargeld verfügen, ist es für Sie vielleicht interessant, Aktien zu kaufen.
How high is the return on this savings agreement?	Wie hoch ist die Rendite dieses Sparvertrages?
My savings agreement runs for a period of five years.	Mein Sparvertrag hat eine Laufzeit von fünf Jahren.
I'd like to apply for a short-term loan.	Ich möchte einen Antrag auf ein kurzfristiges Darlehen stellen.
We'd like to rent a safe-deposit box to store some valuables.	Wir möchten ein Bankschließfach für einige Wertgegenstände mieten.
Please enter this cheque (U.S.: check) in my passbook.	Bitte verbuchen Sie diesen Scheck auf mein Sparkonto.
I'll need your signature on the back, please.	Ich benötige Ihre Unterschrift auf der Rückseite.
What is the minimum amount required to maintain my savings account?	Welcher Mindestbetrag wird gefordert, um mein Sparkonto aufrechtzuerhalten?
I'd like to withdraw £20 from my savings account.	Ich möchte £20 von meinem Sparkonto abheben.
How would you like it?	Wie möchten Sie es haben?
Give me two fives and a ten, please.	Geben Sie mir bitte zwei Fünfpfundnoten und eine Zehnpfundnote.

7.5.3 Exchange Office	**7.5.3 Wechselstube**
Does this bank exchange foreign currency?	Wechselt diese Bank auch fremde Währung um?
No, only some of the bigger banks in the town centre (U.S.: downtown) can exchange your money for you.	Nein, Sie können Ihr Geld nur bei einigen großen Banken im Stadtzentrum umtauschen.
You can exchange foreign currency in almost every bank in town.	Sie haben in fast jeder Bank in der Stadt die Möglichkeit, ausländische Währungen umzutauschen.
I want to exchange my money at the exchange office at the airport as soon as I get there.	Ich möchte mein Geld sofort in der Wechselstube am Flughafen umtauschen.
What is today's rate of exchange for German marks?	Was ist der Tageskurs für die deutsche Mark?
The mark has gained a few points on the exchange market.	Die Mark hat am Devisenmarkt um einige Punkte zugenommen.
The dollar has fallen in value.	Der Kurswert des Dollar ist gefallen.
I'd like to exchange £100 for German marks. How many marks does that come to altogether?	Ich möchte £100 in Mark umtauschen. Wieviel Mark bekomme ich insgesamt?
How much do I have to pay in marks for £500?	Wieviel Mark muß ich für £500 bezahlen?
When does the cash desk open again?	Wann ist der Schalter wieder geöffnet?
The cash desk is closed until three o'clock.	Der Schalter ist bis 15 Uhr geschlossen.
English currency is available here.	Englische Währung ist hier erhältlich.
Can I buy traveller's cheques (U.S.: traveler's checks) here?	Kann ich hier Reiseschecks kaufen?
You can buy them in denominations of ten, twenty, fifty and one hundred pounds.	Sie können sie in Beträgen von £10, £20, £50 und £100 kaufen.
I'd like to cash these traveller's cheques (U.S.: traveler's checks). Give me tens, twenties and fifty dollar bills.	Ich möchte diese Reiseschecks einlösen. Geben Sie mir Zehn-, Zwanzig- und Fünfzigdollarnoten.

7.6 POST OFFICE — 7.6 POST

Where is the nearest post office?	Wo ist das nächste Postamt?
The main post office is in the town centre (U.S.: downtown) but there are also smaller branches at various points throughout the city.	Die Hauptpost ist in der Stadtmitte, es gibt aber auch kleinere Zweigstellen an mehreren verschiedenen Stellen in der Stadt.
What's the postage on an airmail letter to Canada?	Was kostet ein Luftpostbrief nach Kanada?
The basic rate is one pound.	Die Grundgebühr ist ein Pfund.
Do I have enough postage on this letter to England?	Ist genug Porto auf diesem Brief nach England?
Yes, there is a standard rate for all countries within the European Community.	Ja, für alle Länder in der Europäischen Gemeinschaft gilt eine einheitliche Grundgebühr.
How much will it cost to send this parcel to Australia?	Wieviel kostet es, dieses Paket nach Australien zu schicken?
How do you want to send it?	Wie möchten Sie es schicken?
How long will it take if the parcel is sent by surface mail?	Wie lange wird es dauern, wenn das Paket per Schiff befördert wird?
It will take approximately four weeks.	Es wird ungefähr vier Wochen dauern.
It's much too expensive to send this parcel airmail.	Es ist viel zu teuer, das Paket per Luftpost zu schicken.
You must fill out these customs declarations.	Sie müssen diese Zollerklärungen ausfüllen.
How much is a normal inland letter?	Wie teuer ist ein normaler Inlandbrief?
I'd like ten twenty-pence stamps, please.	Geben Sie mir bitte zehn Briefmarken zu 20 Pence.
I'd like to send this as a registered letter (U.S.: by registered mail).	Ich möchte diesen Brief per Einschreiben schicken.
I want to send a telegram to the Federal Republic of Germany.	Ich möchte ein Telegramm in die Bundesrepublik Deutschland schicken.
Is it possible to send a greetings telegram (U.S.: congratulation telegram)?	Ist es möglich, ein Glückwunschtelegramm abzusenden?
How much is the surcharge for an express letter?	Wie hoch ist der Zuschlag für einen Eilbrief?
Can you tell me where the nearest	Können Sie mir sagen, wo der

letter-box (U.S.: mailbox) is? I have to post (U.S.: mail) these letters.	nächste Briefkasten ist? Ich muß diese Briefe einwerfen.
I'd like to send a £25 (twenty-five pound) postal order to this address.	Ich möchte £25 (fünfundzwanzig Pfund) per Postanweisung an diese Adresse schicken.
This postal order can be cashed in any post office in England.	Diese Postanweisung kann in jedem Postamt in England eingelöst werden.
I have an account with the post office savings bank (U.S.: postal savings office).	Ich habe ein Postsparkonto.
I can withdraw money from my account at any post office in the country.	Ich kann Geld von meinem Konto in jedem Postamt dieses Landes abheben.
Can I make a long-distance call from here?	Kann ich ein Ferngespräch von hier aus führen?

7.7 TELEPHONE / 7.7 TELEFON

I'd like to ring up (U.S.: call) my wife. May I use your telephone?	Ich würde gern meine Frau anrufen. Darf ich Ihr Telefon benutzen?
He's on the telephone at the moment, please don't disturb him.	Er führt gerade ein Telefongespräch. Bitte stören Sie ihn nicht.
There is a phone box (U.S.: telephone-booth) on the corner.	An der Ecke ist eine Telefonzelle.
The operator will assist you in making the call.	Die Vermittlung wird Ihnen helfen.
I'd like to make a long-distance call to Dover.	Ich möchte ein Ferngespräch mit Dover führen.
What's the number, please?	Wie lautet die Nummer?
437220 (four – three – seven – double two – 0).	43 72 20 (dreiundvierzig – zweiundsiebzig – zwanzig).
What's the dialling code (U.S.: area code)?	Wie lautet die Vorwahl?
Do you have a phone book?	Haben Sie ein Telefonbuch?
I need the yellow pages.	Ich brauche das Branchenverzeichnis.
Can I dial Hamburg direct?	Kann ich nach Hamburg durchwählen?
How much does a call to Bonn, West Germany, cost?	Was kostet ein Gespräch nach Bonn, Bundesrepublik Deutschland?

The first three minutes cost £5 (five pounds) and each additional minute £1.50 (one pound fifty).	Die ersten drei Minuten kosten £5 und jede zusätzliche Minute £1,50.
When have I got to insert the money?	Wann muß ich das Geld einwerfen?
The operator will ring you back and tell you how much the call comes to.	Die Vermittlung wird Sie nach dem Gespräch anrufen und Ihnen sagen, was das Gespräch kostet.
When you hear the high-pitched tone, you have to insert more money.	Sie müssen mehr Geld einwerfen, wenn das Zahlzeichen ertönt.
I'd like to make a reversed charge call (U.S.: collect call) to London.	Ich möchte ein R-Gespräch nach London führen.
What is the name of the person you are calling?	Wie heißt die Person, mit der Sie sprechen möchten?
Where are you calling from?	Von wo aus telefonieren Sie?
The line is engaged (U.S.: busy).	Die Leitung ist besetzt.
There's no answer. Try again later.	Niemand meldet sich. Versuchen Sie es später noch einmal.
I'd like to speak to Karin Hirsch, please.	Ich möchte bitte Karin Hirsch sprechen.
This is Karin Hirsch speaking.	Karin Hirsch ist am Apparat.
Who's speaking (U.S.: Who is on the line), please?	Wer ist bitte am Apparat?
It's a terrible connection. It's very difficult to understand you. Please talk more slowly.	Die Verbindung ist sehr schlecht. Es ist sehr schwierig, Sie zu verstehen. Bitte sprechen Sie langsamer.
She hung up.	Sie hat aufgelegt.
Is that the Central Station Information? – No, I'm afraid you've got the wrong number.	Ist dort die Auskunft des Hauptbahnhofes? – Nein, Sie haben sich leider verwählt.

7.8 INSURANCE — 7.8 VERSICHERUNG

7.8.1 Accident Insurance — 7.8.1 Unfallversicherung

I'd like to go and see an insurance broker to find out about the various insurances available.	Ich möchte einen Versicherungsmakler besuchen, um mich über die verschiedenen Versicherungsmöglichkeiten zu informieren.

Can you recommend a good broker?

Können Sie mir einen guten Makler empfehlen?

My insurance broker has always given me good advice. What type of cover are you interested in?

Mein Versicherungsmakler hat mich immer gut beraten. Für welche Art Versicherungsschutz interessieren Sie sich?

I want to take out a good accident insurance.

Ich möchte eine gute Unfallversicherung abschließen.

Accident insurance is required by law here. Employers are responsible for carrying the full costs of accident insurance for their workers.

In diesem Land besteht eine Unfallversicherungspflicht. Die Arbeitgeber sind verpflichtet, für die Kosten der Unfallversicherung ihrer Arbeiter voll aufzukommen.

What is included in this accident insurance?

Was schließt diese Unfallversicherung alles ein?

This accident insurance provides compensation for bodily injury to the policy holder. If the policy holder dies as a result of the accident, his family receives a pension for surviving dependents.

Diese Unfallversicherung beinhaltet Schadenersatzleistungen für alle Körperverletzungen. Stirbt der Versicherte auf Grund des Unfalls, erhält die Familie eine Hinterbliebenenrente.

Are vocational illnesses also covered by this insurance? – Yes, all illnesses that one has developed as a result of practising one's occupation are covered.

Sind Berufskrankheiten auch von dieser Versicherung abgedeckt? – Ja, alle Krankheiten, die durch die berufliche Tätigkeit entstehen, sind abgedeckt.

What other benefits are provided?

Welche anderen Leistungen werden noch gewährt?

If you have an accident at work, this insurance will pay for all medical treatment, medication and hospital care.

Sollten Sie einen Arbeitsunfall haben, übernimmt diese Versicherung alle Kosten für ärztliche Behandlung, Medikamente und Krankenhauspflege.

If you are incapable of working and your wage has been discontinued, you will receive an injury benefit from this accident insurance.

Wenn Sie arbeitsunfähig sind, bekommen Sie von dieser Unfallversicherung beim Verdienstausfall ein Krankengeld.

In addition to the accident insurance that is required by law, I also have a private accident insurance policy.

Zusätzlich zur gesetzlichen Unfallversicherung habe ich auch eine private Unfallversicherung.

My private policy allows me to participate in the insurance company's profits when I've paid the premiums for at least five years.

Meine private Police gewährt eine Gewinnbeteiligung, wenn ich mindestens fünf Jahre Beiträge entrichtet habe.

My accident insurance only provides compensation for bodily injuries not causing death.

Meine Unfallversicherung leistet Schadenersatz nur für Körperverletzungen ohne tödliche Folgen.

How much are the premiums for this insurance policy?

Wie hoch sind die Beiträge für diese Versicherungspolice?

What are the advantages of this insurance?

Was sind die Vorteile dieser Versicherung?

If you need money urgently before the agreed expiry date of your contract, you will be given a low-interest loan on your policy on request.

Wenn Sie dringend vor dem vereinbarten Vertragsende Geld benötigen, können Sie auf Wunsch die Police zinsgünstig beleihen.

At the agreed time mentioned in my contract I receive the total sum of my payments plus interest. In addition, I'm protected by accident insurance for the entire length of the contract.

Zum vertraglich vereinbarten Zeitpunkt erhalte ich die eingezahlte Summe mit Zinsen. Außerdem bin ich über die gesamte Vertragsdauer unfallversichert.

Please fill out these forms. If you meet the eligibility requirements, we will agree to insure you.

Bitte füllen Sie diese Formulare aus. Wenn Sie die Bedingungen erfüllen, werden wir Sie in unsere Versicherung aufnehmen.

7.8.2 Liability Insurance

7.8.2 Haftpflicht

Did you know that all motorists in the Federal Republic of Germany are required to take out liability insurance?

Wußten Sie, daß alle Autofahrer in der Bundesrepublik verpflichtet sind, eine Haftpflichtversicherung abzuschließen?

Your liability insurance must cover material damage to other motor vehicles as well as bodily injury to other people.

Ihre Haftpflichtversicherung muß Sachschäden an anderen Kraftfahrzeugen und Personenschäden an fremden Personen decken.

Motor (U.S.: automobile) insurance is very different from other types of insurance. That's why it's best to read this pamphlet through thoroughly before signing anything. Our benefits are described in it in full detail.

Die Autoversicherung unterscheidet sich völlig von anderen Arten von Versicherungen. Deshalb sollten Sie am besten dieses Merkblatt gründlich durchlesen, bevor Sie etwas unterschreiben. Unsere Leistungen werden darin ausführlich beschrieben.

This leaflet lists all our premium rates.

Diese Broschüre führt alle unsere Prämiensätze auf.

What is the extent of the cover of your liability insurance?	Bis zu welcher Höhe sind Sie haftpflichtversichert?
I've taken out the minimum liability insurance required by law.	Ich habe die gesetzlich vorgeschriebene Mindesthaftpflichtversicherung abgeschlossen.
The minimum liability insurance is in some cases inadequate. As a precaution I would advise you to take out unlimited liability insurance. If you are involved in a motoring accident and cause damage to persons or property, this insurance assumes liability without limitation.	Die Mindesthaftpflichtversicherung reicht in manchen Fällen nicht aus. Ich rate Ihnen, vorsichtshalber eine unbegrenzte Haftpflichtversicherung abzuschließen. Wenn Sie in einen Autounfall verwickelt sind und Schäden verursacht haben, haftet diese Versicherung unbeschränkt.
How are the premiums for this liability insurance determined?	Wie werden die Beiträge dieser Haftpflichtversicherung berechnet?
The longer you drive without having an accident, the lower your premiums become.	Je länger Sie unfallfrei fahren, desto niedriger werden die Beiträge.
He is being sued for damages but the insurance company will take on the costs of the claims for damages.	Er wird auf Schadensersatz verklagt, aber die Versicherungsgesellschaft wird die Kosten der Schadenersatzklage übernehmen.
An expert estimated the material damage at £2,000.00.	Ein Sachverständiger hat den Sachschaden auf £2.000,00 geschätzt.
Is car liability insurance required by law in this country?	Ist eine Autohaftpflichtversicherung in diesem Land Pflicht?
In the United States it varies from state to state. In this state it is not required.	In den Vereinigten Staaten ist es von Bundesstaat zu Bundesstaat unterschiedlich. In diesem Bundesstaat ist es nicht erforderlich.
If you are involved in a car (U.S.: an automobile) accident here, your insurance must pay for the damage, even if you didn't cause the accident.	Wenn Sie hier in einen Autounfall verwickelt sind, muß Ihre Versicherung für den angerichteten Schaden bezahlen, auch wenn Sie den Unfall nicht verursacht haben.
I could not obtain compensation, as the guilty party was not insured.	Ich konnte keinen Schadenersatz bekommen, weil der Schuldige nicht versichert war.
I have liability insurance on my property.	Ich habe eine Grundstückshaftpflichtversicherung.
Our Company would like to expand its business outside Europe. However, we still have to clarify	Unser Unternehmen möchte gern das Geschäft im außereuropäischen Ausland ausbauen. Wir

some legal questions. We need to know, for example, the liability regulations for exported products and assembly work abroad.

müssen jedoch einige Rechtsfragen klären. Wir müssen, zum Beispiel, noch wissen, welche Haftpflichtregelungen für exportierte Produkte sowie Montagearbeiten im Ausland gelten.

7.8.3 Third Party, Fire and Theft/Fully Comprehensive Insurance

7.8.3 Teil-/ Vollkasko

I have third party, fire and theft insurance.

Ich habe eine Teilkaskoversicherung.

I have comprehensive car (U.S.: a comprehensive automobile) insurance. This covers damage to my car as a result of accident or fire, as well as car theft or vandalism to the car.

Ich habe eine Vollkaskoversicherung. Sie umfaßt Schäden, die durch Unfall oder Brand, sowie Diebstahl des Fahrzeugs oder mutwillige Beschädigung entstanden sind.

In addition to the liability insurance that is required by law, I'd like to purchase a third party, fire and theft insurance. Which type of contract would be the most advantageous for me?

Neben der gesetzlichen Haftpflichtversicherung möchte ich eine Teilkaskoversicherung abschließen. Welcher Vertragstyp wäre für mich am günstigsten?

This type of third party, fire and theft policy stipulates that the insured pay the first £80 of every claim.

Dieser Teilkaskovertrag beinhaltet für den Versicherten eine Selbstbeteiligung von £80 bei jedem Schadensfall.

I prefer the type of policy that is more expensive but does have an excess for minor claims.

Ich ziehe die Art von Versicherung vor, die zwar teuerer ist, jedoch keine Selbstbeteiligung bei kleinen Schäden vorsieht.

My premium has risen again considerably. I'm going to cancel this policy and take out a more reasonably priced one.

Meine Prämie ist wieder beträchtlich gestiegen. Ich werde jetzt diese Police kündigen und eine preisgünstigere abschließen.

I'd like to claim compensation for my broken aerial (U.S.: antenna) and the broken headlight.

Ich möchte Schadenersatz für die abgebrochene Antenne und den zerbrochenen Scheinwerfer beantragen.

The insurance company is proceeding on the assumption that part of the alleged damage cannot have originated in this accident.

Die Versicherungsgesellschaft geht davon aus, daß ein Teil des angegebenen Schadens nicht von diesem Unfall herrühren kann.

Before the repair work can be started, the damage must be examined by a claims adjuster.

Bevor mit den Reparaturarbeiten begonnen werden kann, muß der Schaden von einem Gutachter geprüft werden.

7.8.4 Life Assurance

7.8.4 Lebensversicherung

Do you have a life assurance policy?

Haben Sie eine Lebensversicherung?

I've been paying monthly premiums for twenty years now. When I reach the age of sixty-five I'm entitled to the entire sum insured.

Ich bezahle schon seit zwanzig Jahren Beiträge. Mit Erreichen des fünfundsechzigsten Lebensjahres habe ich Anspruch auf die gesamte Versicherungssumme.

My premium will not be increased during the entire length of the contract.

Meine Prämie wird über die gesamte Vertragsdauer nicht erhöht.

My life assurance premiums increase by a progressive adjustment system.

Durch eine dynamische Regelung erhöhen sich die Prämien für meine Lebensversicherung.

If I were to stop paying the premiums on my policy, I would receive the cash value of the contract.

Wenn ich aufhören sollte, die Beiträge zu bezahlen, erhielte ich den Barsummenwert des Vertrages.

I will have to terminate my life assurance before the agreed time.

Ich werde meine Lebensversicherung vor dem vereinbarten Datum kündigen müssen.

This life assurance policy is a good investment. It is a with-profits policy that pays out bonuses.

Diese Lebensversicherung ist eine gute Investition. Sie ist eine Versicherung mit Gewinnbeteiligung und schüttet Dividende aus.

Instead of receiving a single lump sum when my policy matures, I prefer to have a monthly pension paid.

Anstelle der einmaligen Summe, wenn der Vertrag fällig wird, ziehe ich einen monatlich ausbezahlten Rentenbetrag vor.

In addition to the other advantages of this policy, you can also claim income tax relief on your monthly premiums.

Zusätzlich zu den anderen Vorteilen dieser Police können Sie eine Einkommenssteuerermäßigung für Ihre monatlichen Prämien in Anspruch nehmen.

For this life assurance policy you must provide evidence that you are in good health.

Für diese Lebensversicherungspolice müssen Sie nachweisen, daß Sie bei guter Gesundheit sind.

8. Transport (U.S.: Transportation)

8. Verkehrsmittel

8.1 PUBLIC TRANSPORT, AIR AND SEA TRAVEL

8.1 ÖFFENTLICHE VERKEHRSMITTEL, FLUGZEUG, SCHIFF

Can you tell me where the nearest bus stop is, please?	Können Sie mir bitte sagen, wo die nächste Bushaltestelle ist?
Which bus goes to Queens?	Welcher Bus fährt nach Queens?
Where does the bus to Covent Garden stop?	Wo hält der Bus nach Covent Garden?
How much is it to Waterloo Station?	Was kostet eine Fahrt nach Waterloo Station?
Do I have to pay the driver when I get on the bus?	Muß ich beim Fahrer bezahlen, wenn ich einsteige?
No, a lot of English buses have a driver and conductor. The conductor collects the fare.	Nein, viele Busse in England haben einen Fahrer und einen Schaffner. Der Schaffner kassiert das Fahrgeld.
Yes, pay the driver when boarding.	Ja, Sie müssen beim Fahrer bezahlen, wenn Sie einsteigen.
I haven't got the correct fare. Can you change this pound note?	Ich habe nicht das passende Fahrgeld. Können Sie mir diese Pfundnote wechseln?
I'm sorry, I haven't got any change. You'll have to ask the conductor.	Es tut mir leid, ich habe kein Kleingeld. Sie müssen den Schaffner fragen.
A single to the university, please.	Ich möchte einen einfachen Fahrschein zur Universität.
I'd like a return to the zoo.	Ich möchte eine Rückfahrkarte zum Tierpark.
Is this the right bus for the airport?	Ist das der richtige Bus zum Flughafen?
No, you should have taken a number 25, not 26.	Nein, Sie hätten Nummer 25 statt 26 nehmen sollen.
No, you're going in the wrong direction. Get off at the next stop and take a number 12 southbound.	Nein, Sie fahren in die falsche Richtung. Steigen Sie bei der nächsten Haltestelle aus und fahren Sie mit der 12 in Richtung Süden.

You should have changed at the last stop.	Sie hätten bei der vorigen Haltestelle umsteigen sollen.
When do I have to change buses?	Wann muß ich umsteigen?
Get off at the third stop and change to a 16.	Steigen Sie bei der dritten Haltestelle aus und fahren Sie mit Nummer 16 weiter.
This bus goes as far as the cathedral and you can walk from there.	Dieser Bus fährt bis zum Dom, von dort können Sie zu Fuß weitergehen.
You'll have to change at the next stop but one (U.S.: transfer in two stops).	Sie müssen bei der übernächsten Haltestelle umsteigen.
How much further is it to the airport?	Wie weit ist es noch zum Flughafen?
It's three stops from here.	Der Flughafen ist die dritte Haltestelle.
Can you tell me when to get off?	Können Sie mir bitte sagen, wann ich aussteigen muß?
Do I get off here?	Muß ich hier aussteigen?
Is the stop on this side of the street?	Ist die Haltestelle auf dieser Straßenseite?
I can't remember which bus goes to Victoria Station.	Ich habe vergessen, welcher Bus zur Victoria Station fährt.
You want the 70 and remember to change to the 73 at the university.	Sie müssen mit der Linie Nummer 70 fahren. Vergessen Sie nicht, bei der Universität in die Linie 73 umzusteigen.
I'd like to take one of the double-deckers because you get a better view from the top deck.	Ich möchte in einem der Doppeldeckerbusse fahren, weil sie einen besseren Ausblick bieten.
If you want to meet English people, go by bus. It's easy to start a conversation with the other passengers.	Wenn Sie Engländer kennenlernen möchten, fahren Sie mit dem Bus. Es ist leicht, mit seinen Mitreisenden in ein Gespräch zu kommen.
I usually take the bus to the university.	Ich fahre gewöhnlich mit dem Bus zur Universität.
Would you ring the bell, please. We've got to get off at the next stop.	Würden Sie bitte läuten. Wir müssen hier aussteigen.
Buses run from here every fifteen minutes.	Busse fahren von hier alle fünfzehn Minuten.
The bus is running ten minutes late.	Der Bus hat zehn Minuten Verspätung.

This bus is overcrowded. Let's wait for the next one.	Dieser Bus ist überfüllt. Warten wir lieber auf den nächsten.
During the rush hour it's difficult to find a seat.	Es ist schwierig, während der Hauptverkehrszeit einen Sitzplatz zu finden.
Any more fares please?	Noch jemand ohne Fahrschein?
Hold tight!	Halten Sie sich fest!
No standing upstairs!	Oben nicht stehen!
Travelling (U.S.: traveling) by bus is a practical and economical means of transport (U.S.: transportation) for long-distance trips within the United States.	Der Bus ist ein sehr praktisches und preiswertes Verkehrsmittel für Überlandfahrten in den Vereinigten Staaten.
Most long-distance buses are equipped with air-conditioning, toilets and reclining seats for sleeping.	Die meisten Langstreckenbusse sind mit Klimaanlage, Toiletten und Schlafsesseln ausgestattet.
Where can I buy a bus ticket for unlimited travel?	Wo kann ich eine Busfahrkarte ohne Kilometerbegrenzung kaufen?
Ask the travel agent and he will supply details.	Fragen Sie im Reisebüro. Da erhalten Sie Auskunft.
Can you tell me where I can find a taxi rank, please?	Können Sie mir bitte sagen, wo ich einen Taxistand finde?
I'd better go by taxi, I'm in a hurry.	Ich fahre lieber mit dem Taxi, ich habe es eilig.
This taxi is for hire.	Dieses Taxi ist frei.
I'm in a hurry. Can you get me to Heathrow Airport by 10.30?	Ich muß mich beeilen. Können Sie mich vor 10.30 Uhr zum Flughafen Heathrow bringen?
We should be able to make it, if we don't get caught in the traffic.	Wir werden es schaffen, wenn wir nicht im Verkehr steckenbleiben.
You'll never make it by 10.30.	Sie werden es nie vor 10.30 Uhr schaffen.
You have to pay the fare indicated on the meter. All taxi drivers expect a tip, which is not included in the fare.	Sie müssen den Betrag bezahlen, den der Taxameter anzeigt. Alle Taxifahrer erwarten Trinkgeld. Das Trinkgeld ist nicht im Fahrpreis enthalten.
Thanks. Here's £5 – keep the change.	Danke, hier sind £5 und der Rest ist für Sie.
I'm staying here for an hour. Can you pick me up again at 3 o'clock and take me back to my hotel?	Ich werde hier eine Stunde bleiben. Können Sie mich um 3 Uhr wieder abholen und zum Hotel zurückbringen?
It's difficult to find a taxi during	Es ist schwierig, während der

the rush hour. Let's go on foot; it'll be quicker.	Hauptverkehrszeit ein Taxi zu finden. Gehen wir lieber zu Fuß, das ist schneller.
Travelling (U.S.: traveling) on the underground (U.S.: subway) is the fastest and most reliable means of transport in the city.	Die U-Bahn ist das schnellste und zuverlässigste Verkehrsmittel in der Stadt.
Excuse me, can you tell me which line goes to Regent's Park? – Take the Victoria Line.	Entschuldigen Sie bitte, können Sie mir sagen, welche Linie zum Regent's Park fährt? – Nehmen Sie die Victoria Linie.
How do I get to the platform?	Wie komme ich zum Bahnsteig?
The entrance to the underground station is across the street. Take the stairs or the escalator and then turn left. It's clearly marked.	Der Eingang zur U-Bahn ist auf der anderen Seite der Straße. Gehen Sie die Treppe hinunter oder benutzen Sie die Rolltreppe, dann biegen Sie links ab. Es ist deutlich markiert.
Do I have to change lines?	Muß ich umsteigen?
Yes, take the Victoria line to Oxford Circle, then change to Bakerloo.	Ja, fahren Sie mit der Victoria Linie bis Oxford Circle, dann steigen Sie in die Bakerloo um.
Can I go by bus?	Kann ich mit dem Bus fahren?
It's more convenient to take the underground. It will take you only about 20 minutes.	Es ist bequemer mit der U-Bahn. Die Fahrt dauert nur ungefähr 20 Minuten.
Are the underground fares a fixed price?	Gibt es Einheitspreise bei der U-Bahn?
There's no fixed price for the underground fares. They depend on the distance travelled (U.S.: traveled).	Es gibt keine Einheitspreise bei der U-Bahn. Die Preise sind von der Entfernung abhängig.
There is one fixed fare. You can travel as far as you like with one ticket (or, e.g., in New York: with one token).	Die Fahrpreise sind einheitlich. Mit einer Fahrkarte (oder z. B. in New York: mit einer Spezialmünze) kann man so weit fahren, wie man will.
Remember to keep your ticket in order to give it to the ticket collector at your destination.	Bewahren Sie Ihre Fahrkarte gut auf, weil Sie sie am Zielbahnhof abgeben müssen.
Can I take the underground to the airport?	Kann ich mit der U-Bahn zum Flughafen fahren?
Yes. The airport is served by the underground railway system. There are underground trains to the airport every four to ten minutes.	Ja. Der Flughafen ist an das U-Bahnnetz angeschlossen. Die U-Bahn fährt alle vier bis zehn Minuten.

I usually take the commuter train to work.	Ich fahre gewöhnlich mit dem Nahverkehrszug zur Arbeit.
How often do trains run?	Wie oft fahren die Züge?
Trains run every 20 minutes.	Die Züge fahren alle 20 Minuten.
When does the next train leave?	Wann fährt der nächste Zug ab?
The next train leaves in five minutes.	Der nächste Zug fährt in fünf Minuten ab.
When does the train arrive in Blackpool?	Wann kommt der Zug in Blackpool an?
It's due in at 6.30 but we're running an hour late today.	Die planmäßige Ankunft ist 6.30 Uhr, aber der Zug hat heute eine Stunde Verspätung.
The train is scheduled to arrive at 5 p. m.	Der Zug kommt laut Fahrplan um 17 Uhr an.
The train will arrive as scheduled.	Der Zug wird pünktlich ankommen.
Does this train travel through to London or do I have to change?	Fährt dieser Zug nach London durch, oder muß ich umsteigen?
This is a through train. You won't have to change.	Dieser Zug fährt durch. Sie brauchen nicht umzusteigen.
Which train will get me to Dover by 11 a. m.?	Welchen Zug muß ich nehmen, damit ich in Dover um 11 Uhr ankomme?
You can catch the 8.36 and be in Dover by 10.30.	Sie können mit dem Zug um 8.36 Uhr fahren. Dann kommen Sie in Dover um 10.30 Uhr an.
Can't I take the 9 o'clock train?	Geht es nicht mit dem Zug um 9 Uhr?
No, the 9.00 doesn't run on Sundays or holidays.	Nein, der Zug um 9 Uhr fährt nicht an Sonn- und Feiertagen.
Give me a first class return ticket to Dover, please.	Geben Sie mir bitte eine Rückfahrkarte erster Klasse nach Dover.
How much will that be?	Wieviel kostet das?
There will be an extra charge because the train is an express train. That will be £16 altogether.	Sie müssen einen Schnellzugzuschlag bezahlen. Das macht £16,00 insgesamt.
I need a single to Bristol, please.	Ich brauche eine einfache Karte nach Bristol, bitte.
I'd like two return tickets to London, please.	Ich möchte zwei Rückfahrkarten nach London, bitte.
How long are return tickets valid?	Wie lange sind die Rückfahrkarten gültig?
I'd like to reserve a seat on train	Ich möchte einen Sitzplatz für den

number 263 to Aberdeen for the 24th of December.	Zug Nr. 263 nach Aberdeen am 24. Dezember reservieren.
We have to leave for the station in order to catch our train. It leaves in an hour.	Wir müssen jetzt zum Bahnhof, damit wir den Zug erreichen. Er fährt in einer Stunde.
Before going to the ticket office to buy our tickets, we should go to the information office. Do you know where it is?	Bevor wir zum Fahrkartenschalter gehen und die Karten kaufen, sollten wir zur Auskunft gehen. Wissen Sie, wo das ist?
This is a freight-train carrying cargo. Passenger trains are at the other platforms (U.S.: on the other tracks).	Das ist ein Güterzug. Personenzüge fahren von den anderen Gleisen ab.
Let's have look at the timetable to see when our train leaves.	Sehen wir auf dem Fahrplan nach, wann unser Zug abfährt.
Our train leaves from platform ten.	Unser Zug fährt vom Bahnsteig zehn ab.
I must check to see when the train from Liverpool arrives.	Ich muß nachsehen, wann der Zug aus Liverpool ankommt.
I'd like to deposit my suitcases in a locker. Do you know where the lockers are?	Ich möchte mein Gepäck in einem Schließfach aufbewahren. Wissen Sie, wo die Schließfächer sind?
We can leave our suitcases at the left-luggage office.	Wir können unsere Koffer bei der Gepäckaufbewahrung abgeben.
I'd like to collect my luggage. Here is the left-luggage ticket.	Ich möchte mein Gepäck abholen. Hier ist der Gepäckschein.
Would you please take my luggage to a taxi?	Würden Sie bitte dieses Gepäck zum Taxi bringen?
Thank you, how much do I owe you?	Vielen Dank, wieviel bekommen Sie?
I'd like to insure my luggage.	Ich möchte mein Gepäck versichern lassen.
I'd like a seat in a non-smoking compartment.	Ich möchte einen Sitzplatz im Nichtraucherabteil.
I have reserved a berth in a sleeping-car (U.S.: Pullman).	Ich habe ein Bett im Schlafwagen reserviert.
The seats in this compartment are all reserved, let's go to the next compartment.	Die Sitzplätze in diesem Abteil sind alle reserviert. Gehen wir zum nächsten Abteil?
The train is pulling out. Goodbye!	Der Zug fährt ab, auf Wiedersehen.
Here comes the guard (U.S.: conductor). Have your ticket ready.	Der Schaffner kommt gleich. Halten Sie Ihre Fahrkarte bereit.
Can you tell me when my connecting train leaves from London for Birmingham?	Können Sie mir sagen, wann mein Anschlußzug von London nach Birmingham abfährt?

The train leaves London at 11.15. You have fifteen minutes to make the connection.	Der Zug fährt von London um 11.15 Uhr ab. Sie haben fünfzehn Minuten Zeit, um umzusteigen.
Excuse me, do you mind if I close the window? There's a strong draught (U.S.: draft) in here.	Entschuldigen Sie, darf ich das Fenster schließen? Es zieht.
Do you mind if I turn off the heater?	Darf ich die Heizung ausschalten?
Can you tell me if the dining car is at the front or back of the train?	Können Sie mir bitte sagen, ob der Speisewagen vorne oder hinten ist?
Where is the toilet (U.S.: rest room)?	Wo ist die Toilette?
The train is coming to a stop. Let's get ready to get out. Here is your coat and here is your suitcase.	Der Zug hält gleich. Wir müssen uns fertig machen. Hier sind Ihr Mantel und Ihr Koffer.
It was nice chatting to you, have a pleasant trip.	Es war sehr nett mit Ihnen zu sprechen. Ich wünsche Ihnen eine angenehme Reise.
I'd like to book a non-stop flight to Seattle for August 10.	Ich möchte einen Direktflug nach Seattle für den 10. August buchen.
I'd like to reserve a seat on flight 67 for Miami next Tuesday.	Ich möchte einen Platz für nächsten Dienstag für den Flug 67 nach Miami buchen.
I'd like a single (U.S.: one-way) ticket to London for the beginning of July.	Ich möchte einen einfachen Flug nach London für Anfang Juli buchen.
A return (U.S.: round-trip) ticket to (U.S.: for) Detroit, please.	Einen Hin- und Rückflug nach Detroit, bitte.
Are there any direct flights to Copenhagen tomorrow?	Gibt es morgen eine direkte Flugverbindung nach Kopenhagen?
There's only one direct flight and that's at 9.30 p.m.	Es gibt nur einen Direktflug um 21.30 Uhr.
Is there a flight that will get me to Madrid by six o'clock this evening?	Mit welchem Flug bin ich kurz vor 18 Uhr in Madrid?
With flight 29 you will be in Madrid at 5.15 p.m.	Mit Flug Nummer 29 kommen Sie in Madrid um 17.15 Uhr an.
When is the next flight to Amsterdam?	Wann fliegt die nächste Maschine nach Amsterdam?
The next flight to Amsterdam leaves in one hour.	Die nächste Maschine nach Amsterdam fliegt in einer Stunde ab.
What is the cheapest flight to the United States this summer?	Was ist der günstigste Tarif für einen Flug in die Vereinigten Staaten in diesem Sommer?

Your best bet is a charter flight.	Am günstigsten ist ein Charterflug.
When does check-in for flight 302 begin?	Wann fängt die Abfertigung der Fluggäste für Flug 302 an?
Check-in begins at 9.30.	Die Abfertigung beginnt um 9.30 Uhr.
What class ticket would you like?	Welche Klasse möchten Sie fliegen?
I'd like an economy class ticket, if possible. (Other possibilities: first, second, tourist, businessmen's class.)	Wenn es möglich ist, möchte ich die Economy-Klasse. (Andere Möglichkeiten: erste, zweite, Touristenklasse, Klasse für Geschäftsreisende.)
Are there any special rates for the beginning of September?	Gibt es günstige Tarife für Anfang September?
If you fly at (U.S.: on) the weekend, you'll save £50.00 (fifty pounds).	Wenn Sie am Wochenende fliegen, sparen Sie £50,00.
How long is an open return ticket valid?	Wie lange ist ein offenes Rückflugticket gültig?
An open return ticket is valid for one year.	Ein offenes Rückflugticket ist ein Jahr gültig.
Can I break my flight to Tokyo?	Kann ich meinen Flug nach Tokio unterbrechen?
If you wish, you can stop over in San Francisco.	Wenn Sie möchten, können Sie in San Francisco zwischenlanden.
There's only one flight for Geneva from Washington D.C. on the tenth of August.	Es gibt nur einen Flug von Washington D.C. nach Genf am 10. August.
Are there still seats available?	Sind noch Plätze frei?
There are only a few first class seats available.	Es gibt nur noch einige Plätze in der ersten Klasse.
How much is the fare?	Was kostet der Flug?
A single ticket is $550.00 (five hundred and fifty dollars), return is $960.00 (nine hundred and sixty dollars).	Ein einfacher Flug kostet $550,00, Hin- und Rückflug kosten $960,00.
Is it cheaper to fly from New York?	Ist es billiger, von New York zu fliegen?
It's cheaper to fly from New York but there's a one-hour stopover (U.S.: lay-over) in Boston. The flight from Washington D.C. is a direct connection.	Es ist billiger, aber Sie haben einen einstündigen Zwischenaufenthalt in Boston. Der Flug von Washington D.C. ist eine direkte Verbindung.
Book the flight from Washington	Bitte buchen Sie den Flug von

for me, please. It'll be more convenient to fly from there.	Washington. Es ist einfacher von dort zu fliegen.
When is the return flight?	Wann ist der Rückflug?
Your return flight is on August 26. We'll be sending you confirmation of the flight and additional information in about two weeks.	Ihr Rückflug ist am 26. August. Wir werden Ihnen eine Flugbestätigung und nähere Einzelheiten in ungefähr zwei Wochen schikken.
When will I be arriving in San Francisco?	Wann werde ich in San Francisco ankommen?
Your arrival will be at 1.00 p.m. Pacific Time.	Sie kommen um 13 Uhr Pazifik-Normalzeit an.
Is there a connecting flight to Vancouver?	Habe ich Anschluß nach Vancouver?
Are there any special conditions I should know about?	Gibt es irgendwelche besonderen Bedingungen?
The free luggage allowance for overseas flights is 44 lbs. Departure on the tenth is at 11.00 a.m., check-in one hour before.	Die Freigepäckgrenze für Überseeflüge ist 20 kg, der Abflug am 10. ist um 11 Uhr, die Abfertigung der Fluggäste beginnt eine Stunde vor dem Abflug.
Will I be charged for excess luggage?	Muß ich für das Übergepäck bezahlen?
Yes, so be careful not to exceed the limit. It's quite expensive.	Ja, versuchen Sie die Freigepäckgrenze nicht zu überschreiten, da die Gebühren hoch sind.
How many pieces of luggage have you got?	Wie viele Gepäckstücke haben Sie?
I've got two suitcases and this handbag.	Ich habe zwei Koffer und diese Handtasche.
You can take the handbag as hand luggage. Here are your claim tickets. You must present them when collecting your suitcases.	Die Tasche können Sie als Handgepäck mitnehmen. Hier sind Ihre Gepäckscheine. Sie müssen sie vorzeigen, wenn Sie Ihre Koffer abholen.
I was on overseas flight 234 from Amsterdam and my luggage still hasn't arrived.	Ich bin mit dem Überseeflug 234 von Amsterdam gekommen, und mein Gepäck ist noch immer nicht angekommen.
May I see your baggage tickets, please?	Darf ich Ihre Gepäckscheine sehen?
Here are the baggage tickets. I'm missing two black leather suitcases.	Hier sind die Gepäckscheine. Zwei schwarze Lederkoffer fehlen mir.
Your luggage seems to have been delayed. We'll have to trace it and	Ihr Gepäck ist anscheinend nicht mitgekommen. Wir werden es

send it to your American address.	ausfindig machen und sofort an Ihre amerikanische Adresse schicken.
How long will that take?	Wie lange wird das dauern?
You should have your suitcases the day after tomorrow at the latest. Please fill out these forms.	Sie werden Ihre Koffer spätestens übermorgen haben. Bitte füllen Sie diese Formulare aus.
They're still unloading luggage for flight 68.	Das Gepäck für Flug 68 wird noch ausgeladen.
Have a look at my suitcase. It's been completely ruined!	Sehen Sie sich meinen Koffer an. Er wurde vollkommen beschädigt!
Were you covered by luggage insurance?	Hatten Sie eine Gepäckversicherung?
No, but the airline is responsible for the damage.	Nein, aber die Fluggesellschaft muß dafür haften.
You'll have to submit a written complaint to the airline within seven days.	Sie müssen innerhalb von sieben Tagen eine schriftliche Beschwerde an die Fluggesellschaft einreichen.
And will I be reimbursed for the damage?	Werde ich für den Schaden entschädigt?
The airline will look into your complaint and notify you within a month.	Die Fluggesellschaft wird Ihre Beschwerde prüfen und Sie innerhalb eines Monats benachrichtigen.
The maximum liability of American air carriers for lost, damaged or delayed luggage is $1000.00 (one thousand dollars).	Die Haftpflichthöchstgrenze amerikanischer Fluggesellschaften für verlorenes, beschädigtes oder verspätetes Gepäck beträgt $1.000,00.
I enjoy flying.	Ich fliege gern.
I'm flying to Paris next week.	Ich fliege nächste Woche nach Paris.
There are no non-stop flights to Dallas, but I have a good connection.	Es gibt keinen Direktflug nach Dallas, aber ich habe einen guten Anschlußflug.
Several domestic airlines have had to reduce operations due to economic difficulties.	Einige Inlandsfluglinien mußten wegen wirtschaftlicher Schwierigkeiten ihre Flugverbindungen reduzieren.
I prefer flying because it is the fastest and most convenient way to travel long distances.	Ich bevorzuge das Flugzeug, weil es das schnellste und bequemste Verkehrsmittel für große Entfernungen ist.

Has the plane from Frankfurt already landed?	Ist das Flugzeug aus Frankfurt schon gelandet?
Attention please! Passengers on flight 64 to Detroit are requested to proceed to the departure lounge.	Achtung! Passagiere von Flug 64 nach Detroit werden zur Abflughalle gebeten.
Last call for passengers on flight 64 to Detroit.	Letzter Aufruf für Passagiere von Flug 64 nach Detroit.
Passengers on flight 64 to Detroit are now boarding at Gate 33.	Die Passagiere des Fluges 64 nach Detroit werden gebeten, jetzt an Bord zu gehen. Bitte benutzen Sie Ausgang 33.
Will Henry Smith on flight 64 to Detroit please report to the check-in counter of Lufthansa Airlines.	Mr Henry Smith von Flug 64 nach Detroit wird zum Abfertigungsschalter der Lufthansa gebeten.
Could you bring me something for airsickness?	Haben Sie etwas gegen Luftkrankheit?
Are we flying on schedule or will the plane be delayed due to the bad weather?	Werden wir planmäßig ankommen, oder hat das Flugzeug wegen des schlechten Wetters Verspätung?
The plane is approximately an hour behind schedule.	Das Flugzeug hat ungefähr eine Stunde Verspätung.
We'll be arriving in New York on schedule at 11.00 a. m.	Wir werden planmäßig um 11 Uhr in New York ankommen.
Fasten your seat belts.	Bitte Sicherheitsgurte anlegen.
I'm sorry sir, but smoking isn't allowed at the moment.	Es tut mir leid, aber im Moment ist das Rauchen verboten.
We're stopping to refuel in Athens.	Wir werden in Athen wieder auftanken.
I'm afraid you're sitting in my seat. I have seat number 62.	Ich glaube, Sie sitzen auf meinem Platz. Ich habe Sitz Nummer 62.
Is this seat occupied?	Ist dieser Platz besetzt?
The stewardess is demonstrating how to use the life jacket (U.S.: life preserver) and oxygen mask.	Die Stewardeß erklärt, wie man die Schwimmweste und die Sauerstoffmaske benutzt.
The emergency exits are in the middle and at the rear of the plane.	Die Notausgänge sind im mittleren und im hinteren Teil des Flugzeuges.
We'll be landing in ten minutes. We are now circling above the airport. Can you see the runway?	Wir werden in zehn Minuten landen. Wir kreisen schon über dem Flughafen. Sehen Sie schon die Landebahn?
Have a pleasant holiday (U.S.: vacation).	Ich wünsche Ihnen einen angenehmen Urlaub!

I'd like to book a Mediterranean cruise.	Ich möchte eine Kreuzfahrt im Mittelmeer buchen.
I'd like two tickets for the ferry to Calais, please.	Ich möchte zwei Fahrkarten für die Fähre nach Calais.
I'd like a first class double cabin.	Ich möchte eine Zweibettkabine erster Klasse.
I prefer an inside cabin.	Ich ziehe eine Innenkabine vor.
Are there any outside cabins still available?	Sind noch Außenkabinen frei?
Will I be able to take my car?	Ist es möglich, das Auto mitzunehmen?
Yes, but you'll need a special ticket for the car.	Ja. Sie benötigen aber einen besonderen Beförderungsschein für das Auto.
When does the boat for Dover leave?	Wann fährt das Schiff nach Dover ab?
How long will the crossing take?	Wie lange dauert die Überfahrt?
We will arrive in Rotterdam at 7.00 tomorrow morning.	Wir werden morgen früh um 7 Uhr in Rotterdam ankommen.
What are the ports of call?	Welche Häfen werden angelaufen?
When do we have to be back on board the ship by?	Um wieviel Uhr müssen wir wieder auf dem Schiff sein?
Are there any organized excursions for the passengers?	Werden Landausflüge für die Passagiere veranstaltet?
Where can I obtain further information?	Wo kann ich weitere Einzelheiten erfahren?
You can obtain a complete programme (U.S.: program) of excursions and activities from the courier.	Sie können ein komplettes Ausflugs- und Unterhaltungsprogramm von dem Reiseleiter erhalten.
Would you please fetch the ship's doctor?	Können Sie bitte den Schiffsarzt holen?
Do you have anything for seasickness?	Haben Sie ein Mittel gegen Seekrankheit?
Where is the sick bay?	Wo ist das Schiffshospital?
We've made our reservation for the second sitting in the dining room.	Wir haben eine Reservierung für das zweite Essen im Speisesaal.
Would you like to go swimming with me?	Möchten Sie mit mir schwimmen gehen?
No thanks, I'd rather sit in my deckchair on the promenade deck.	Nein danke, ich bleibe lieber im Liegestuhl auf dem Promenadendeck.
Where's your cabin?	Wo ist Ihre Kabine?

I'm quite pleased with the crew. They're all very courteous and efficient.

Ich bin mit der Besatzung sehr zufrieden. Sie sind alle höflich und tüchtig.

We must be at the life boats with our life jackets at 10.00 a.m. to take part in a boat drill.

Wir müssen um 10 Uhr mit unseren Schwimmwesten bei den Rettungsbooten sein, um an einer Rettungsübung teilzunehmen.

We'll be docking at New York tomorrow morning.

Morgen früh laufen wir in den Hafen von New York ein.

Where do I collect my luggage?

Wo kann ich mein Gepäck abholen?

I'd like to speak to the officer in charge of the luggage.

Ich möchte den Gepäckoffizier sprechen.

We've already docked, and they're lowering the gangway. Have your landing card and passport ready.

Wir sind schon am Anlegeplatz, und sie lassen den Landungssteg herunter. Halten Sie Ihre Einreisekarte und Ihren Paß bereit.

This has been an enjoyable crossing. It has been a pleasure getting to know you.

Das war eine schöne Überfahrt. Es hat mich gefreut, Sie kennenzulernen.

8.2 CAR

8.2 AUTO

8.2.1 Car Expenses

8.2.1 Kosten fürs Auto

I must take my car in to a garage as soon as possible.

Ich muß mein Auto so bald wie möglich in eine Werkstatt bringen.

Oh really? What seems to be the problem?

So? Was ist denn los damit?

There's a strange knocking sound coming from the engine (U.S.: motor).

Im Motorraum ist ein merkwürdiges Klopfen.

I want to get my car ready for winter. I need antifreeze and also new winter tyres (U.S.: tires).

Ich möchte mein Auto winterfest machen lassen. Ich brauche ein Frostschutzmittel und neue Winterreifen.

I'd like to have a good protective undersealing applied to my car.

Ich möchte an meinem Auto einen guten Unterbodenschutz anbringen lassen.

There seems to be something wrong with my brakes.

An meinen Bremsen scheint etwas nicht in Ordnung zu sein.

When was the brake fluid last checked?

Wann wurde die Bremsflüssigkeit zuletzt kontrolliert?

I haven't had the brake fluid checked for a long time.	Die Bremsflüssigkeit ist seit längerem nicht mehr kontrolliert worden.
Please check the oil and top it up if necessary.	Bitte überprüfen Sie den Ölstand, wenn nötig, füllen Sie Öl nach.
You're running low on oil.	Sie haben zu wenig Öl.
The oil has got to be changed.	Es muß ein Ölwechsel gemacht werden.
I'd like to have the damage to the paintwork repaired as soon as possible to prevent rusting.	Um Rostbildung zu verhindern, möchte ich die Lackschäden so schnell wie möglich ausbessern lassen.
The windscreen (U.S.: windshield) wiper blades have got to be replaced.	Die Wischerblätter müssen erneuert werden.
My radio has suddenly stopped working. – Perhaps a faulty fuse is to blame.	Mein Radio läuft plötzlich nicht mehr. – Vielleicht liegt es an einer defekten Sicherung.
Yes, this fuse has blown.	Ja, diese Sicherung ist durchgebrannt.
The mechanic replaced the spark plugs and tested the battery.	Der Mechaniker hat die Zündkerzen erneuert und die Batterie überprüft.
The battery had to be recharged.	Die Batterie mußte aufgeladen werden.
How often do you have your car serviced (U.S.: tuned up)?	Wie oft bringen Sie Ihr Auto zur Inspektion?
I have my car serviced at least twice a year.	Ich bringe mein Auto mindestens zweimal im Jahr zur Inspektion.
When would you advise me to have the tyres changed?	Wann sollte ich die Reifen auswechseln lassen?
Please check the tyre pressure.	Bitte überprüfen Sie den Reifendruck.
The front right tyre seems to be a little soft.	Es scheint, als hätte der rechte Vorderreifen zu wenig Luft.
Does the mechanic have time to replace the two rear tyres today?	Hat der Mechaniker heute Zeit, die zwei Hinterreifen zu wechseln?
When will my car be ready?	Wann wird mein Auto fertig sein?
You can pick up your car after 5 o'clock.	Sie können Ihr Auto nach 17 Uhr abholen.
Where's the nearest car wash? I want my car cleaned thoroughly, inside and out.	Wo ist die nächste Autowaschanlage? Ich möchte mein Auto von innen und außen gründlich reinigen lassen.

My car is quite old but it still drives well.

Mein Auto ist ziemlich alt, aber es fährt immer noch gut.

We want to sell our old car because it has become too expensive to run.

Wir wollen unser altes Auto verkaufen, da die Unterhaltskosten zu hoch sind.

8.2.2 Repairs

8.2.2 Reparaturen

Something's wrong with my car. I'll have to take it in to the garage.

Etwas stimmt nicht mit meinem Auto, ich muß es in die Werkstatt bringen.

I've noticed that my car has been consuming too much petrol lately.

Ich habe festgestellt, daß mein Auto in letzter Zeit zuviel Benzin verbraucht.

The left rear indicator isn't working.

Der Blinker hinten links funktioniert nicht.

It probably only needs a new bulb.

Wahrscheinlich muß nur eine neue Birne eingesetzt werden.

When I brake I always hear a strange noise.

Wenn ich bremse, höre ich immer ein seltsames Geräusch.

The engine keeps overheating.

Der Motor wird immer zu heiß.

I need a reconditioned engine.

Ich brauche einen Austauschmotor.

The radiator seems to be leaking. I've had to top it up several times during the last few days.

Der Kühler scheint undicht zu sein. In den letzten Tagen mußte ich mehrere Male Wasser nachfüllen.

There's a very strong smell of petrol in the car when I accelerate.

Wenn ich beschleunige, riecht es sehr stark nach Benzin im Wagen.

The petrol feed is faulty. Could the carburettor (U.S.: carburetor) be causing the problem?

Die Benzinzufuhr ist nicht in Ordnung. Könnte es am Vergaser liegen?

Your exhaust has got to be replaced; it's rusted through in several places.

Der Auspuff muß erneuert werden, an einigen Stellen ist er schon durchgerostet.

My car keeps stalling when I'm driving.

Der Motor setzt öfters während der Fahrt aus.

I'll have a look at the engine; maybe I'll find what's causing the problem.

Ich werde mir den Motor ansehen, vielleicht finde ich die Ursache.

Please check the clutch.

Bitte überprüfen Sie die Kupplung.

I was involved in an accident last week and there was a lot of damage to my car.

Ich wurde letzte Woche in einen Unfall verwickelt und der Schaden an meinem Auto war sehr hoch.

I've had a breakdown. Would you please call the breakdown (U.S.: towing) service?

Ich habe eine Panne, würden Sie bitte den Abschleppdienst anrufen?

I had to leave my car at the edge of the motorway (U.S.: highway). It's not far from exit nine.

Ich mußte mein Auto am Autobahnrand stehen lassen. Es befindet sich nicht weit von Ausfahrt Nummer 9.

How long will it take for the breakdown lorry (U.S.: tow truck) to get here?

Wie lange wird es dauern, bis der Abschleppwagen hier ankommt?

I've got a flat tyre (U.S.: tire). Have you got a jack so that I can mount my spare?

Ich habe eine Reifenpanne. Haben Sie einen Wagenheber, damit ich den Ersatzreifen montieren kann?

Can you tell me in advance how much the repair work will cost?

Können Sie mir im voraus sagen, wieviel die Reparatur kosten wird?

The spare parts alone cost £300 (three hundred pounds). Add the cost of labour (U.S.: labor) to that and the total cost comes to about £500 (five hundred pounds).

Die Ersatzteile kosten alleine £ 300. Dazu kommen dann noch die Arbeitskosten. Der Gesamtbetrag wird ungefähr £500 sein.

Unfortunately, we don't have the part you need in stock. We'll have to order it.

Leider haben wir das benötigte Teil nicht auf Lager. Wir werden es bestellen müssen.

8.2.3 Filling up

8.2.3 Tanken

Do we have enough petrol (U.S.: gas) or do we have to stop and get some?

Haben wir noch genug Benzin, oder müssen wir schon tanken?

No, we have to stop at the next petrol station (U.S.: gas station).

Nein, wir müssen an der nächsten Tankstelle halten.

This is a self-service station; the petrol (U.S.: gas) is a bit cheaper here.

Das ist eine Selbstbedienungstankstelle. Das Benzin ist hier etwas billiger.

I'd like £30 worth of two/three star (U.S.: regular).

Ich möchte bitte für £30 Normalbenzin.

Fill it up with four star (U.S.: premium), please.

Bitte füllen Sie den Tank mit Superbenzin.

Please put 5 litres (U.S.: liters) in this spare can.

Füllen Sie bitte 5 Liter in diesen Reservekanister.

How much does that come to altogether? – That'll be £15 altogether.

Wieviel macht das insgesamt? – Das macht zusammen £15.

I need the key for the petrol cap.

Ich brauche den Schlüssel für den Tankverschluß.

Would you clean the windscreen (U.S.: windshield) too, please?

Reinigen Sie bitte auch die Windschutzscheibe?

We'd better get petrol here, as this is the last filling station before the motorway (U.S.: expressway).

Wir sollten hier tanken, da das die letzte Tankstelle vor der Autobahn ist.

Petrol is always a little more expensive at filling stations on (U.S.: along) the motorway.

An den Autobahntankstellen ist das Benzin immer etwas teurer.

This petrol station is open day and night.

Diese Tankstelle ist Tag und Nacht geöffnet.

Please top up the water for the windscreen washers.

Füllen Sie bitte das Wasser der Scheibenwaschanlage nach.

9. Authorities / *9. Behörden*

9.1 POLICE / 9.1 POLIZEI

Will I have to register with the police during my stay here?

Muß ich mich während meines Aufenthaltes bei der Polizei melden?

In this country all foreigners are required to register with the police if their stay exceeds three months.

Bei uns müssen Ausländer sich bei der Polizei melden, wenn ihr Aufenthalt drei Monate überschreitet.

Where is the nearest police station?

Wo ist das nächste Polizeirevier?

I've come to register with you. Here is my passport. Do you need any other documents?

Ich möchte mich anmelden. Hier ist mein Paß, sind andere Dokumente erforderlich?

Please notify the police.

Bitte verständigen Sie die Polizei.

The police arrived at the scene of the accident and questioned eyewitnesses.

Die Polizei fuhr zum Unfallort und befragte die Augenzeugen.

They asked me if I would be willing to give evidence in court.

Sie haben mich gefragt, ob ich bereit wäre, vor einem Gericht auszusagen.

The police have erected a road-block up ahead and are questioning drivers and passengers.	Die Polizei hat da vorne eine Straßensperre errichtet und befragt jetzt die Fahrer und Insassen.
A random car-safety check is being conducted by the police in (U.S.: on) the next street.	In der nächsten Straße wird von der Polizei stichprobenweise ein Autosicherheitstest durchgeführt.
The police car behind us is flashing its blue lights and the driver is motioning for us to pull over.	Der Polizeiwagen hinter uns fährt mit eingeschaltetem Blaulicht und gibt Zeichen, an den Straßenrand zu fahren.
May I see your driving licence (U.S.: driver's license), please?	Darf ich bitte Ihren Führerschein sehen?
Here is my German licence and here is my international driving licence.	Hier ist mein deutscher Führerschein, und hier ist mein internationaler Führerschein.
You were driving too fast.	Sie sind zu schnell gefahren.
You are not allowed to turn left in this street.	Sie dürfen hier nicht links abbiegen.
Your reckless driving might have caused an accident.	Durch Ihr rücksichtsloses Fahren hätten Sie einen Unfall verursachen können.
I'll have to give you a ticket.	Ich werde Ihnen einen Strafzettel ausstellen müssen.
The CID have been brought in on the case.	Die Kriminalpolizei ist in den Fall eingeschaltet worden.
They are conducting a thorough investigation.	Sie führen eine gründliche Untersuchung durch.
They have already arrested two criminals but are still looking for the gang leader.	Sie haben schon zwei Verbrecher festgenommen, suchen jedoch noch den Anführer.
Why is he being held by the police?	Warum wird er von der Polizei in Haft gehalten?
He has been accused of smuggling drugs (U.S.: narcotics).	Er wird beschuldigt, Rauschgift geschmuggelt zu haben.
How long will I be detained by the police?	Wie lange werde ich von der Polizei in Haft gehalten?
I'd like you to contact my consulate immediately.	Ich möchte, daß Sie sich sofort mit meinem Konsulat in Verbindung setzen.
I'll need a solicitor (lawyer, U.S.: attorney) in this matter.	Ich brauche einen Rechtsanwalt in dieser Sache.
He was committed for trial.	Er wurde in Untersuchungshaft genommen.
The police consider him to be the main suspect.	Die Polizei betrachtet ihn als Hauptverdächtigen.

The money we received from him is counterfeit.	Das Geld, das wir von ihm erhalten haben, ist falsch.
We must stop at the police station to report the accident.	Wir müssen beim nächsten Polizeirevier halten und den Unfall melden.
I want to report a robbery. I was assaulted in front of my hotel and my camera and purse were stolen.	Ich möchte einen Raubüberfall melden. Ich wurde vor meinem Hotel überfallen, und mein Fotoapparat und mein Portemonnaie wurden mir gestohlen.
Can you describe the culprit?	Können Sie den Täter beschreiben?
Yes, he was about thirty years old, tall and had brown hair.	Ja, er war ungefähr dreißig Jahre alt, groß und hatte braunes Haar.
Everything happened so quickly that I was unable to get a good look at him.	Alles passierte so schnell, daß ich nicht in der Lage war, ihn mir genau anzusehen.
My house (U.S.: home) was burgled (U.S.: burglarized) while I was at the theatre (U.S.: theater).	Bei mir wurde eingebrochen, während ich im Theater war.
A pickpocket stole my credit cards, traveller's cheques (U.S.: traveler's checks), cash and passport.	Ein Taschendieb hat meine Kreditkarten, Reiseschecks, Bargeld und Reisepaß gestohlen.
The police were able to identify the culprit. He was already wanted by the police.	Die Polizei konnte den Täter ermitteln. Er wurde schon von der Polizei gesucht.
The policeman was very courteous and tried to be of assistance. Unfortunately, he could do nothing more to help us.	Der Polizist war sehr höflich und bemühte sich, uns behilflich zu sein. Leider konnte er uns nicht weiterhelfen.
My wallet and briefcase were recovered, but the contents were missing.	Meine Brieftasche und meine Aktenmappe wurden wiedergefunden, jedoch ohne Inhalt.
A suspect can be held here for a maximum of twenty-four hours. He must be released at the end of the next day if the evidence is not sufficient to merit his arrest.	Hier kann eine verdächtige Person für maximal vierundzwanzig Stunden vorläufig festgenommen werden. Bis zum Ablauf des nächsten Tages muß sie wieder freigelassen werden, falls der Beweis für die Festnahme nicht ausreicht.
Is there a federal police force in this country?	Gibt es in diesem Land eine allgemeine Bundespolizei?
The Federal Republic of Germany does not have a national police force. Only the Federal Border	Die Bundesrepublik hat keine allgemeine Bundespolizei, nur die Bundesgrenzschutzbehörden sind

Police authorities are organized by the Federal Government.

eine Einrichtung des Bundes.

In the United States the individual states have their own police force. There is also a federal police force, the Federal Bureau of Investigation, which comes under the jurisdiction of the President.

In den Vereinigten Staaten haben die einzelnen Bundesstaaten ihre eigenen Polizeitruppen, außerdem gibt es das Bundeskriminalamt, welches mit seiner Bundespolizeitruppe dem Präsidenten untersteht.

Which crimes come under the jurisdiction of the state police?

Für welche strafbaren Handlungen ist die bundesstaatliche Polizei zuständig?

Traffic offences, disputes between inhabitants of the same state, murder and theft come under the jurisdiction of the state police.

Verkehrsdelikte, Streitfälle zwischen Einwohnern desselben Bundesstaates, Mord und Diebstahl fallen unter die Zuständigkeit der bundesstaatlichen Polizei.

9.2 REGISTRATION WITH THE AUTHORITIES

9.2 MELDEBEHÖRDE

Do I have to register with the authorities for the duration of my stay in this country?

Muß ich mich für die Dauer meines Aufenthaltes in diesem Land melden?

Anyone with a place of residence here is required to register with the authorities.

Wer hier eine Wohnung bezieht, unterliegt der allgemeinen Meldepflicht.

Which is the appropriate administrative body for registration here?

Welche Behörde ist hier für die Anmeldung zuständig?

You must go to the municipal office for registration.

Für die Anmeldung müssen Sie zum Ordnungsamt.

For the duration of your visit in the United Kingdom you have to be registered at the nearest police station.

Für die Dauer Ihres Aufenthaltes im Vereinigten Königreich müssen Sie beim nächsten Polizeirevier registriert sein.

Citizens belonging to a country in the EU have to report to room 225 for a residence permit.

Für eine Aufenthaltserlaubnis müssen sich Bürger eines Mitgliedstaates der EU im Zimmer 225 melden.

Good morning, I've come to apply for a residence permit.	Guten Morgen, ich möchte eine Aufenthaltserlaubnis beantragen.
What is the purpose of your stay?	Was ist der Zweck Ihres Aufenthaltes?
May I see your identity card, please?	Darf ich bitte Ihren Personalausweis sehen?
In addition to a residence permit, you will also need a work permit.	Neben der Aufenthaltserlaubnis benötigen Sie auch eine Arbeitserlaubnis.
Please fill out these forms. I also need three recent photographs of you.	Bitte füllen Sie diese Formulare aus. Ich benötige auch drei neuere Lichtbilder von Ihnen.
How long will you be keeping my passport here?	Wie lange werden Sie meinen Paß hier behalten?
It will take about a week to process your application.	Die Bearbeitung Ihres Antrages wird circa eine Woche dauern.
Could you please explain what is meant by question twelve on the form?	Können Sie mir bitte erklären, was die Frage zwölf auf dem Formular bedeutet?
I'm not familiar with the immigration laws of this country. Have you got a leaflet that explains everything in more detail?	Ich bin mit den Einwanderungsgesetzen dieses Landes nicht vertraut. Haben Sie eine Broschüre, die alle Einzelheiten näher erläutert?
I've come to give you my new address.	Ich möchte Ihnen meine neue Adresse angeben.
As I understand it, I have to inform you if I should take on a new job.	Wenn ich Sie richtig verstehe, muß ich Sie benachrichtigen, wenn ich meinen Arbeitsplatz wechsle.
You must be able to prove that you have enough money to support yourself.	Sie müssen beweisen können, daß Sie genug Geld für Ihren Lebensunterhalt besitzen.
As you are a student, you don't need a work permit.	Da Sie Student(in) sind, benötigen Sie keine Arbeitserlaubnis.
Teachers and assistants at universities also do not need work permits.	Lehrkräfte und wissenschaftliche Mitarbeiter an Hochschulen sind auch von der Arbeitserlaubnis befreit.
How high is the fee for a residence permit?	Wie hoch ist die Gebühr für eine Aufenthaltserlaubnis?
I've been given a three month extension on my residence permit.	Meine Aufenthaltserlaubnis ist um drei Monate verlängert worden.
My residence permit was only renewed for one year, as my pass-	Die Aufenthaltserlaubnis wurde mir nur für ein Jahr gewährt, da

port expires then.

mein Paß zu diesem Zeitpunkt abläuft.

His application for a residence permit was rejected and he had to leave the country.

Sein Antrag für eine Aufenthaltserlaubnis wurde abgelehnt, deshalb mußte er das Land verlassen.

9.3 TAX (U.S.: REVENUE) OFFICE

9.3 FINANZAMT

Do you have to pay tax here?

Sind Sie hier steuerpflichtig?

I'm subject to only limited taxation because my main place of residence is abroad.

Ich bin nur beschränkt steuerpflichtig, da mein Hauptwohnsitz im Ausland ist.

I have to pay tax in this country as well as in my native country.

Ich muß sowohl hier als auch in meinem Heimatland Steuern zahlen.

I need a certificate for the tax (U.S.: revenue) office at home showing the amount of my income in this country.

Für das Finanzamt zu Hause benötige ich einen Nachweis über die Höhe meiner Einkünfte in diesem Land.

As I'm not self-employed, I am liable to PAYE-tax.

Da ich nicht selbständig arbeite, zahle ich Lohnsteuer.

I have to pay trade tax because I have my own shop (U.S.: store).

Ich muß Gewerbesteuer zahlen, da ich ein eigenes Geschäft besitze.

The employer must make sure that the PAYE-tax is deducted properly.

Der Arbeitgeber muß dafür sorgen, daß die Lohnsteuer richtig abgeführt wird.

You have to file an application for annual adjustment of PAYE-tax at the end of this calendar year.

Nach Ablauf dieses Kalenderjahres müssen Sie den Antrag auf den Lohnsteuerjahresausgleich stellen.

When is the deadline for filing my income tax return?

Wann ist der letzte Termin, um meine Steuererklärung einzureichen?

Where do I get a tax card?

Wo bekomme ich eine Lohnsteuerkarte?

You have to notify the local authorities if the information on your tax card should change.

Sie müssen die Gemeindebehörde benachrichtigen, wenn sich die Angaben auf Ihrer Steuerkarte ändern sollten.

Please make sure that the correct tax bracket has been entered on your tax card.

Bitte vergewissern Sie sich, ob auf Ihrer Steuerkarte die richtige Steuerklasse eingetragen ist.

As I'm single, I'm in tax bracket one.

Da ich ledig bin, falle ich unter Steuerklasse eins.

My wife and I are in tax bracket four (or tax bracket III/IV), as we both work.	Da meine Frau und ich berufstätig sind, gilt für uns Steuerklasse vier (oder Steuerklasse III/IV).
What can I claim income tax relief on?	Welche steuerliche Entlastung kann ich beantragen?
Professional expenses, special expenses and unusual financial burdens can be entered on your tax card as tax-free allowances.	Werbungskosten, Sonderausgaben oder außergewöhnliche Belastungen können als Freibeträge auf der Lohnsteuerkarte eingetragen werden.
Insurance premiums, payments to Building Society savings schemes and contributions to charities are understood as special expenses.	Unter Sonderausgaben versteht man z. B. Versicherungsbeiträge, Bausparbeiträge und Spenden.
Many of your working expenses are deductible, for example travelling (U.S.: traveling) expenses, specialized literature and office expenses.	Viele Ihrer Arbeitsauslagen sind abzugsfähig, zum Beispiel Reisekosten, Fachliteratur und Bürounkosten.
Bear in mind that all profits from mortgage debentures (U.S.: bonds) are subject to taxation.	Bedenken Sie, daß die Erträge aus Pfandbriefen ebenfalls steuerpflichtig sind.
Are these contributions to charities tax-deductible?	Sind diese Spenden von der Steuer absetzbar?
This year I'm going to get a tax refund.	In diesem Jahr werde ich eine Steuerrückzahlung bekommen.
You'll have to pay backtax this year.	Sie werden in diesem Jahr Steuern nachzahlen müssen.
I'd like to speak to a tax official about my tax return.	Ich würde gerne mit einem Steuerbeamten über meine Steuererklärung sprechen.
I think there has been a mistake in the calculation of my return.	Ich glaube, es wurde ein Fehler bei der Berechnung meiner Steuererstattung gemacht.
Would you mind explaining to me why these expenses have not been allowed?	Bitte erklären Sie mir, warum diese Ausgaben nicht bewilligt wurden.
I've substantiated my expenses with these receipts.	Ich habe meine Ausgaben mit diesen Quittungen belegt.
Roughly what percentage of one's income is deducted in taxes in this country?	Wieviel Prozent vom Einkommen – grob geschätzt – werden in diesem Land als Steuer einbehalten?
Taxes must be paid to the federal government, the states and the local government in this country.	In diesem Land müssen Steuern an Bund, Länder und Gemeinden abgeführt werden.

Income tax is determined by the amount of your income, which means the tax rate is adjusted to meet your individual circumstances.

Die Einkommensteuer wird durch die Höhe Ihres Einkommens bestimmt, das heißt, der Steuersatz wird Ihren individuellen Verhältnissen angepaßt.

All persons who reside in the Federal Republic of Germany or who usually live here are subject to full taxation.

Alle Personen, die einen Wohnsitz in der Bundesrepublik Deutschland haben oder sich gewöhnlich hier aufhalten, sind unbeschränkt steuerpflichtig.

In the case of tax evasion a fine can be imposed.

Bei Steuerhinterziehung kann eine Geldstrafe verhängt werden.

10. Restaurants

10.1 RESTAURANTS IN TOWN

10. Restaurants

10.1 STÄDTISCHE RESTAURANTS

Shall we go out to dinner this evening?

Gehen wir heute abend essen?

I'd love to. What do you feel like doing? Should we go to a Yugoslavian, Chinese or Italian restaurant?

Ja, sehr gerne. Wozu hätten Sie Lust? Sollen wir in ein jugoslawisches, chinesisches oder italienisches Restaurant gehen?

I prefer good plain cooking.

Ich ziehe eine gutbürgerliche Küche vor.

If you prefer good solid food, then I know the right restaurant for us. It is located in a half-timbered house and does (U.S.: offers) plenty of old German specialities (U.S.: specialties).

Wenn Sie deftige Speisen vorziehen, kenne ich das richtige Lokal für uns. Das Restaurant befindet sich in einem Fachwerkhaus, und alte deutsche Spezialitäten werden dort reichlich angeboten.

This restaurant is actually well-known for its exquisite cuisine, but it also does (U.S.: offers) several outstanding regional dishes.

Dieses Restaurant ist eigentlich mehr für seine feine Küche bekannt, bietet aber auch einige hervorragende regionale Gerichte an.

This is a very well looked after and hospitably run establishment. I think the good cooking will also meet with your approval.

Dies ist ein sehr gepflegtes und gastfreundliches Haus. Ich glaube, die gute Küche wird auch Ihre Zustimmung finden.

If we want to eat in this restaurant, we'll have to book a table in advance.

Wenn wir in diesem Restaurant essen möchten, müssen wir vorher einen Tisch bestellen.

We enjoy going to the steak house for dinner.

Das Abendessen nehmen wir gerne im Steakhaus ein.

I know a self-service restaurant where we can get a quick bite to eat.	Ich kenne ein Selbstbedienungs-restaurant, wo wir schnell eine Kleinigkeit essen können.
The fish and chip shop is open until eleven p.m. We can eat in the restaurant or get a takeaway (U.S.: order to go).	Das Fischrestaurant ist bis 23 Uhr geöffnet. Wir können im Restaurant essen, oder wir bestellen uns etwas zum Mitnehmen.
How many people are in your group?	Wie viele Personen sind in Ihrer Gruppe?
We need a table for six people.	Wir benötigen einen Tisch für sechs Personen.
Would you like the meal of the day or will you be ordering from the menu?	Wünschen Sie das Tagesmenü oder wählen Sie nach der Speisekarte (oder: à la carte)?
My friend would like to order à la carte.	Meine Bekannte wird nach der Speisekarte wählen.
I'd like an aperitif.	Ich möchte einen Aperitif.
Have you decided on anything yet?	Haben Sie sich schon für etwas entschieden?
No, I can't make up my mind. Can you recommend something?	Nein, ich kann mich nicht entscheiden. Können Sie mir etwas empfehlen?
I'd recommend half-a-dozen snails as a starter.	Als Vorspeise empfehle ich Ihnen ein halbes Dutzend Schnecken.
Bring me the soup of the day, please.	Bringen Sie mir bitte die Tagessuppe.
A light dry red wine would go best with the main course.	Für den Hauptgang sollten wir einen leichten, trockenen Rotwein trinken.
What do you really feel like? The steak and the game dishes are to be recommended.	Worauf haben Sie eigentlich Appetit? Das Steak und die Wildgerichte sind zu empfehlen.
For the main course I'd like stuffed breast of veal.	Als Hauptgericht möchte ich gefüllte Kalbsbrust.
I'm afraid breast of veal is off, but there are other veal dishes on the menu.	Leider haben wir keine Kalbsbrust mehr, aber auf der Speisekarte sind andere Kalbfleischgerichte.
Ask the waitress if it is possible to have fresh fish.	Fragen Sie die Kellnerin, ob es möglich ist, frischen Fisch zu bekommen.
I think I'll order the lamb stew with fresh vegetables and rice.	Ich glaube, ich werde den Eintopf aus Lammfleisch, frischem Gemüse und Reis bestellen.
I'll have the Porterhouse Steak.	Ich habe mich für das Porterhouse-Steak entschieden.

How would you like your meat – rare, medium or well-done?	Möchten Sie Ihr Fleisch nur kurz angebraten, medium oder durchgebraten?
There's a choice of potatoes between chips (U.S.: french fries), roast potatoes, mashed potatoes and baked potatoes.	Sie können bei den Kartoffeln zwischen Pommes frites, Bratkartoffeln, Kartoffelpüree und gebackenen Kartoffeln wählen.
Would it be possible for me to have a child's portion?	Ist es möglich, eine Kinderportion zu bekommen?
What would you like to drink? – Just mineral water for me.	Was trinken Sie? – Ich trinke nur Mineralwasser.
This wine is very good and goes splendidly with our meal. Shall I order another bottle?	Dieser Wein ist sehr gut und paßt ausgezeichnet zu unserem Essen. Soll ich noch eine Flasche bestellen?
The proprietor attaches great importance to using only fresh vegetables and fresh meat.	Der Wirt legt Wert darauf, nur frisches Gemüse und frisches Fleisch zu verwenden.
Please go ahead and help yourself to the meat and vegetables.	Nehmen Sie bitte zuerst von dem Fleisch und von den Gemüsen.
This restaurant has a large selection of excellent French and German wines.	Dieses Restaurant hat eine große Auswahl an ausgezeichneten französischen und deutschen Weinen.
Are you satisfied with your meal?	Sind Sie mit Ihrem Essen zufrieden?
This meat dish is served with a very piquant gravy.	Dieses Fleischgericht wird mit einer sehr pikanten Sauce serviert.
The soup that you have just served me is cold.	Die Suppe, die Sie mir gerade serviert haben, ist kalt.
I can't accept this pork chop the way it is – one side is too badly burnt.	Ich kann dieses Schweinekotelett so nicht akzeptieren, da eine Seite zu stark verbrannt ist.
Would you like to have some cheese before dessert?	Wünschen Sie vor dem Dessert etwas Käse?
The waiter will come to your table with the sweet trolley so that you can choose your dessert.	Für die Auswahl Ihres Desserts kommt der Kellner mit dem Dessertwagen an Ihren Tisch.
We'd like coffee after the meal.	Wir möchten Kaffee nach dem Essen.
Please bring me the bill (U.S.: tab).	Bringen Sie mir bitte die Rechnung.
Would you like separate bills or do you want to pay for everything together?	Wünschen Sie getrennte Rechnungen oder geht das alles zusammen?
Is the tip included in the price?	Ist das Trinkgeld im Preis inbegriffen?

It is customary here to leave 10 to 15 per cent of the total bill as a tip.

Es ist üblich hier, vom Rechnungsbetrag 10 bis 15 Prozent als Trinkgeld zu bezahlen.

Do we have to pay at the cash desk on the way out or will the waiter come with the bill?

Müssen wir an der Kasse bezahlen oder kommt der Ober zu uns?

10.2 RESTAURANTS IN THE COUNTRY

10.2 AUSFLUGSLOKALE

We should take advantage of this lovely weather and go for a trip.

Wir sollten dieses schöne Wetter ausnutzen und einen kleinen Ausflug machen.

Perhaps you can recommend a restaurant that I can go to on a short weekend outing.

Vielleicht können Sie mir ein Lokal empfehlen, das ich bei einem kurzen Wochenendausflug aufsuchen kann.

I can highly recommend this area for a short trip, as there are plenty of leisure-time activities available as well as good restaurants and guest-houses.

Für eine Kurzreise kann ich diese Gegend sehr empfehlen, da es dort Freizeitmöglichkeiten sowie gute Restaurants und Pensionen reichlich gibt.

About an hour's drive from here there is a lovely park with a nice restaurant nearby.

Es gibt eine schöne Parkanlage mit einem Ausflugslokal ungefähr eine Fahrstunde von hier entfernt.

The inn is situated in an idyllic setting and that is why it is a popular meeting place for people from the surrounding towns.

Das Gasthaus ist in einer idyllischen Landschaft gelegen. Deshalb ist es ein beliebter Treffpunkt für Leute aus den Städten der Umgebung.

The best way to get to this restaurant is by bus, as there are hardly any parking spaces available.

Zu diesem Lokal fahren Sie am besten mit dem Bus, da es kaum Parkplätze gibt.

The only way to get to this restaurant is on foot.

Dieses Lokal ist nur zu Fuß zu erreichen.

We want to take the cable railway to the station at the top of the mountain and have lunch in the mountain restaurant there.

Wir wollen mit der Seilbahn bis zur Bergstation fahren und im Bergrestaurant zu Mittag essen.

There are several restaurants around the lake which cater for tourists.

Es gibt rund um den See einige Ausflugslokale.

This walk in the fresh air has made

Ich habe nach dieser Wanderung

me feel like having a big meal.	in der klaren Luft Appetit auf ein ausgiebiges Essen bekommen.
It's starting to rain, so we'd better hurry and try to get a table in the restaurant.	Da es zu regnen beginnt, sollten wir uns beeilen und versuchen, im Lokal einen Tisch zu bekommen.
It's hardly possible to get a table in this restaurant between twelve o'clock and two p.m.	In der Zeit von 12 bis 14 Uhr ist es kaum möglich, einen Tisch in diesem Lokal zu bekommen.
If we get a table on the terrace, we'll have a view over most of the park.	Wenn wir einen Tisch auf der Terrasse bekommen, können wir den größten Teil der Parkanlage übersehen.
Let's take a table close to the window. There's a lovely view from there.	Nehmen wir einen Tisch nahe am Fenster. Es gibt von dort einen schönen Ausblick.
Shall we have something to eat or would you just like something to drink?	Sollten wir etwas essen, oder möchten Sie nur etwas trinken?
If you want to have lunch, I'd like to recommend our freshly caught fish from the lake.	Wenn Sie zu Mittag essen wollen, möchte ich Ihnen unseren fangfrischen Fisch aus dem See empfehlen.
We should really order something that is typical for this part of the country.	Wir sollten eigentlich etwas bestellen, was für die Gegend charakteristisch ist.
I'd like to eat one of the fish specialities (U.S.: specialties).	Ich möchte gerne eine von den Fischspezialitäten essen.
Then I can recommend a dish which is very typical for this area.	Dann kann ich Ihnen ein Gericht, das sehr typisch für die Gegend ist, empfehlen.
You really must try the home-made sausage.	Man sollte in jedem Fall von der hausgemachten Wurst probieren.
I've found out that this restaurant only does (U.S.: offers) small dishes.	Ich habe in Erfahrung gebracht, daß dieses Lokal nur kleine Gerichte anbietet.
I'll just have coffee and a piece of cake.	Ich nehme nur Kaffee und Kuchen.
I think I'll try a glass of this late vintage wine.	Ich glaube, ich probiere ein Glas von dieser Spätlese.
That's an excellent idea, I'll try the late vintage wine, too.	Das ist eine ausgezeichnete Idee, ich werde auch von der Spätlese probieren.
It's nice to sit here over a glass of wine and chat after our long walk.	Es ist nett, nach unserer langen Wanderung hier bei einem Glas Wein zu sitzen und ein wenig zu plaudern.

Yes, this is an opportunity not to be missed. I'll join you.

Ja, man sollte sich diese Möglichkeit nicht entgehen lassen. Ich schließe mich auch an.

We went to a new restaurant with some friends at the weekend. The evening was a great success.

Wir waren am Wochenende mit Freunden in einem neuen Restaurant. Der Abend war ein voller Erfolg.

10.3 PUB

10.3 PUB (BIERKNEIPE)

I'd like to take you to a small pub near here. I think you'll enjoy the unique, "English" atmosphere there.

Ich möchte Sie zu einem kleinen Pub hier in der Nähe mitnehmen. Ich glaube, die einmalige „englische“ Atmosphäre dort wird Ihnen gut gefallen.

The pubs here are open until 11 p.m. on weekdays and until 10.30 p.m on Sundays.

Die Pubs hier sind bis 23 Uhr an Wochentagen und 22.30 Uhr am Sonntag geöffnet.

Shall we stand at the bar or would you prefer to sit at a table?

Stellen wir uns an die Theke oder würden Sie lieber an einem Tisch sitzen?

This table is reserved for regular customers.

Dies ist der Stammtisch.

What'll you have?

Was trinken Sie?

I'll have a stout.

Ich nehme ein „Stout“ (englisches dunkles Bier).

This pub is known for its excellent draught beer. You really should try it.

Dieses Pub ist für sein hervorragendes Faßbier bekannt. Sie sollten es wirklich probieren.

I'll have a half of bitter, please.

Ich nehme ein kleines „Bitter“ (halbdunkles englisches Bier).

Wouldn't you rather have a pint?

Möchten Sie nicht lieber ein Pint (= ca. 0,5 l)?

No, I'd better stick to halves, as I've got to drive.

Nein, ich bleibe lieber bei den kleinen Gläsern, da ich fahren muß.

What kinds of bottled beer do they have here?

Was für Flaschenbier gibt es hier?

You can get real ale in this pub.

Man bekommt in diesem Lokal echtes Ale.

You can only buy XY beer in this pub.

In diesem Lokal wird nur das Bier der XY-Brauerei verkauft.

I'd like a lager this time.

Ich möchte diesmal ein „Lager“ (leichtes helles Bier).

Cheers!	Prost!
We've got to pay for our drinks at the bar after each order.	Wir müssen unsere Getränke sofort nach der Bestellung an der Theke bezahlen.
It is customary here to pay the waiter at the end of the evening.	Es ist hier üblich, den Kellner am Ende des Abends zu bezahlen.
It really was a good idea to interrupt our stroll through the city to have something refreshing to drink.	Es war wirklich eine gute Idee, unseren Stadtbummel zu unterbrechen, um etwas Erfrischendes zu trinken.
The food here is not very imaginative, but it's hard to picture a more pleasant atmosphere for having a drink in.	Das Essen hier ist nicht besonders einfallsreich, aber zum Trinken kann man sich eine gemütlichere Atmosphäre kaum vorstellen.
This is my round (or: It's my turn to buy the drinks).	Diese Runde bezahle ich (oder: Ich werde diesmal die Getränke bezahlen).
This dark beer does not agree with me.	Dieses dunkle Bier bekommt mir nicht.
Would you like a clear schnapps with your beer?	Möchten Sie zum Bier einen klaren Schnaps?
No thanks, this is fine.	Nein danke.
Shall we have something hot to eat before we go?	Sollen wir etwas Warmes essen, bevor wir nach Hause gehen?
I'll just have black pudding with onions.	Ich werde nur eine Blutwurst mit Zwiebeln essen.
Aren't they closing here soon?	Wird hier nicht bald geschlossen?
No, there is an extension of drinking hours this evening.	Nein, heute abend haben die Pubs länger auf.
I'm making this my last drink, as I've got to drive home.	Das wird mein letztes Getränk sein, weil ich nach Hause fahren muß.
This pub often has good music on Friday evenings.	Dieses Pub hat oft gute Musik am Freitagabend.
Will there be a band playing here this evening?	Wird eine Musikgruppe heute abend hier spielen?
I come here regularly, that's why I know almost everyone here.	Ich bin Stammgast dieses Lokals. Aus diesem Grund kenne ich fast jeden hier.
I'd like to pay my bill now.	Ich möchte jetzt meine Rechnung bezahlen.

10.4 WINE TAVERN

10.4 WEINHAUS

Our city has a number of excellent wine taverns.	In unserer Stadt gibt es einige sehr gute Weinlokale.
Can you recommend a pleasant wine tavern in this part of the city?	Können Sie mir in diesem Teil der Stadt ein gemütliches Weinlokal empfehlen?
I know a very pleasant wine tavern not far from here.	Ich kenne ein sehr gemütliches Weinlokal nicht weit von hier.
This restaurant is popular among insiders. It's frequented mainly by locals.	Dieses Weinlokal ist ein Geheimtip. Es wird hauptsächlich von Einheimischen besucht.
Do you want to go to a wine tavern with me?	Wollen Sie mit mir ein Weinlokal besuchen?
The inn is rather old, but has a very nice atmosphere.	Das Wirtshaus ist zwar ziemlich alt, aber sehr gemütlich eingerichtet.
The inn has a small selection of meals, but they are excellent. The wine list has red and white wines from the area.	Das Lokal hat eine kleine Auswahl an Speisen, aber die sind ausgezeichnet. Auf der Weinliste findet man Rot- und Weißweine aus der Gegend.
We can look at the menu posted outside to see what specialities (U.S.: specialties) are on the menu today.	Wir können uns die Speisekarte ansehen, die draußen ausgehängt ist, um zu sehen, welche Spezialitäten heute angeboten werden.
The red wine sold in this restaurant is very good.	In diesem Lokal wird ein besonders guter Rotwein ausgeschenkt.
This wine tavern has a large garden with tables under shady trees.	Dieses Weinlokal hat einen großen Garten mit Tischen unter schattigen Bäumen.
At this restaurant at the moment you can have good, substantial meals in addition to a very drinkable new wine.	Zur Zeit kann man in diesem Lokal außer einem süffigen jungen Wein gute, deftige Mahlzeiten einnehmen.
The choice specialities (U.S.: specialties) here go best with a good wine.	Zu den ausgesuchten Spezialitäten hier paßt am allerbesten ein guter Wein.
The owner attends to his guests personally and will help us to choose our meal.	Der Wirt bemüht sich persönlich um die Gäste und wird uns bei der Auswahl unserer Mahlzeit behilflich sein.

Would you bring me some cheese savouries to go along with the wine?

Würden Sie mir etwas Käsegebäck zum Wein bringen?

You really must try a piece of the cheese cake.

Sie müssen unbedingt ein Stück von der Käsetorte versuchen.

The hot onion cake is also very good.

Der heiße Zwiebelkuchen ist auch sehr gut.

Now that the vintage has begun it is possible to sample the new wine.

Da jetzt die Weinlese angefangen hat, ist es möglich, den Federweißen zu probieren.

I'd like a glass of wine, please.

Bringen Sie mir bitte einen Schoppen Wein.

I prefer dry wines with my meal.

Ich ziehe zu meinem Essen trockene Weine vor.

This is a suitable dinner wine, but I'd suggest trying one of the sweeter late vintages after the meal.

Dieser Wein ist ein passender Tischwein, ich schlage jedoch vor, eine der süßeren Spätlesen nach dem Essen zu probieren.

You can buy bottled wine in a room adjoining the restaurant.

In einem Nebenraum der Gaststätte kann man Flaschenweine kaufen.

10.5 NIGHT CLUB

10.5 NACHTCLUB

Admission to this night club is only possible with a club membership card.

In diesem Nachtclub ist der Zutritt nur mit einer Club-Mitgliedskarte möglich.

This night club offers very good entertainment and the prices are also fairly reasonable.

Dieses Nachtlokal bietet ein sehr gutes Programm, und auch die Preise sind nicht zu hoch.

We should dress suitably for our visit to the night club.

Für den Besuch im Nachtclub sollten wir uns entsprechend kleiden.

Since we're going to a night club it'd perhaps be wiser to take a taxi.

Da wir einen Nachtclub aufsuchen, ist es vielleicht vernünftiger, mit dem Taxi zu fahren.

We can hand in our coats at the cloakroom (U.S.: checkroom).

Wir können die Mäntel an der Garderobe abgeben.

Waiter, would you please bring us the wine and champagne list?

Herr Ober, würden Sie uns bitte die Wein- und Sektkarte bringen?

Bring us a bottle of champagne, please.

Bitte bringen Sie uns eine Flasche Sekt.

The first drink is more expensive because it includes a cover charge for the performance.

Das erste Getränk ist deshalb teurer, weil ein Pauschalbetrag für die Show enthalten ist.

What would you like to drink? Would you like a cocktail?

Was trinken Sie? Möchten Sie einen Cocktail?

After the show the stage is converted into a dance floor.

Nach der Show wird die Bühne in eine Tanzfläche umgewandelt.

Would you like to dance?

Möchten Sie tanzen?

You dance very well.

Sie tanzen sehr gut.

I'm afraid I'm not much of a dancer.

Ich bin leider kein sehr guter Tänzer.

Who are the cabaret performers this evening?

Wer sind die Kabarettisten heute abend?

11. Food and Drink

11. Speisen und Getränke

11.1 FOOD

11.1 SPEISEN

11.1.1 Meat dishes

11.1.1 Fleischspeisen

Pork is a favourite (U.S.: favorite) in our family. Do you like pork too?

Schweinefleisch ist in unserer Familie sehr beliebt. Mögen Sie es auch?

Yes, I'm very keen on eating meat altogether. We eat a lot of pork at home because it is so cheap.

Ja, ich esse Fleisch überhaupt gern. Zu Hause essen wir viel Schweinefleisch, weil es so preiswert ist.

There are also many different types of pork, for example cutlets, chops, pickled knuckle of pork or smoked pork chops.

Es gibt auch viele Sorten von Schweinefleisch, zum Beispiel Schnitzel, Kotelett, Eisbein oder Kasseler.

Unfortunately, I can't eat too much pork because it contains too much fat. I've got to watch my cholesterol level.

Leider kann ich nicht viel Schweinefleisch essen, da es zuviel Fett enthält. Ich muß auf meinen Cholesterinspiegel achten.

I use a lot of herbs for seasoning, especially garlic. Do you like eating food seasoned with garlic, too?

Zum Würzen verwende ich immer viele Kräuter, vor allem Knoblauch. Essen Sie auch gern Speisen, die mit Knoblauch gewürzt sind?

Actually, we use very little garlic in our household.

Wir verwenden eigentlich nur wenig Knoblauch in unserem Haushalt.

Sometimes I make breaded cutlets during the week because it doesn't take too long to prepare them.

Panierte Schnitzel bereite ich manchmal während der Woche zu, da ihre Zubereitung nicht sehr viel Zeit in Anspruch nimmt.

Do you prefer pork or veal?

Essen Sie lieber Schweine- oder Kalbfleisch?

I prefer veal, but it's very expensive here.

Am liebsten Kalbfleisch, aber das ist hier sehr teuer.

A lot of beef is eaten in the United States, because beef cattle is bred there on a large scale. For this reason beef is also cheaper.

In den Vereinigten Staaten wird viel Rindfleisch gegessen, weil Rinderzucht dort in großem Maße betrieben wird. Rindfleisch ist deshalb auch billiger.

I like meat only when it's really very well done.

Ich mag Fleisch nur, wenn es sehr gut durchgebraten ist.

I prefer meat that is a little pink on the inside.

Ich ziehe Fleisch vor, das innen ein bißchen rosa ist.

I don't eat raw meat at all.

Ich esse überhaupt kein rohes Fleisch.

In England lamb is eaten with a mint sauce. Have you ever tried it?

Das Lammfleisch wird in England mit einer Minzsoße gegessen. Haben Sie das schon probiert?

11.1.2 Fish

11.1.2 Fisch

The best place to get fresh fish here is at the market. The fishmonger (U.S.: fish-dealer) usually takes care of the gutting, scaling and filleting so that preparing the fish is no problem.

Am besten kauft man hier frischen Fisch auf dem Markt. In der Regel übernimmt der Fischhändler das Ausnehmen, Schuppen und Filieren, so daß die Zubereitung problemlos ist.

I always get the fishmonger to cut the fish into portions.

Ich lasse den Fisch immer vom Fischhändler in Portionsstücke schneiden.

Sometimes I also make stock by cooking the head and bones.

Manchmal mache ich einen Fond, indem ich Kopf und Gräten koche.

Actually, I'm very fond of eating fish, but the unpleasant fishy smell doesn't agree with me very well.

Ich esse eigentlich Fisch sehr gern, aber den unangenehmen Fischgeruch kann ich nicht sehr gut vertragen.

The fish doesn't smell quite as strongly if it is dabbed with vinegar or lemon juice.

Der Fischgeruch wird vermindert, wenn der Fisch mit Essig oder Zitronensaft beträufelt wird.

What kind of fish do you like best?	Welche Art von Fisch essen Sie am liebsten?
We eat a lot of codfish, red perch and coalfish because these kinds are easy for us to get.	Wir essen gerne Kabeljau, Rotbarsch und Seelachs, weil diese Sorten für uns leicht zu bekommen sind.
Be careful not to overlook any bones when cutting up the fish.	Zerlegen Sie den Fisch vorsichtig, damit Sie keine Gräte übersehen.
I'm fond of eating marinaded herring with a lot of onions. But I also eat fried fish, because it's so quick and easy to prepare.	Eingelegte Heringe mit viel Zwiebeln esse ich sehr gerne. Ich esse aber auch gebratenen Fisch, weil dieser so schnell und einfach zubereitet wird.
Of course you can also buy frozen fish in every supermarket, but I find that fresh fish tastes best.	Natürlich kann man auch in jedem Supermarkt tiefgefrorenen Fisch kaufen. Ich finde aber, daß frischer Fisch am besten schmeckt.
The range of fish on offer here is very varied. In addition to fresh fish and frozen fish there is a lot of tinned (U.S.: canned) fish on the market, such as sardines in oil, tuna and bloater.	Das Fischangebot ist hier sehr vielseitig. Außer frischem und tiefgekühltem Fisch gibt es ein großes Angebot an Fischkonserven, wie zum Beispiel Ölsardinen, Thunfisch und Bücklinge.
Fatty types of fish, such as eel or herring, don't agree especially well with me. But I regularly eat halibut, cod and trout – and I enjoy them.	Fette Fischarten, wie zum Beispiel Aal oder Hering, bekommen mir nicht besonders gut. Heilbutt, Kabeljau und Forelle gehören jedoch zu den Fischsorten, die ich regelmäßig und gerne esse.
Fish isn't as filling as pork, for example, but by choosing suitable trimmings you can ensure that the meal is well balanced.	Fisch ist nicht so sättigend wie zum Beispiel Schweinefleisch. Man kann aber durch eine entsprechende Wahl von guten Beilagen für eine ausgewogene Mahlzeit sorgen.
In restaurants I like ordering poached seafood, such as lobster, shrimps or spiny lobster, served with a butter or herb sauce only.	Im Restaurant bestelle ich gerne pochierte Meeresfrüchte, wie zum Beispiel Hummer, Garnelen oder Langusten, die nur mit einer Butter- oder Kräutersauce serviert werden.
The seafood we tried on our last holiday was very good. At home, however, I seldom feel like clams.	Das Fischgericht, das wir im letzten Urlaub probierten, hat uns sehr zugesagt. Ich habe allerdings zu Hause selten Appetit auf Muscheln.

Fish and chips is a popular fast food dish in England. The fried fish that is sold with chips has become a national dish.

„Fish and chips“ ist ein beliebtes schnelles Gericht in England. Der gebackene Fisch, der mit Pommes frites verkauft wird, ist zum Nationalgericht geworden.

11.1.3 Vegetables

11.1.3 Gemüse

What types of vegetables are especially reasonable in price at the moment?

Welches Gemüse ist jetzt besonders preiswert?

Salad is especially cheap at the moment and root-crop, such as carrots, celery or black salsify are always good buys here.

Salat wird jetzt besonders billig angeboten und Wurzelgemüse wie zum Beispiel Möhren, Sellerie und Schwarzwurzeln sind hier immer günstig einzukaufen.

I always buy vegetables that are in season. You can get almost everything fresh at the market or the greengrocer's.

Ich kaufe das Gemüse immer der Jahreszeit entsprechend. Auf dem Markt oder beim Gemüsehändler bekommt man ziemlich alles frisch angeboten.

Potatoes are used as the basis of many different German dishes.

Kartoffeln werden als Grundlage für viele unterschiedliche Gerichte der deutschen Küche verwendet.

I have potatoes stored in the basement all winter.

Im Keller habe ich den ganzen Winter über Kartoffeln gelagert.

Do you like new spring potatoes with fresh asparagus and ham, too?

Essen Sie auch gerne neue Kartoffeln mit frischem Spargel und Schinken?

We eat a lot of vegetables because they are low in calories and rich in minerals and vitamins.

Wir essen viel Gemüse, weil es kalorienarm und reich an Mineralstoffen und Vitaminen ist.

I enjoy eating vegetarian food, but I'm not a vegetarian.

Ich esse zwar sehr gern vegetarisch, bin jedoch kein Vegetarier.

As a keen gardener I always have fresh tomatoes, lettuce, chives and parsley in summer.

Als Hobbygärtner habe ich im Sommer immer frische Tomaten, Salat, Schnittlauch und Petersilie.

We often have savoy cabbage, spinach, cauliflower, tomatoes, leeks, carrots, cucumbers, kale or peas.

Wir essen oft Wirsingkohl, Spinat, Blumenkohl, Tomaten, Lauch, Möhren, Gurken, Grünkohl oder Erbsen.

Vegetables are never missing from our daily menu; we also often eat them uncooked.

Gemüse fehlt nie auf unserem täglichen Speiseplan. Wir essen es auch als Rohkost.

I prefer a vegetable purée, as it's easily digestible.

Ich ziehe ein Gemüsepüree vor, da es bekömmlicher ist.

In summer we like eating a fresh salad of lettuce, iceberg lettuce or spinach as a side dish.

Als Beikost essen wir im Sommer gerne einen frischen Salat aus Kopfsalat, Eisbergsalat oder Spinat.

I buy untreated vegetables in the health food shop. They're more expensive there, but they also make a healthier diet possible.

Ich kaufe ungespritztes Gemüse im Reformhaus. Es ist zwar teurer, ermöglicht aber auch eine gesündere Ernährung.

11.1.4 Pasta, Rice

11.1.4 Teigwaren, Reis

I like eating noodles and rice, but because I've got to watch my waistline, pasta is only very rarely on the menu.

Ich esse Nudeln und Reis gern, da ich aber auf meine schlanke Linie achten muß, stehen Teigwaren nur selten auf dem Speiseplan.

Lasagne and spaghetti are two of my favourite (U.S.: favorite) dishes.

Lasagne und Spaghetti gehören zu meinen Lieblingsgerichten.

There are many different kinds of spaghetti sauce. I like spaghetti with tomato sauce best.

Es gibt sehr viele verschiedene Spaghettisaucen. Am liebsten esse ich Spaghetti mit Tomatensauce.

I use a lot of fresh herbs when cooking.

Beim Kochen verwende ich viele frische Kräuter.

I also make noodles myself. It's quite easy with a noodle machine, but you can also knead the dough by hand, roll it out and then cut it into noodles.

Ich mache Nudeln auch selbst. Das geht mit einer Nudelmaschine sehr leicht, man kann jedoch den Teig auch mit der Hand kneten, ausrollen und Nudeln davon schneiden.

Macaroni soufflé is easily prepared from leftovers, herbs and macaroni. In addition one can easily vary the ingredients.

Ein Makkaroniauflauf läßt sich leicht aus Resten, Kräutern und Makkaroni zubereiten. Zudem kann man die Zutaten leicht variieren.

Homemade dumplings are often served with various meat dishes here.

Hausgemachte Knödel werden hier öfters als Beilage zu den verschiedenen Fleischgerichten serviert.

I eat more rice than noodles, but I like long grain rice or natural rice best.

Ich esse mehr Reis als Nudeln, allerdings mag ich Langkornreis oder Naturreis am liebsten.

It's not easy to cook rice so that the minerals and vitamins are not lost in the cooking.

Es ist nicht einfach, Reis so zu kochen, daß Mineralstoffe und Vitamine erhalten bleiben.

You really ought to try the Yorkshire pudding. I'm sure you'll like it.

Sie sollten wirklich den Yorkshire Pudding (gebackenen Eierteig) probieren. Ich bin sicher, er wird Ihnen schmecken.

11.1.5 Methods of Preparation

11.1.5 Zubereitungsarten

Heavy food does not agree with me very well. If the food is prepared with a lot of streaky bacon and onions, I always take small portions.

Deftige Kost vertrage ich nicht besonders gut. Wenn das Essen mit viel Speck und Zwiebeln zubereitet wird, nehme ich immer kleine Portionen.

I'm really fond of meat in all forms, whether roasted, fried in breadcrumbs or grilled. On cold winter days I also find meat soup excellent.

Ich esse alle Fleischgerichte sehr gerne, ob gebraten, paniert oder gegrillt. Auch Fleischsuppen finde ich an kalten Wintertagen vorzüglich.

This meat has to be stewed for more than two hours for it to be really tender.

Damit dieses Fleisch richtig zart wird, muß es mehr als zwei Stunden geschmort werden.

This fish was steamed with vegetables and potatoes. As a result it's easy on the stomach.

Der Fisch wurde im Wasserdampf mit Gemüse und Kartoffeln gegart. Daher ist er leicht bekömmlich.

I prepare deep-fried food myself in the deep-fryer, especially fish, potatoes and meat.

Fritierte Speisen, insbesondere Fisch, Kartoffeln und Fleisch, bereite ich selbst in der Friteuse.

If you've got to stick to a diet, I wouldn't recommend roast pork. You ought to have boiled or grilled meat.

Wenn Sie Diät halten müssen, würde ich Ihnen gebratenes Schweinefleisch nicht empfehlen. Sie sollten lieber gekochtes oder gegrilltes Fleisch essen.

I'm afraid I don't like meat that has been steamed as much as I like meat that has been fried in oil.

Leider schmeckt mir gedünstetes Fleisch nicht so gut wie in Öl gebratenes.

Poached fish is more easily digestible than smoked or fried fish.

Gekochter Fisch, den man bei milder Hitze ziehen läßt, ist bekömmlicher als geräucherter oder panierter Fisch.

It's not very easy to make Swabian noodles.

Spätzle selber zuzubereiten ist nicht ganz leicht.

How did you make the gravy?

Wie haben Sie die Soße gemacht?

The gravy was thickened with flour and cream and seasoned with onions and bacon.

Die Soße wurde mit Mehl und Sahne gebunden und mit Zwiebeln und Speck gewürzt.

The gravy is too strongly seasoned and too rich for my taste.

Für meinen Geschmack ist die Soße zu stark gewürzt und zu schwer.

This dish could do with a bit more salt.

Dieses Gericht könnte ein bißchen mehr Salz vertragen.

The special taste of this joint is due to the fact that it was larded with garlic before being roasted (U.S.: broiled).

Der besondere Geschmack dieses Bratens ist darauf zurückzuführen, daß er vor dem Braten mit Knoblauch gespickt wurde.

We like having soup as a starter. I'm particularly fond of bouillon, fish soup and clear vegetable soup.

Als Vorspeise essen wir gerne eine Suppe. Ich mag besonders Fleischbrühe, Fischsuppe und klare Gemüsesuppe.

Perhaps you can let me have the recipe for this dish.

Vielleicht können Sie mir das Rezept für dieses Gericht verraten.

11.2 DRINKS

11.2 GETRÄNKE

11.2.1 Wine, Champagne

11.2.1 Wein, Sekt

May I offer you a glass of wine?

Darf ich Ihnen ein Glas Wein anbieten?

Yes, I'd love one.

Ja, gerne.

This wine tastes splendid. What vintage is it?

Dieser Wein schmeckt ausgezeichnet. Welcher Jahrgang ist das?

This is a 1983 cabinet wine.

Das ist ein 1983er Kabinettwein.

I thought a red claret would go well with our meal. Or would you prefer a different wine?

Ich dachte, ein roter Bordeaux würde zu unserem Essen passen. Oder ziehen Sie einen anderen Wein vor?

I've got a nice bottle of white wine in the fridge to go with the evening meal.

Ich habe einen guten Weißwein für das Abendessen im Kühlschrank.

Is the wine cold enough?

Ist der Wein kalt genug?

When choosing a wine I've got to watch out for the sugar content, as I'm a diabetic.

Bei der Auswahl eines Weines muß ich auf die Restsüße achten, da ich Diabetiker bin.

Would you like a sweet late-vintage wine or would you prefer a light, mild cabinet wine?

Möchten Sie eine liebliche Spätlese oder ziehen Sie einen leichten Kabinett vor?

Cheers!

Prost!

The white wine tastes fruity and has a strong aroma.

Der Weißwein schmeckt fruchtig und hat ein kräftiges Aroma.

I bought the wine directly from the wine-grower. Every year we go to a wine-growing area and sample wine. This year I obtained several excellent kinds at a good price.

Ich habe den Wein direkt vom Winzer gekauft. Jedes Jahr fahren wir in ein Weingebiet und machen eine Weinprobe. Dieses Jahr habe ich einige ausgezeichnete Sorten zu einem guten Preis bekommen.

Good quality German wines are subject to state control and are categorized according to quality level.

Die deutschen Prädikatsweine unterliegen staatlicher Kontrolle und werden mit Qualitätsstufen ausgezeichnet.

When choosing a wine I always pay attention to the type of vine, the sugar content and quality ranking.

Bei Auswahl eines Weines achte ich auf die Rebsorte, den Restzuckergehalt und auf die Qualitätsstufe.

Let's celebrate this occasion with a bottle of champagne.

Feiern wir diesen Anlaß mit einer Flasche Sekt!

I enjoy drinking champagne very much, but because of its acidity it doesn't always agree with me.

Ich trinke Sekt gern, leider vertrage ich ihn wegen seiner Säure nicht immer.

Do you prefer champagne semi-dry, dry or extra dry?

Trinken Sie lieber halbtrockenen, trockenen oder extra trockenen Sekt?

I like semidry champagne best.

Ich trinke am liebsten halbtrockenen Sekt.

This champagne was made from German riesling wines.

Dieser Sekt wurde aus deutschen Rieslingweinen hergestellt.

On the morning of the wedding ceremony there will be a champagne breakfast among a small group of friends. Are you coming, too?

Am Hochzeitstag findet vormittags ein Sektfrühstück in kleinem Freundeskreis statt. Werden Sie auch anwesend sein?

This drink is so refreshing because it's made up from exotic fruits and champagne.

Dieses Getränk ist deshalb so erfrischend, weil es aus exotischen Früchten und Sekt besteht.

There is a large assortment of spirits, mineral waters, wines and champagnes in the bar supply of

In der Minibar unseres Hotelzimmers ist eine große Auswahl an Spirituosen, Mineralwässern,

our hotel room. Should I put a bottle of champagne in the champagne bucket to cool?

Weinen und Sekten. Soll ich eine Flasche Sekt im Sektkübel kalt stellen?

11.2.2 Beer

11.2.2 Bier

When I'm really thirsty I prefer a good beer.

Für den großen Durst ziehe ich ein gutes Bier vor.

I'm particularly fond of the taste of dark beer. Would you like to try a glass too?

Besonders gut schmeckt mir dunkles Bier. Möchten Sie auch ein Glas probieren?

I always drink English pale ale at home, but I find German beer more refreshing.

Zu Hause trinke ich immer englisches „pale Ale" (ein helles obergäriges Bier), aber ich finde die deutschen Biere erfrischender.

A beer would go best with this hearty meal.

Zu diesem herzhaften Essen sollte man ein Bier trinken.

Is beer served in all restaurants here?

Wird Bier hier in allen Restaurants ausgeschenkt?

In the United States beer is only served in restaurants that have an official licence (U.S.: license).

In den Vereinigten Staaten wird Bier nur in den Restaurants ausgeschenkt, die eine behördliche Genehmigung haben.

I like draught (U.S.: draft) beer best of all, but one also gets good bottled beer in this pub (U.S.: bar).

Bier vom Faß trinke ich am liebsten. Man bekommt in diesem Lokal aber auch gutes Flaschenbier.

Actually, I'm not much of a beer drinker.

Ich bin eigentlich kein großer Biertrinker.

11.2.3 Spirits

11.2.3 Spirituosen

May I offer you something to drink, a cognac, calvados or Scotch perhaps?

Darf ich Ihnen etwas zu trinken anbieten? Vielleicht Cognac, Calvados oder Scotch?

I'm going to have a sherry before the meal. Would you like to join me?

Ich trinke vor dem Essen einen Sherry. Darf ich Ihnen auch ein Glas anbieten?

Perhaps the ladies would rather have a liqueur. I have cherry brandy, raspberry or banana liqueur here.

Vielleicht trinken die Damen lieber einen Likör. Ich habe Kirsch-, Himbeer- und Bananenlikör da.

If you have a benedictine brandy, I'd prefer that.

Wenn Sie einen Benedictine haben, würde ich lieber den trinken.

Would you like some bitters to round off the meal?

Möchten Sie als Abschluß einen Magenbitter?

I can also make you a cocktail if you'd prefer.

Ich kann auch einen Cocktail für Sie machen, wenn Sie das lieber trinken.

I'll have my whisky on the rocks.

Ich trinke den Whisky auf Eis.

A cooler is a good thirst quencher. It's made up of ice, sugar and lemon juice as well as whisky or gin.

Ein „Cooler" ist ein guter Durstlöscher. Dafür benötigt man Eis, Zucker, Zitronensaft sowie Whisky oder Gin.

I'd like a refreshing drink that's not too strong.

Ich möchte ein erfrischendes Getränk, das nicht zuviel Alkohol enthält.

This drink will get your appetite going.

Dieses Getränk regt den Appetit an.

I'd like something refreshing to drink. Which cocktail drink would you recommend?

Ich möchte etwas Erfrischendes trinken. Welchen Cocktail würden Sie mir empfehlen?

11.2.4 Soft Drinks

11.2.4 Alkoholfreie Getränke

I'm really quite thirsty. Shall we buy something to drink?

Ich habe großen Durst, sollen wir etwas zu trinken kaufen?

I've got orange juice, lemonade and soda at home, but if you want we can have something to drink in this ice-cream parlour.

Zu Hause habe ich Orangensaft, Limonade und Soda, aber wenn Sie Lust haben, können wir in dieser Eisdiele etwas trinken.

I prefer drinking plain mineral water to quench my thirst.

Am liebsten trinke ich Mineralwasser ohne Geschmack oder Zucker, um meinen Durst zu löschen.

During the summer we drink a lot of lemonade or grapefruit juice, since both are very refreshing drinks.

Während des Sommers trinken wir viel Limonade oder Grapefruitsaft, da beides sehr erfrischende Getränke sind.

This salty food makes me thirsty. Do you think I could have some lemonade?

Das salzige Essen macht mich durstig. Haben Sie eine Zitronenlimonade für mich?

This cafe has a good selection of beverages. Can you suggest a

Dieses Café hat eine lange Getränkekarte. Können Sie mir ein

drink that's thirst-quenching and not too sweet?

Getränk vorschlagen, das durstlöschend und nicht übermäßig süß ist?

There is a drink dispenser in this building where you can get cola and juice. Shall I bring you a drink?

In diesem Gebäude gibt es einen Getränkeautomaten für Cola und Säfte. Soll ich ein Getränk für Sie mitbringen?

Yes, I'd like a sugarfree lemonade.

Ja, ich möchte eine Diätlimonade ohne Zucker.

11.2.5 Coffee, Tea

11.2.5 Kaffee, Tee

What do you prefer – coffee or tea?

Was trinken Sie lieber – Kaffee oder Tee?

I prefer coffee in the morning.

Morgens trinke ich lieber Kaffee.

How do you like your coffee?

Wie mögen Sie Ihren Kaffee?

I take my coffee black.

Ich trinke meinen Kaffee schwarz.

Just milk, please.

Nur mit Milch, bitte.

I take milk and sugar.

Ich nehme Milch und Zucker.

I like my coffee strong.

Ich bevorzuge starken Kaffee.

We often have decaffeinated coffee in the afternoon.

Wir trinken nachmittags oft koffeinfreien Kaffee.

I could do with a strong espresso coffee at the moment.

Im Moment könnte ich einen starken Espresso gebrauchen.

Would you like to come to tea tomorrow?

Möchten Sie morgen zum Tee kommen?

Do you take milk or lemon in your tea?

Nehmen Sie Milch oder Zitrone in Ihren Tee?

Could I have another cup of tea, please?

Darf ich um noch eine Tasse Tee bitten?

How long does the tea have to draw (U.S.: steep)?

Wie lange muß der Tee ziehen?

This is the best tea I've ever tasted.

Dies ist der beste Tee, den ich je probiert habe.

11.3 MEALS

11.3 MAHLZEITEN

11.3.1 Breakfast

11.3.1 Frühstück

We generally have breakfast at around 7 o'clock, but tomorrow

Meistens frühstücken wir um 7 Uhr, wir werden jedoch morgen

we're having breakfast later than usual.	später als gewöhnlich frühstükken.
Shall we have breakfast together tomorrow?	Sollen wir morgen zusammen frühstücken?
I find breakfast the most pleasant meal of the day. I always appreciate a good breakfast with a large assortment of fresh, crisp rolls.	Das Frühstück ist für mich die schönste Mahlzeit des Tages. Ich schätze ein gutes Frühstück mit einer großen Auswahl an frischen, knusprigen Brötchen.
We should take advantage of this beautiful summer morning and have breakfast on the balcony.	Wir sollten diesen schönen Sommermorgen ausnutzen und auf dem Balkon frühstücken.
That's a good idea. I normally only have toast and coffee for breakfast, but this fresh morning breeze has made me feel like something more substantial.	Das ist eine gute Idee. Normalerweise nehme ich nur Toast und Kaffee zum Frühstück, aber diese frische Morgenluft hat mir Appetit auf etwas Herzhaftes gemacht.
What would you like for breakfast this morning?	Was möchten Sie heute zum Frühstück?
Do you like fruit juice?	Mögen Sie Fruchtsaft?
Yes, I'll have a glass of orange juice.	Ja, ich trinke ein Glas Orangensaft.
I always need lots of coffee in the morning to wake up fully.	Um richtig wach zu werden, brauche ich morgens viel Kaffee.
That's no problem. I've already made a pot of strong coffee.	Das ist kein Problem, ich habe schon eine Kanne starken Kaffee gefiltert.
There are plenty of fresh rolls, please help yourself.	Es sind reichlich frische Brötchen da, bitte bedienen Sie sich.
Would you like a poppy-seed roll, or would you rather have rye-bread?	Wollen Sie ein Mohnbrötchen oder nehmen Sie lieber Roggenbrot?
We have home-made jam, honey and fresh sliced sausage (U.S.: cold cuts). What would you like?	Wir haben Konfitüre, Honig und frischen Aufschnitt. Was möchten Sie?
I don't usually eat ham for breakfast. I'll have a little butter and jam with my bread.	In der Regel esse ich keinen Schinken zum Frühstück. Ich nehme etwas Butter und Konfitüre auf meinem Brot.
During the week I haven't much time for breakfast. I often just have muesli or toast.	Wochentags habe ich nicht viel Zeit für das Frühstück. Oft esse ich nur Müsli oder Toast.
How would you like your egg – hard or soft-boiled?	Wie möchten Sie Ihr Ei, hart- oder weichgekocht?
Have you ever had French toast? In America the roasted bread	Haben Sie schon „French Toast" gegessen? In Amerika werden die

slices are eaten with bacon and plenty of maple sirup.

gerösteten Brotschnitten mit Frühstücksspeck und viel Ahornsirup gegessen.

The breakfast buffet in this restaurant is to be recommended. Pancakes, bacon, sausage, doughnuts, scrambled eggs, fresh rolls and butter are all available at moderate prices. In addition you can eat as much as you want without paying extra.

Das Frühstücksbuffet in diesem Restaurant ist empfehlenswert. Pfannkuchen, Frühstücksspeck, Wurst, „Doughnuts“, Rührei, frische Brötchen und Butter werden preiswert angeboten. Außerdem kann man soviel essen wie man will, ohne extra zu bezahlen.

I don't like eating sweet things for breakfast.

Ich esse nicht gerne süße Speisen zum Frühstück.

The melon wedges are served with a yoghurt sauce and are very refreshing.

Die Melonenspalten werden mit einer Joghurtsauce serviert und sind sehr erfrischend.

11.3.2 Lunch

11.3.2 Mittagessen

When do you generally have your main meal?

Wann nehmen Sie gewöhnlich Ihre Hauptmahlzeit ein?

I usually have a hot meal at around one o'clock.

Ich bin es gewohnt, gegen ein Uhr eine warme Mahlzeit zu mir zu nehmen.

We usually have a hot meal in the evening.

Wir essen in der Regel abends eine warme Mahlzeit.

What's for lunch today?

Was essen wir heute zu Mittag?

Lunch is ready.

Das Mittagessen ist fertig.

We're having a very plain lunch today.

Unser Mittagessen ist heute sehr einfach.

We usually start off lunch with a soup.

Wir essen meistens eine Suppe zum Beginn des Mittagessens.

What kind of soup is this? The aroma is getting my appetite going.

Was für eine Suppe ist das? Das Aroma ist appetitanregend.

The soup doesn't have any real name. I make it myself and vary the ingredients every time.

Die Suppe hat keinen richtigen Namen, ich mache sie selber und variiere die Zutaten jedesmal.

Would you like some more soup? – Yes, please. I'd love some. I appreciate a home-cooked meal.

Nehmen Sie noch von der Suppe? – Danke, gerne. Ich weiß ein hausgemachtes Essen zu schätzen.

Would you like another slice of roast?

Darf ich Ihnen noch etwas von dem Braten servieren?

I'm not very hungry. Please give me just a small piece.

Ich habe nicht viel Appetit. Geben Sie mir bitte nur ein kleines Stück.

You'll take the rest of the mashed potatoes, won't you?	Sie nehmen bestimmt noch den Rest vom Kartoffelbrei.
No thanks. I'm not eating very much because I'm on a diet.	Nein danke, ich esse nicht sehr viel, weil ich Diät halte.
The fish casserole is very tasty, but I really can't eat any more.	Der Fischauflauf ist sehr schmackhaft, ich kann jedoch wirklich nichts mehr essen.
Please pass me the salt and pepper.	Reichen Sie mir bitte Salz und Pfeffer.
You've given me a very large portion. I won't have room for dessert.	Sie haben mir eine sehr große Portion gegeben. Ich werde keinen Appetit mehr für den Nachtisch haben.
This has been a delicious meal.	Es war ein köstliches Essen.
I hope you can manage dessert.	Ich hoffe, Sie können noch den Nachtisch essen.
You must try this trifle. It's made of cream, sherry, fruit and cake.	Sie müssen dieses „Trifle" probieren. Es besteht aus Sahne, Sherry, Obst und Kuchen.
The trifle is excellent.	Das „Trifle" schmeckt ausgezeichnet.
Are you sure I can't tempt you to have some more?	Kann ich Sie nicht überreden, noch etwas zu nehmen?
Oh all right, I can't resist.	Na ja, gut. Ich kann doch nicht widerstehen.
Give me just a small piece of cake, please.	Geben Sie mir bitte nur ein kleines Stück Torte.
We are having fresh fruit for dessert.	Als Nachtisch gibt es frisches Obst.
My compliments to the chef for an excellent meal.	Ich kann den Koch für die Zubereitung dieses ausgezeichneten Essens nur loben.

11.3.3 Evening Meal / 11.3.3 Abendessen

It's time for supper. Would you like to stay for the meal? We're going to prepare a bite to eat.	Es ist Zeit für das Abendessen. Wollen Sie zum Essen bleiben? Wir werden eine Kleinigkeit vorbereiten.
Yes, but don't go to any trouble on my account.	Ja, machen Sie jedoch meinetwegen keine Umstände.
I've got quite an appetite. I'd like to have a hot meal this evening, perhaps some soup or an omelette.	Ich habe großen Hunger und möchte heute abend eine warme Mahlzeit einnehmen, vielleicht eine Suppe oder ein Omelett.

I suggest that we go for a pizza. There's an Italian restaurant not far from here.

Ich schlage vor, daß wir eine Pizza essen gehen. Ich weiß ein italienisches Restaurant nicht weit von hier.

In the evening we usually just have sliced sausage (U.S.: cold cuts) and fresh bread, sometimes with lettuce or curd.

Abends essen wir meistens nur kalten Aufschnitt mit frischem Brot, manchmal mit einem Gartensalat oder mit Quark.

Help yourself to the sliced roast beef.

Nehmen Sie von dem aufgeschnittenen Roastbeef.

I'm not very hungry. I'll just have a slice of bread with ham.

Ich habe nicht viel Hunger, deshalb nehme ich nur eine Scheibe Brot mit Schinken.

Here are some different types of cheese: Gouda, Emmental and Brie.

Hier sind verschiedene Käsesorten wie Gouda, Emmentaler und Brie.

The sandwiches that you've prepared look very appetizing.

Die belegten Brote, die Sie vorbereitet haben, sehen sehr appetitlich aus.

As I've got to watch my weight I never eat high-calorie food in the evening.

Da ich auf mein Gewicht achten muß, esse ich abends nie sehr kalorienreiche Speisen.

During the day I have neither the time nor the opportunity to eat something hot.

Tagsüber habe ich weder Zeit noch Gelegenheit, etwas Warmes zu essen.

12. Leisure Time / *12. Freizeit*

12.1 HOBBIES / 12.1 HOBBYS

Have you got a hobby?

Haben Sie ein Hobby?

What hobbies have you got?

Welche Hobbys haben Sie?

I make pottery and paint in my spare time.

Ich töpfere und male in meiner Freizeit.

Do you go to courses for this?

Besuchen Sie Kurse dafür?

Yes, and I've also got books which contain valuable suggestions for beginners and advanced learners.

Ja, und außerdem habe ich Bücher, die wertvolle Hinweise für Anfänger und Fortgeschrittene enthalten.

This evening we've been invited to my brother's. He is a keen cook.

Heute abend sind wir bei meinem Bruder eingeladen. Er ist ein Hobbykoch.

He always says that he doesn't do his job for the money but as a hobby.

Er behauptet immer, daß für ihn die Arbeit kein Broterwerb, sondern ein Hobby sei.

What significance do your hobbies have for you?

Welchen Sinn haben Ihre Hobbys für Sie?

That I come into contact with people who have the same interests as I have.

Daß ich Kontakt zu Leuten bekomme, die dieselben Interessen wie ich haben.

I prefer hobbies that are not as expensive as riding and gliding.

Ich bevorzuge Hobbys, die nicht so kostspielig sind wie gerade Reiten und Segelfliegen.

12.2 SPORTS

12.2 SPORT

Are you interested in sports?

Interessieren Sie sich für Sport?

Yes, I'm interested in most kinds of sports and am myself a keen sportsman (sportswoman).

Ja, ich interessiere mich für die meisten Sportarten und bin selber begeisterter Sportler (begeisterte Sportlerin).

What kind of sport do you go in for?

Welchen Sport treiben Sie?

I play tennis and jog.

Ich spiele Tennis und jogge.

Because running is the most natural kind of sport?

Weil Laufen die natürlichste Sportart ist?

Yes, and because the gear is so inexpensive.

Ja, und weil die Ausrüstung so wenig kostet.

Of course one has to train regularly.

Man muß natürlich regelmäßig trainieren.

Would you like to go to the match with us next Saturday?

Hätten Sie Lust, am nächsten Samstag mit ins Stadion zu gehen?

Are you certain that the game hasn't been cancelled?

Sind Sie sich sicher, daß das Spiel nicht abgesagt worden ist?

Which teams are playing against each other?

Welche Mannschaften spielen denn gegeneinander?

The team at the top of the table is playing against the team at the bottom.

Der Tabellenerste spielt gegen den Tabellenletzten.

Then there's no doubt about who's going to win.

Dann ist wohl auch klar, wer gewinnt.

It is a home game.

Es ist ein Heimspiel.

The score is two one.

Das Spiel steht zwei zu eins.

It was a bad match. The teamwork left a lot to be desired.

Es war ein schlechtes Spiel. Das Zusammenspiel ließ zu wünschen übrig.

Our team played well in the last match but missed several good chances.

Beim letzten Spiel hat unsere Mannschaft gut gespielt, aber einige günstige Gelegenheiten verpaßt.

They played better in the second half than in the first. Sie spielten in der zweiten Halbzeit besser als in der ersten.

But it's also worth remembering that our team has a number of inexperienced players in important positions. Man muß eben auch berücksichtigen, daß unsere Mannschaft auf wichtigen Positionen eine ganze Anzahl unerfahrener Spieler hat.

He was not in very good form today. Er war heute in keiner sehr guten Form.

If he had played on our side we might have won. Wenn er für uns gespielt hätte, hätten wir vielleicht gewonnen.

The team has a good chance of winning. They've got a really good defence (U.S.: defense). Die Mannschaft hat gute Aussichten zu gewinnen. Sie hat eine hervorragende Verteidigung.

He plays like a professional. You wouldn't think that he is an amateur. Er spielt wie ein Profi. Man sollte nicht meinen, daß er Amateur ist.

We have a good team representing us at the world championship. Bei der Weltmeisterschaft sind wir mit einer guten Mannschaft vertreten.

Will you be going to the Olympic Games next time? Fahren Sie nächstes Mal zu den Olympischen Spielen?

12.2.1 Soccer — 12.2.1 Fußball

When is England's next international match due to take place? Wann trägt England sein nächstes Länderspiel aus?

Players can play their way into the national side by good performances in league matches. Durch gute Leistungen in den Punktspielen empfehlen sich viele Spieler für die Nationalmannschaft.

He is one of the best football coaches in the country, and his team blend together really well. Er ist einer der besten Fußballtrainer im Lande, und seine Leute spielen ausgezeichnet zusammen.

That was a terrific shot, but it unfortunately went just wide. Das war ein prächtiger Schuß, der aber leider das Tor knapp verfehlte.

The goalkeeper missed the ball. Der Torwart verfehlte den Ball.

The forwards didn't get a shot in. Die Stürmer hatten Ladehemmung.

Our best forward will be sidelined for the rest of the season because of an injury. Unser bester Stürmer fällt wegen einer Verletzung für den Rest der Spielzeit aus.

The sweeper scored an own goal.
Der Libero erzielte ein Eigentor.

The linesman adjudged the ball to be out of play.
Der Linienrichter hatte den Ball im Aus gesehen.

Instead of a penalty we were only given a corner.
Statt eines Elfmeters bekamen wir nur einen Eckball zugesprochen.

We won the game with a goal from a free kick.
Wir gewannen das Spiel durch ein Freistoßtor.

The referee's decisions in this match are disputable.
Über die Entscheidungen des Schiedsrichters in diesem Spiel läßt sich streiten.

He can outjump all the others and picks up most of the crosses.
Er kann höher als alle anderen springen und fängt die meisten Flanken ab.

The ball went just wide of the goalpost.
Der Ball ging nur knapp am Pfosten vorbei.

He excelled in midfield with his long passes.
Er glänzte im Mittelfeld durch lange Pässe.

He took on too many players and lost the ball.
Er dribbelte zu lange und verlor den Ball.

12.2.2 Tennis

12.2.2 Tennis

Tennis is played on hard courts and grass courts.
Tennis wird auf Hart- und Grasplätzen gespielt.

A match is played over the best of three or five sets.
Ein Match geht über zwei oder drei Gewinnsätze.

Leg work is just as important as the position of the racket and the basic strokes.
Die Beinarbeit ist ebenso wichtig wie die Schlägerhaltung und die Grundschläge.

His forehand is very strong, but his backhand will have to get better.
Seine Vorhand ist sehr stark, seine Rückhand müßte jedoch verbessert werden.

After every service (U.S.: serve) he immediately runs up to the net, and because of this he is often passed.
Er geht nach jedem Aufschlag sofort ans Netz, wird deshalb aber häufig passiert.

His smashes are not precise enough.
Seine Schmetterbälle sind nicht präzise genug.

His return was on the line, but the umpire decided after consulting the linesman that the ball was out.
Sein Return war auf der Linie, der Schiedsrichter gab den Ball jedoch nach Befragen des Linienrichters aus.

Most of his volleys and half volleys landed in the net.

Die meisten seiner Flug- und Halbflugbälle landeten im Netz.

The women's singles and women's doubles in the tennis tournament were decided yesterday; the finals of the men's singles and doubles will be held today and the final of the mixed doubles is scheduled for tomorrow.

Das Dameneinzel und das Damendoppel des Tennisturniers wurden bereits gestern entschieden, die Entscheidung im Herreneinzel und Herrendoppel fällt heute, und das Endspiel im Mixed ist für morgen angesetzt.

12.2.3 Track-and-Field Athletics

12.2.3 Leichtathletik

How many days do the track-and-field championships last?

Über wie viele Tage erstrecken sich die Leichtathletikmeisterschaften?

They cover a period of three days: the first day is devoted primarily to the field events; the javelin, the shot put, the discus and the hammer. On the second day it will be mainly jumping competitions that are held: the long jump, the triple jump, the high jump and the pole-vault. The final day is reserved for the running events.

Über drei: Am ersten Tag werden vor allem die technischen Disziplinen entschieden, also Speerwerfen, Kugelstoßen, Diskuswerfen und Hammerwerfen. Am zweiten Tag finden hauptsächlich Sprungwettbewerbe statt, Weitsprung, Dreisprung, Hochsprung und Stabhochsprung. Der Schlußtag ist den Laufwettbewerben vorbehalten.

The favourite (U.S.: favorite) in the pole vault failed to clear the starting height three times and was eliminated.

Der Favorit im Stabhochsprung riß dreimal die Anfangshöhe und schied aus.

An outsider cleared the new record height with his second attempt.

Ein Außenseiter übersprang die neue Rekordhöhe im zweiten Versuch.

Why is the judge raising the red flag?

Warum hebt der Sprungrichter die rote Fahne?

The jumper seems to have overstepped the board.

Der Springer scheint übergetreten zu sein.

Two relay teams had to be disqualified. The first runner of one of the teams ran out of the exchange zone and the anchor man of the other team lost the baton.

Zwei Staffeln mußten disqualifiziert werden. Bei der einen hatte der Startläufer den Wechselraum überlaufen, bei der anderen hatte der Schlußläufer den Stab verloren.

Good 400-metre (U.S.: meter) hurdlers can also start in 400-metre flat races.

Gute 400-Meter-Hürdenläufer können auch über 400 Meter flach starten.

The leading runner in the 3,000-metre steeplechase stumbled at the water jump and fell far behind.

Der Führende im 3000-Meter-Hindernislauf stolperte am Wassergraben und fiel weit zurück.

12.2.4 Swimming

12.2.4 Schwimmen

Are you in a swimming club? You're a really good swimmer.

Sind Sie in einem Schwimmverein, weil Sie so gut schwimmen können?

No, I taught myself.

Nein, ich habe es mir selbst beigebracht.

Would you like to go and see the swimming competition next Saturday?

Hätten Sie Lust, sich das Wettschwimmen am nächsten Sonntag anzusehen?

Yes, but I'm particularly interested in the crawl and butterfly events; the breaststroke and backstroke are of less interest to me.

Ja, aber mich interessieren besonders die Wettbewerbe im Kraulen und Delphinschwimmen; Brust- und Rückenschwimmen interessiert mich weniger.

The medley swimmer improved his lead with a good turn.

Der Lagenschwimmer hat durch eine gute Wende seinen Vorsprung noch weiter ausgebaut.

After a neck-and-neck race our freestyle team finished narrowly ahead.

Nach einem Kopf-an-Kopf Rennen lag unsere Freistilstaffel beim Anschlag ganz knapp vorn.

Will the diving competitions be held within the framework of the championships?

Werden im Rahmen der Meisterschaften auch die Wettbewerbe im Wasserspringen ausgetragen?

Yes, from the tower as well as the board.

Ja, sowohl die vom Turm als auch vom Brett.

12.2.5 Skiing and Ski Jumping

12.2.5 Skilaufen und Skispringen

Wouldn't you like to visit us in January? Near where we live there are good facilities for skiing and

Hätten Sie nicht Lust, im Januar zu uns zu kommen? Bei uns gibt es Gelegenheit zum Skilaufen und

cross-country skiing. In addition we could get tickets for the world championships in skiing.	Langlaufen. Wir könnten uns außerdem Karten für die Skiweltmeisterschaften besorgen.
Yes, I'd love to. Are the Alpine and Nordic disciplines being held near you?	Ja, sehr gerne. Werden die alpinen und die nordischen Disziplinen bei Ihnen ausgetragen?
Only the Alpine disciplines, the downhill race, giant slalom and special slalom.	Nur die alpinen, also Abfahrtslauf, Riesenslalom und Spezialslalom.
That's a pity, you see I'm very interested in ski jumping and cross country skiing.	Schade, ich interessiere mich nämlich sehr für Skispringen und Langlauf.
The downhill race is degenerating more and more into a dangerous competition at breakneck speeds. Speeds of well over 100 kilometres an hour are reached, especially on the final schuss.	Der Abfahrtslauf artet immer mehr zu einem gefährlichen Hochgeschwindigkeitswettbewerb aus. Vor allem im Zielschuß werden Geschwindigkeiten von weit über 100 km/h erreicht.
Many skiers gain a lot of time on the steep slopes, which they lose again on the gliding sections.	Manche Läufer gewinnen in den Steilhängen sehr viel Zeit, die sie in den Gleitpassagen wieder verlieren.
Our best slalom skier caught an edge, straddled a gate and because of this mistake was disqualified.	Unser bester Slalomfahrer verkantete, fädelte ein und wurde wegen dieses Torfehlers disqualifiziert.
Not only the distance but also the posture is evaluated in ski jumping; the telemark landing is above all very important for the evaluation.	Beim Skispringen wird nicht nur die Weite, sondern auch die Haltung gewertet; vor allem der Telemarkaufsprung ist für die Bewertung sehr wichtig.
Many jumpers have problems with this ski-jump.	Viele Springer kommen mit dieser Schanze nicht zurecht.
He managed the take-off at exactly the right moment and in this way scored the greatest distance in the second round.	Er erwischte den Absprung ganz genau und erzielte dadurch im zweiten Durchgang die größte Weite.
Waxing plays a very important role in cross country skiing.	Beim Langlauf spielt die Wachsfrage eine große Rolle.
Because of heavy snowfall the cross country skiing track had to be redone.	Wegen der starken Schneefälle mußte die Loipe neu gespurt werden.

12.3 RADIO, TELEVISION

12.3 RADIO, FERNSEHEN

Have you got a colour (U.S.: color) television set?	Haben Sie einen Farbfernseher?
No, I've got a black and white television set.	Nein, ich habe einen Schwarzweißfernseher.
Because I'm a music lover I'd like to buy a stereo television.	Da ich ein Musikliebhaber bin, möchte ich ein Fernsehgerät mit Stereoton kaufen.
Radio is losing even more listeners, especially in the evenings.	Besonders beim Abendprogramm verliert der Hörfunk noch mehr Zuhörer.
But hasn't radio become more attractive of late through the introduction of new programmes (U.S.: programs)?	Aber der Hörfunk wurde doch in letzter Zeit wieder attraktiver durch neue Programme.
Yes, that's right. I have also bought myself a portable radio cassette recorder.	Ja, das stimmt. Ich habe mir auch einen tragbaren Radio-Cassetten-Recorder zugelegt.
I have a car radio because I am on the road very often on business and the traffic announcements are very important for me.	Ich habe ein Autoradio, weil ich beruflich sehr viel unterwegs bin und für mich die Verkehrsdurchsagen wichtig sind.
I've got a stereo unit at home.	Zu Hause habe ich eine Stereoanlage.
With a stereo one is tempted to turn the volume up full.	Mit einer Stereoanlage ist man versucht, die Lautstärke voll aufzudrehen.
Haven't you had difficulties with your neighbours (U.S.: neighbors) because of that?	Haben Sie deswegen noch keine Schwierigkeiten mit Ihren Nachbarn bekommen?
Yes, I have, and that's why I bought myself headphones. Now I can play my favourite (U.S.: favorite) music as loud as I want without disturbing the neighbours.	Doch, ich habe mir deswegen Kopfhörer angeschafft. Jetzt kann ich meine Lieblingsmusik so laut hören, wie ich will, und meine Nachbarn werden nicht gestört.
We can pick up all the stations with our new communal aerial (U.S.: antenna).	Mit unserer neuen Gemeinschaftsantenne können wir alle Programme empfangen.
It's not worth repairing your television set any more, because the picture tube is broken.	Bei Ihrem Fernseher lohnt sich keine Reparatur mehr, weil die Bildröhre kaputt ist.
Do you also find that the television	Finden Sie auch, daß das Fernseh-

programmes (U.S.: programs) have got worse lately?	programm in letzter Zeit schlechter geworden ist?
Yes, that's probably because it's almost exclusively entertainment and sports programmes (U.S.: programs) that are shown during the prime broadcasting time because they have the highest audience ratings.	Ja, das liegt wohl daran, daß in der Hauptsendezeit beinahe nur noch reine Unterhaltungs- und Sportprogramme ausgestrahlt werden, weil sie die höchsten Einschaltquoten haben.
Entertainment and documentary programmes (U.S.: programs) aimed at a more discriminating audience have been pushed into late-night spots, even though television should chiefly serve the purpose of information and communication.	Die anspruchsvolleren Unterhaltungs- und Informationssendungen sind ins Spätprogramm abgedrängt worden, obwohl das Fernsehen hauptsächlich der Information und Kommunikation dienen sollte.
All TV stations put together a daily news programme (U.S.: program).	Alle Sender stellen täglich ein Nachrichtenprogramm zusammen.
Educational television is reserved for the regional broadcasters.	Das Bildungsfernsehen ist den Regionalprogrammen vorbehalten.
In addition to the BBC there is in Britain the commercial broadcasting company ITV (Independent Television), which is financed by advertising.	Neben der BBC gibt es in Großbritannien noch den kommerziellen Sender ITV, der durch Werbung finanziert wird.
The basic types of television programme (U.S.: program) are the same as on the radio: news, reports and entertainment.	Die Grundtypen der Sendungen beim Fernsehen sind wie beim Hörfunk: Nachricht, Bericht und Unterhaltung.
Television complements other forms of the media, for example, radio and the daily press.	Das Fernsehen ergänzt andere Medien, wie zum Beispiel Hörfunk und Tagespresse.
The technique of telecommunication satellites makes possible simultaneous reporting in sound and picture from almost any part of the world.	Die Technik der Fernmeldesatelliten erlaubt eine gleichzeitige Berichterstattung in Ton und Bild von beinahe jedem Punkt der Erde.
Pilot projects for cable television are currently under way in several large cities. These projects are threatening to break through the traditional structure of public law broadcasting corporations in the Federal Republic of Germany.	Gegenwärtig laufen in mehreren Großstädten Pilotprojekte des Kabelfernsehens an. Diese Projekte drohen die öffentlich-rechtliche Rundfunkstruktur in der Bundesrepublik Deutschland zu durchbrechen.

Cable television is to be funded not only from commercials but also from the television licence (U.S.: license) fees.

Für das Kabelfernsehen sollen nicht nur Mittel aus der Werbung, sondern auch aus den Rundfunkgebühren bereitgestellt werden.

Most of the programmes on TV are American productions. Only very few are commissioned.

Das Programmangebot des Fernsehens besteht zum größten Teil aus amerikanischen Produktionen und nur zu einem geringen Teil aus Auftragsproduktionen.

It's often more economical for the TV companies to buy foreign productions than to develop their own.

Es ist für die Fernsehanstalten oft kostengünstiger, ausländische Produktionen zu übernehmen als eigene zu entwickeln.

12.4 MUSIC

12.4 MUSIK

12.4.1 Easy Listening

12.4.1 Unterhaltungsmusik

What type of music do you like best?

Welche Art Musik hören Sie am liebsten?

I'm fond of popular hits, disco music and I'm particularly keen on American country music, but I don't think much of electronic music.

Ich mag Schlager, Discomusik und ganz besonders amerikanische Countrymusik. Ich halte jedoch nicht viel von elektronischer Musik.

I'm a fan of country music, too, and have a lot of records that might interest you. I'd be happy to lend you some of them, if you like.

Ich bin auch ein Anhänger von Countrymusik und habe viele Schallplatten, die Sie vielleicht interessieren. Ich würde Ihnen gerne welche leihen, wenn Sie möchten.

I often listen to the English hit parade on the radio.

Ich höre oft die englische Hitparade im Radio.

This popular English song has also been recorded in German. – Really? I haven't heard the German version yet.

Dieses beliebte englische Lied wurde auch in deutscher Sprache aufgenommen. – Wirklich? Ich habe die deutsche Version noch nicht gehört.

By the way, do you play a musical instrument?

Übrigens, spielen Sie ein Musikinstrument?

No, I used to play the piano, but then I gave it up because I didn't have time to practise (U.S.: practice).

Nein, früher habe ich Klavier gespielt, aber es dann aufgegeben, weil ich nicht mehr zum Üben gekommen bin.

I like the way you play the guitar. Did you teach yourself?

Ich mag Ihr Gitarrespiel. Haben Sie es sich selbst beigebracht?

No, I took lessons from a guitar teacher for two years. But learning

Nein, zwei Jahre lang habe ich Unterricht bei einem Gitarreleh-

classical guitar was too difficult for me.

rer genommen. Klassische Gitarre zu erlernen war mir allerdings zu schwer.

Do you sing, too?

Singen Sie auch?

Yes, but my repertoire isn't particularly large. I know more folk songs than hits by our German song writers.

Ja, aber mein Repertoire ist nicht besonders groß. Ich kenne mehr Volkslieder als Schlager unserer deutschen Schlagerkomponisten.

The new light music doesn't mean much to me. At best, I still go to jazz concerts.

Ich kann mit der neuen Unterhaltungsmusik nur sehr wenig anfangen. Allenfalls gehe ich noch in Jazzkonzerte.

I'm glad that your taste in music seems to correspond with mine.

Ich freue mich, daß Ihr Musikgeschmack mit dem meinen übereinzustimmen scheint.

We'll have to buy tickets in advance at the box office for the jazz concert.

Für das Jazzkonzert müssen wir Karten an der Kasse im voraus kaufen.

This quartet plays modern jazz music. I find above all that the saxophone player masters his instrument to perfection.

Dieses Quartett spielt moderne Jazzmusik. Vor allem finde ich, daß der Saxophonist sein Instrument vollendet beherrscht.

Don't you agree that the singer has an excellent voice?

Meinen Sie nicht auch, daß der Sänger eine ausgezeichnete Stimme hat?

The female vocalist sang her well-known repertoire as well as some new songs, and the audience was delighted.

Die Sängerin trug ihr bekanntes Repertoire und auch neue Lieder vor, und die Zuhörer waren begeistert.

I like this song. It has a very catchy tune.

Ich mag dieses Lied. Es hat eine sehr gefällige Melodie.

That song doesn't really appeal to me.

Das Lied sagt mir wirklich nicht zu.

12.4.2 Serious Music

12.4.2 Ernste Musik

I am, of course, also interested in serious music, both classical and modern.

Ich interessiere mich natürlich auch für ernste Musik, klassische und moderne.

I get a lot of pleasure out of classical music. I am going to the

Ich habe viel Freude an klassischer Musik. Im Sommer werde

festival in summer. Are you also interested in classical music?	ich die Festspiele besuchen. Befassen Sie sich auch mit klassischer Musik?
I always thoroughly enjoy listening to this musician's piano concerts.	Ich höre mir die Klavierkonzerte dieses Musikers immer mit Begeisterung an.
He is a brilliant pianist.	Er ist ein hervorragender Klavierspieler.
The pianist gained an international reputation for his brilliant interpretation of Beethoven's later piano sonatas.	Der Pianist ist durch seine geniale Interpretation von Beethovens späten Klaviersonaten berühmt geworden.
I must buy the records of that. I wonder if they are available in a more reasonably priced box set?	Ich muß mir die Schallplatten besorgen. Vielleicht gibt es sie in einer preisgünstigeren LP-Kassette?
I'm afraid I haven't got an ear for twelve-tone music.	Ich kann mit der Zwölftonmusik leider nichts anfangen.
I've got no time for experimental music.	Für die experimentelle Musik habe ich nichts übrig.
This pianist has an especially soft touch which harmonizes very well with his emotional approach to playing.	Dieser Pianist hat einen besonders weichen Anschlag, der sehr gut mit seinem verinnerlichten Spiel harmoniert.
Our city has a famous symphony orchestra and it's worthwhile going to one of their performances.	Unsere Stadt hat ein berühmtes Sinfonieorchester, und es lohnt sich, in ein Konzert zu gehen.

12.4.3 Opera, Concert / 12.4.3 Oper, Konzert

Perhaps we could go to a concert tomorrow evening. The radio symphony orchestra is playing.	Vielleicht können wir morgen abend ins Konzert gehen. Es spielt das Rundfunk-Sinfonie-Orchester.
Do you think we'll still be able to get tickets?	Glauben Sie, daß man noch Karten bekommt?
Who is the soloist?	Wer ist denn der Solist?
Mr X, who, as you know, is an excellent violinist, is playing the violin concerto in E flat major by B.	X, der, wie Sie wissen, ein vorzüglicher Violinspieler ist, spielt das Violinkonzert in Es-Dur von B.
The most exciting moment for me	Für mich tritt der Augenblick

is when the conductor raises his baton and the applause in the audience subsides. höchster Spannung ein, wenn der Dirigent seinen Taktstock hebt, und der Applaus im Saal verebbt.

Do you also find that the orchestra plays well together? Finden Sie auch, daß das Orchester gut zusammenspielt?

The entry of the string instruments was sometimes inaccurate and the wind and percussion instruments came across too strongly on occasion. Die Einsätze der Streichinstrumente waren manchmal ungenau, und die Blas- und Schlaginstrumente drängten sich ein bißchen zu sehr in den Vordergrund.

The auditorium is designed for chamber music. Der Saal ist für Kammermusik eingerichtet.

The early, middle and later string quartets of the composer are to be played there this season. Dort sollen in dieser Saison die frühen, die mittleren und die späten Streichquartette dieses Komponisten gespielt werden.

The next piece is a quartet for piano, violin, viola and cello. Für das nächste Stück sind Klavier, Violine, Viola und Violoncello vorgesehen.

The violinist's performance was greeted by great applause from the audience. He plays expressively and with self-assurance. Der Geigenspieler hat großen Beifall vom Publikum geerntet. Er spielt ausdrucksvoll und selbstsicher.

A new production of this famous opera has its première this evening. Eine Neuinszenierung dieser berühmten Oper hat heute abend Premiere.

I have the entire opera on tape, but I'd like to see a live performance of it. Ich habe die gesamte Oper auf Tonband, möchte jedoch eine Live-Aufführung dieser Oper sehen.

The balcony seats have the best acoustics. Die Sitzplätze im zweiten Rang haben die beste Akustik.

This production of the opera promises to be a box-office success, as all the soloists have an international reputation. Diese Operninszenierung verspricht ein Kassenerfolg zu werden, da die Solisten alle internationalen Ruf haben.

Do you recognize the overture? It's very famous. Erkennen Sie die Ouvertüre? Sie ist sehr berühmt.

The soprano sang this difficult aria clearly and precisely. Der Sopran beherrschte diese schwierige Arie mit Klarheit und Präzision.

The baritone is a great favourite (U.S.: favorite) with the audience. Der Bariton steht immer in der Gunst des Publikums.

The audience did not hide its disappointment when the singer's voice turned out to be not as powerful as it should have been. Als der Sänger stimmliche Schwäche erkennen ließ, verbarg das Publikum seine Enttäuschung nicht.

The songs of the chorus were very impressive.

Die Lieder vom Chor waren sehr beeindruckend.

The magnificent setting with its many ingenious details contributed to the success of the performance.

Das grandiose Bühnenbild mit seinen vielen raffinierten Details trug zum Erfolg der Darbietung bei.

That was a superb performance that will certainly enjoy further success with audiences.

Das war eine glänzende Aufführung, die bestimmt weitere Publikumserfolge feiern wird.

The singers were given a standing ovation.

Das Publikum applaudierte den Sängern im Stehen.

On the whole I was very disappointed with this performance.

Alles in allem war ich von dieser Aufführung sehr enttäuscht.

12.5 THEATRE (U.S.: THEATER)

12.5 THEATER

There is a good show running at the theatre. I've booked four seats for next Saturday's performance.

Im Theater läuft eine gute Show. Ich habe für die Vorführung am nächsten Samstag vier Plätze reservieren lassen.

We have front row seats (or: seats in the dress circle, upper circle).

Wir haben unsere Sitze vorne in der ersten Reihe (oder: im ersten, zweiten Rang).

Seeing this play should be well worth our while. It has received excellent reviews.

Dieses Theaterstück soll wirklich sehenswert sein. Es hat ausgezeichnete Kritiken bekommen.

I'm looking forward to seeing tonight's performance. I've heard that the acting is superb.

Ich freue mich auf die Aufführung heute abend. Ich habe gehört, die schauspielerische Leistung soll großartig sein.

I'm not familiar with this play. I hope we'll be pleasantly surprised.

Das Theaterstück ist mir nicht bekannt. Ich hoffe, wir werden angenehm überrascht sein.

Are there still two tickets available for today's matinée?

Ist es noch möglich, zwei Karten für die heutige Nachmittagsvorstellung zu bekommen?

Are there any seats left for the rear stalls?

Gibt es noch Plätze im hinteren Parkett?

I'd like a seat in one of the boxes.

Ich möchte auf einem der Logenplätze sitzen.

Has anyone cancelled his or her booking for tonight?

Hat jemand für die heutige Abendvorstellung abgesagt?

There are only two seats available at £20.00 per ticket.	Es sind nur noch zwei Sitzplätze für £20 frei.
Haven't you got any cheaper seats? – I'm afraid that's all that I can offer you at the moment.	Haben Sie keine billigeren Plätze? Im Moment sind das leider die einzigen Plätze, die ich Ihnen anbieten kann.
When does the performance begin?	Wann fängt die Vorstellung an?
The usher will show us to our seats.	Der Platzanweiser wird uns zu unseren Plätzen bringen.
Shall we buy a programme (U.S.: program)?	Sollen wir uns ein Programm kaufen?
Let's buy something to drink during the interval.	Laß uns während der Pause etwas zu trinken kaufen.
The performance was a success. The actors were greeted by enthusiastic applause.	Die Vorführung war ein Erfolg. Die Schauspieler erhielten einen begeisterten Applaus.
This production has been very controversial and has created quite a stir.	Diese Inszenierung ist sehr umstritten und hat viel Aufsehen erregt.
The stage set was grandiose, but the acting left much to be desired.	Das Bühnenbild war sehr pompös, die schauspielerische Leistung ließ jedoch viel zu wünschen übrig.
Are the theatres in this country subsidized by the state?	Werden die Theater in diesem Land vom Staat subventioniert?
The programme for this season looks very promising. I think I'll buy season tickets.	Der Spielplan für diese Saison ist sehr vielversprechend. Ich glaube, ich werde mir ein Abonnement kaufen.
The world première of the play is next week. There will be a lot of prominent people in the audience.	Nächste Woche ist die Uraufführung des Stückes. Viele prominente Leute werden unter den Zuschauern sein.
An unknown actress is cast in the leading role.	Die Hauptrolle wird von einer unbekannten Schauspielerin gespielt.
This play has a well-known cast of actors.	Das Stück hat eine bekannte Besetzung.
The supporting actors did an admirable job, and sometimes they even almost stole the show.	Die Schauspieler in den Nebenrollen haben bewundernswert gespielt. Manchmal haben sie den Hauptdarstellern sogar fast die Schau gestohlen.
I was very impressed by the acting	Die schauspielerische Leistung

of the two leading actors.

der beiden Hauptdarsteller hat mich sehr beeindruckt.

This has been a very enjoyable evening. We must go to the theatre more often.

Dies war ein sehr unterhaltsamer Abend. Wir müssen öfter ins Theater gehen.

12.6 CINEMA, MOVIES

12.6 KINO

Let's go to the cinema this evening. There's a very good film on.

Gehen wir heute abend ins Kino. Es läuft ein sehr guter Film.

The film is very popular at the moment. We'll probably have to queue (U.S.: stand in line) to get in.

Der Film ist im Moment sehr populär. Wir werden wahrscheinlich an der Kasse Schlange stehen müssen.

What is your favourite (U.S.: favorite) type of film? – I like science fiction films and comedies best.

Welche Art von Film sehen Sie am liebsten? – Ich mag Science-fiction-Filme oder etwas Lustiges am liebsten.

What film is on at the cinema at the moment?

Welcher Film läuft momentan im Kino?

I've seen that film before. It's very entertaining.

Ich habe den Film schon gesehen. Er ist sehr unterhaltsam.

The film has received good reviews.

Der Film bekam gute Kritiken.

Would you like something to eat or drink before we sit down?

Möchten Sie etwas essen oder trinken, bevor wir uns hinsetzen?

Young people under 16 are not allowed to see this film.

Jugendliche unter 16 dürfen diesen Film nicht sehen.

12.6.1 Serious Films

12.6.1 Problemfilme

This director is well-known for his serious films. Most of his films are very critical of society.

Dieser Regisseur ist für seine Problemfilme bekannt. Die meisten seiner Filme sind sehr gesellschaftskritisch.

The main character's inner conflict is portrayed very sensitively.

Der innere Konflikt der Hauptperson ist sehr einfühlsam dargestellt.

It was a difficult part, but the actor played it very well.

Der Schauspieler überzeugte in dieser schwierigen Rolle.

The film paints a clear picture of how the characters become involved in a desperate situation

Der Film schildert sehr deutlich, wie die Charaktere in eine verzweifelte Situation verwickelt

and how each of them reacts differently.

werden und wie sie unterschiedlich reagieren.

Some parts of the film were confusing and unclear.

Einige Teile des Films waren verwirrend und undeutlich.

Family problems are one of the central themes of this film.

Die Probleme der Familie sind ein zentrales Thema dieses Films.

The way the main character comes to terms with life's problems is remarkable.

Auf bemerkenswerte Weise lernt die Hauptfigur, mit den Problemen des Lebens fertigzuwerden.

I felt I could sympathize with the main character.

Ich konnte mit dem Hauptdarsteller mitfühlen.

This film deals effectively with the problems a young boy is confronted with in a large city.

Die problematischen Erlebnisse eines Jugendlichen in der Großstadt werden in diesem Film eindrucksvoll behandelt.

I'm afraid I didn't understand the point of the film.

Ich fürchte, ich habe den Sinn des Films nicht verstanden.

This is a successful filming of a famous novel.

Dies ist eine erfolgreiche Verfilmung eines berühmten Romans.

The film was nominated for two awards.

Der Film wurde für zwei Auszeichnungen vorgeschlagen.

The film would have attracted a lot of attention if only for the excellent quality of the production.

Dieser Film wäre allein schon wegen seiner ausgezeichneten Produktion aufgefallen.

12.6.2 Crime Films

12.6.2 Krimis

Are you interested in old gangster films? There's a classic gangster film on television this evening.

Interessieren Sie sich für alte Gangsterfilme? Ein Klassiker unter den Gangsterfilmen kommt heute abend im Fernsehen.

The film has all the ingredients of a successful crime film. The suspense is maintained up to the very end.

Der Film hat alle Bestandteile eines guten Kriminalfilms. Er ist bis zum Ende spannend.

I found the violence disturbing.

Die Gewalt hat mich gestört.

In this film a private detective risks his life to uncover the crimes of a dangerous gang, but the criminals finally end up behind bars.

In diesem Film setzt ein Privatdetektiv sein Leben aufs Spiel, um die verbrecherischen Taten einer gefährlichen Bande aufzudecken, aber die Verbrecher kommen schließlich hinter Gitter.

The car chase in this film is very famous.

Die Verfolgungsszene in diesem Film ist sehr berühmt.

The film deals with a man who is unjustly accused of a murder and has to prove his innocence.

Der Film befaßt sich mit einem Mann, der zu Unrecht eines Mordes beschuldigt wird und seine Unschuld beweisen muß.

The police did not have anything at all to go on until the end of the film.

Die Polizei hatte bis zum Schluß des Films nicht die geringste Spur.

12.6.3 Westerns

12.6.3 Western

By the way, do you like westerns? There's a very exciting one on at the cinema at the moment.

Mögen Sie übrigens Wildwestfilme? Ein sehr aufregender Western läuft gerade im Kino.

This actor is usually cast as the lonely cowboy hero. He seems to appear in nothing but westerns.

Dieser Schauspieler stellt normalerweise den einsamen Cowboyhelden dar. Er scheint nichts anderes als Westernfilme zu drehen.

This western has a typical storyline. Outlaws rob a bank and then kill the sheriff. The stolen money is then hidden in a cave.

Dieser Western hat eine typische Handlung: Banditen überfallen eine Bank und töten den Sheriff. Die geraubte Geldsumme wird dann in einer Höhle versteckt.

I notice time and again that the main characters in this director's films are portrayed as likeable fellows although they are outlaws.

Ich stelle immer wieder fest, daß die Hauptdarsteller in den Filmen dieses Regisseurs als sympathische Kerle dargestellt werden, obwohl sie Banditen verkörpern.

The hero of this film has to free two children from the hands of kidnappers.

Der Held dieses Films muß zwei Kinder aus der Hand von Kidnappern befreien.

The famous final scene in this film is a bar room brawl. The fight lasts for several minutes and takes place between the ranchers and the cowboys.

Das berühmte Finale dieses Films ist eine Saloon-Prügelei. Die Prügelei dauert einige Minuten und findet zwischen Viehzüchtern und Cowboys statt.

In these second-rate Hollywood westerns good always triumphs over evil.

In diesen zweitklassigen Hollywood-Western siegt immer das Gute über das Böse.

A common theme of many westerns is the hardship the pioneers are confronted with in the Wild West. They often have to

Ein häufiges Thema von Western ist die schwierige Situation der Siedler im Wilden Westen. Sie müssen oft gegen feindliche Na-

struggle against hostile natural elements or irate Indian tribes.

turgewalten oder aufgebrachte Indianerstämme kämpfen.

The portrayal of the settlers' struggle for existence was very impressive, but the Indians were depicted in stereotypes.

Die Schilderung des Lebenskampfes der Siedler war sehr eindrucksvoll, während die Rolle der Indianer sehr klischeehaft dargestellt wurde.

The film is about a bankrobber who has since become a legendary figure.

Der Film handelt von einem zur Legende gewordenen Bankräuber.

The waggon (U.S.: wagon) train has to pass through dangerous Indian territory although the Indians are on the warpath.

Der Siedlertreck muß das gefährliche Indianerland durchqueren, obwohl die Indianer auf dem Kriegspfad sind.

The stagecoach was robbed by desperados.

Die Postkutsche wurde von waghalsigen Banditen beraubt.

This film contains all the clichees of Hollywood westerns, but despite that it's very entertaining. There is a lot of action and even some humour (U.S.: humor) in places.

Der Film enthält alle Klischees des Hollywood Westerns, trotzdem ist er sehr unterhaltsam. Es gibt viel Action und an einigen Stellen sogar Humor.

12.7 READING

12.7 LESEN

12.7.1 Non-Fiction

12.7.1 Sachbücher

I was having difficulties finding detailed information on this subject, but the shop assistant (U.S.: salesclerk) in the bookshop (U.S.: bookstore) checked the catalogue and ordered two books on the topic for me.

Ich hatte Schwierigkeiten, ausführliche Informationen über dieses Gebiet zu finden, aber der Verkäufer in dem Buchgeschäft hat im Katalog nachgesehen und hat dann für mich zwei Sachbücher über das Thema bestellt.

What books do you have on this subject?

Welche Bücher haben Sie über dieses Thema?

This 700 page book deals with the subject very comprehensively.

Dieses 700 Seiten starke Buch behandelt das Thema sehr umfassend.

There are a large number of photographs and charts in this book as well as a detailed list of references.

Es gibt viele Bilder und Tabellen in diesem Buch. Außerdem enthält es ein ausführliches Quellenverzeichnis.

The complicated style of this

Der komplizierte Stil dieses Au-

author makes for difficult reading.

tors bereitet beim Lesen Schwierigkeiten.

The book contains the latest research findings of two famous scientists.

Das Buch enthält die neuesten Forschungsergebnisse zweier berühmter Wissenschaftler.

I managed to acquaint myself with the subject by reading this slim volume.

Durch das Lesen dieses kurzen Buches bin ich mit dem Thema vertraut geworden.

12.7.2 Light Reading

12.7.2 Unterhaltungsliteratur

I'd like to read something light and entertaining. Can you suggest something?

Ich möchte etwas Unterhaltsames lesen. Können Sie mir etwas empfehlen?

I've just read a gripping short story that might interest you, too.

Ich habe gerade eine fesselnde Kurzgeschichte gelesen, die Sie vielleicht auch interessieren wird.

The plot is actually quite simple, but the author is a fascinating storyteller.

Die Handlung ist eigentlich ganz einfach; der Autor ist jedoch ein fesselnder Erzähler.

This book reads well.

Dieses Buch liest sich gut.

I found this novel very amusing.

Ich fand diesen Roman sehr amüsant.

In my spare time I often read these humorous comics (U.S.: comic books). They are actually more suitable for grown-ups than for children.

In meiner Freizeit lese ich oft diese lustigen Comics. Sie eignen sich eigentlich besser für Erwachsene als für Kinder.

The splendid illustrations in this book give it its special charm.

Die großartigen Illustrationen verleihen dem Buch den besonderen Reiz.

Would you like to read a good crime thriller? I've never read a more exciting book.

Möchten Sie einen guten Krimi lesen? Ein spannenderes Buch habe ich noch nie gelesen.

I enjoy reading this type of book. Have you got something similar you could lend me?

Ich lese diese Art Buch gern. Haben Sie etwas Ähnliches, das Sie mir vielleicht ausleihen können?

12.8 PRESS

12.8 PRESSE

12.8.1 Newspapers

12.8.1 Zeitungen

Where can I buy the daily newspaper?

Wo kann ich die Tageszeitung kaufen?

You can buy an English newspaper at the kiosk on the corner.	Sie können eine englische Zeitung am Kiosk an der Ecke kaufen.
Would you like to have a look at my newspaper?	Möchten Sie einen Blick in meine Zeitung werfen?
The front page headlines today might interest you.	Die Schlagzeilen auf der ersten Seite heute werden Sie vielleicht interessieren.
There's an interesting article here about the elections in your country.	Hier ist ein interessanter Artikel über die Wahl in Ihrem Land.
Have you read the editorial today?	Haben Sie heute den Leitartikel gelesen?
The news coverage in this paper is usually thorough and reliable.	Die Berichterstattung dieser Zeitung ist in der Regel gründlich und zuverlässig.
This sensational news should be taken with a pinch of salt.	Diese Sensationsnachricht sollte man mit Vorsicht genießen.
I enjoy reading this journalist's column. He has a very witty style.	Ich lese die Kolumnen dieses Journalisten sehr gern. Er hat einen sehr geistreichen Stil.

12.8.2 Journals, Magazines — 12.8.2 Zeitschriften

Have you got a photography magazine?	Haben Sie eine Zeitschrift über Photographie?
What political magazine would you recommend?	Welche politische Zeitschrift würden Sie mir empfehlen?
This weekly offers an in-depth view of the political situation at home and abroad.	Diese Wochenzeitschrift bietet einen tiefschürfenden Überblick der politischen Lage im In- und Ausland.
I'd like an entertaining magazine for the journey.	Ich möchte eine unterhaltsame Zeitschrift für die Reise.
This magazine has lots of interesting travel reports and crossword puzzles.	Diese Zeitschrift hat viele interessante Reiseberichte und Kreuzworträtsel.
I would like to subscribe to this magazine. What is the yearly rate?	Ich möchte diese Zeitschrift abonnieren. Was kostet ein Jahresabonnement?
The annual subscription is 5% cheaper than the price you've got to pay at the newsstand every month.	Das Jahresabonnement ist 5% billiger als der Preis, den Sie monatlich am Zeitungsstand zahlen müssen.
Please give me the latest copy of XY magazine.	Geben Sie mir bitte die neueste Ausgabe der XY Zeitschrift.
What do you have in the way of art magazines?	Was für Kunstzeitschriften verkaufen Sie?

12.9 ART | 12.9 KUNST

12.9.1 Museums, Art Galleries | 12.9.1 Museen, Galerien

Are you interested in art? Our city has a fine art museum with an international reputation.	Sind Sie an Kunst interessiert? Unsere Stadt hat ein sehr gutes Museum von internationalem Ruf.
The museum is open from 9 o'clock till 5 o'clock from Wednesday to Saturday.	Das Museum ist Mittwoch bis Samstag in der Zeit von 9 bis 17 Uhr geöffnet.
What kind of art are you particularly interested in? Art from the baroque period, works from the impressionist or expressionist period or contemporary art?	An welcher Art Kunst sind Sie hauptsächlich interessiert? An der Barockkunst, an Werken der impressionistischen oder expressionistischen Periode, oder an zeitgenössischer Kunst?
The museum has been arranged according to periods. Nineteenth century paintings are located in the west wing.	Das Museum ist nach Zeitperioden geordnet. Malereien des neunzehnten Jahrhunderts befinden sich im Westflügel.
World-famous paintings by the great masters are part of this museum's permanent collection.	Weltberühmte Bilder von den großen Meistern gehören zur ständigen Sammlung dieses Museums.
I greatly admire the early works of this artist.	Ich bewundere die frühen Werke dieses Künstlers sehr.
The museum has over fifty sketches and paintings by this famous artist from his three great creative periods.	Von diesem großen Künstler hat das Museum über fünfzig Skizzen und Malereien aus seinen drei großen Arbeitsperioden.
This is probably his best-known work.	Das ist wahrscheinlich sein bekanntestes Werk.
This painter truly represents his era.	Dieser Maler repräsentiert wirklich seine Ära.
His style of drawing is very expressive, but with it he created a sensation during his time.	Sein zeichnerischer Stil ist sehr ausdrucksvoll, aber während seiner Zeit erregte er damit großes Aufsehen.
Many of his contemporaries were influenced by his style.	Von seinem Stil wurden viele seiner Zeitgenossen beeinflußt.
This artist is credited with having developed a new style of drawing.	Diesem Künstler wird die Entwicklung eines neuen Zeichenstils zugeschrieben.

His genius can be seen in both his sculptures and paintings.	Seine Begabung ist seinen Skulpturen sowie seinen Gemälden anzusehen.
I find these landscapes and still lifes more attractive than the abstract works we have just seen.	Ich finde diese Landschaften und Stilleben anziehender als die abstrakten Kunstgemälde, die wir gerade zuvor betrachtet haben.
You have probably already seen photographs of this self-portrait of the artist. The original, however, is very impressive.	Wahrscheinlich haben Sie schon Fotografien vom Selbstporträt des Künstlers gesehen. Das Original ist jedoch sehr beeindruckend.
I've always wanted to see the original of this magnificent painting.	Ich wollte immer schon das Original dieses herrlichen Gemäldes sehen.
To what period does this painting belong?	Welcher Zeitperiode ist dieses Gemälde zuzuordnen?
The artist has created a small, cosy world in these Biedermeier paintings.	Auf diesen Biedermeier-Gemälden hat der Künstler eine kleine behagliche Welt geschaffen.
The museum also has some very famous watercolours (U.S.: water colors) from the French impressionist period.	Das Museum hat auch einige sehr berühmte Aquarelle der französisch-impressionistischen Zeitperiode.
A special exhibition (U.S.: exhibit) is now taking place in our art museum. Paintings for this exhibition have been collected from over thirty art museums in Europe and the United States.	Eine besondere Kunstausstellung findet jetzt in unserem Museum statt. Gemälde für diese Ausstellung sind von über dreißig Kunstmuseen in Europa und den Vereinigten Staaten zusammengetragen worden.
I would like to buy a catalogue in which these works are described in more detail.	Ich möchte einen Katalog kaufen, in dem diese Werke ausführlicher beschrieben werden.
A rare exhibition of South American handicrafts is premiering at the art gallery next week.	Eine seltene Ausstellung südamerikanischer Handarbeit hat nächste Woche in der Kunstgalerie Premiere.
The exhibition consists mainly of pottery.	Die Ausstellung besteht hauptsächlich aus Töpfereigegenständen.
This vase is typical of the skilled craftsmanship of this tribe.	Diese Vase ist ein typisches Beispiel für die Kunstfertigkeit dieses Stammes.

12.9.2 Exhibitions, Auctions	12.9.2 Ausstellungen, Auktionen
I'm going to visit an auction house during my stay in this city.	Während meines Besuches in dieser Stadt werde ich ein Auktionshaus aufsuchen.
I'm very interested in art and am a passionate collector of works of art.	Ich habe sehr großes Interesse an Kunst und sammle Kunstobjekte aus Leidenschaft.
I buy works of art as an investment, since they are mostly unique pieces and their value does not diminish.	Ich kaufe Kunstwerke als Geldanlage, da es meist Einzelstücke sind und ihr Wert sich nicht vermindert.
Do you know what's coming under the hammer today?	Wissen Sie, was heute unter den Hammer kommt?
Contemporary works of art, stamps and several paintings from the impressionist period are going to be auctioned off today.	Heute werden zeitgenössische Kunstwerke, Briefmarken und einige Gemälde aus der impressionistischen Periode versteigert.
The auction begins at ten a.m. every day.	Die Auktion beginnt täglich um 10 Uhr.
I find the advance estimate on this work of art very extravagant.	Die Vorausschätzung dieses Kunstwerkes finde ich sehr extravagant.
Is this etching still for sale? I'd like to make a bid for it.	Ist diese Radierung noch käuflich? Ich möchte dafür ein Gebot machen.
What was the last amount bid for the pop-art picture?	Was war der zuletzt gebotene Betrag für das Pop-art-Bild?
The price has been pushed up higher than I can afford. I'm not going to bid any more.	Der Preis ist für meine Verhältnisse zu sehr hochgetrieben worden. Ich werde nicht mehr bieten.
The auctioneer is now calling going, going, gone.	Der Auktionator ruft jetzt zum ersten, zum zweiten, zum dritten.
He outbid me.	Er hat mich überboten.
I'll continue bidding.	Ich werde weiter bieten.
Which article is up for sale next?	Welcher Artikel kommt als nächstes ins Angebot?
The starting bid for the chest of drawers (U.S.: bureau) from the second half of the nineteenth century is £12,000.00.	Das Grundgebot für die Kommode aus der zweiten Hälfte des 19. Jahrhunderts ist £12.000,00.
At the last auction here I bought several beautiful vases at reasonable prices.	Auf der letzten Auktion hier erwarb ich einige schöne Vasen zu erschwinglichen Preisen.

The art objects on offer here are aimed primarily at a broad section of small-scale art collectors.

Das Angebot hier richtet sich hauptsächlich an eine breite Schicht von Kleinsammlern.

The range of art objects sold here extends from Roman antiquities to modern sculptures.

Die Spannweite der Kunstobjekte, die hier verkauft werden, reicht von römischen Antiquitäten bis zu modernen Skulpturen.

Business is going well at this art exhibition.

Die Geschäfte dieser Kunstausstellung gehen gut.

At this establishment auctions are something of a social event.

In diesem Haus sind Auktionen eine Art gesellschaftliches Ereignis.

I bought this painting at an auction at a very reasonable price.

Ich habe dieses Gemälde zu einem sehr günstigen Preis ersteigert.

You know something about art. How much do you estimate these etchings to be worth?

Sie verstehen doch etwas von Kunst. Wie hoch schätzen Sie den Wert dieser Radierungen?

The prices of the objects on display at this art exhibition are sometimes beyond belief.

Die Preise der Gegenstände, die auf dieser Kunstmesse ausgestellt sind, sind manchmal nicht mehr begreifbar.

Is this picture in the catalogue also being shown in the exhibition? I'd like to talk to the art dealer about it.

Wird dieses Bild im Katalog auch in der Ausstellung gezeigt? Ich würde mich gerne mit dem Kunsthändler darüber unterhalten.

Perhaps we can come to terms about the price.

Vielleicht können wir uns über den Preis einigen.

I'm mainly interested in contemporary art.

Ich interessiere mich hauptsächlich für zeitgenössische Bilder.

13. Religion

13. Religion

13.1 CHRISTIAN RELIGIOUS GROUPS

13.1 CHRISTLICHE RELIGIONSGEMEINSCHAFTEN

He is a very religious person.

Er ist sehr religiös.

She is a devout Catholic.

Sie ist eine fromme Katholikin.

I'm an agnostic. Although I take an interest in religious teachings, I

Ich bin Agnostiker. Obwohl ich mich mit religiösen Lehren befaßt

have not found a belief I wish to follow.	habe, habe ich keine Glaubensrichtung gefunden, der ich folgen möchte.
I have no real religious affiliations.	Ich habe keine wirklichen religiösen Verbindungen.
What religion do you belong to?	Zu welcher Religionsgemeinschaft gehören Sie?
I'm a Protestant.	Ich bin evangelisch.
We're members of the Presbyterian Church.	Wir sind Mitglieder der presbyterianischen Kirche.
He became a Jehovah's Witness some time ago.	Vor einiger Zeit wurde er ein Zeuge Jehovas.
Our family attends church regularly.	Unsere Familie besucht die Kirche regelmäßig.
When does the Sunday service begin?	Wann beginnt der Gottesdienst am Sonntag?
This church has two ministers (Cath.: priests, Church of Engl.: vicars).	Diese Kirche hat zwei Pfarrer.
Classes are often held by nuns in this Catholic school.	In dieser katholischen Schule wird der Unterricht oft von Nonnen geleitet.
This Church allows its clergy to marry.	Diese Kirche erlaubt ihren Geistlichen zu heiraten.
The Pope conducted a service before thousands of people when he visited this country.	Der Papst leitete einen Gottesdienst vor Tausenden von Menschen, als er dieses Land besuchte.
A member of the church will read the Gospel from the Bible.	Ein Kirchenmitglied wird das Evangelium aus der Bibel lesen.
There will be Communion at the end of the service.	Am Ende des Gottesdienstes wird das Abendmahl gereicht.
After the benediction the choir will sing a final hymn.	Nach dem Segen wird der Chor noch eine letzte Hymne singen.
How much is an appropriate offering?	Wie hoch sollte die Kollekte sein?
Sunday school begins at nine a.m.	Der Kindergottesdienst beginnt um 9 Uhr.
There will be an informal gathering after the service. Would you like to go to it with me?	Nach dem Gottesdienst findet noch ein zwangloses Treffen statt. Möchten Sie mit mir kommen?
He will be confirmed next Sunday.	Er wird am nächsten Sonntag konfirmiert.
The wedding will be taking place at St. Martin's next Saturday.	Die Trauung ist nächsten Samstag in der St.-Martins-Kirche.
Our child is going to be baptized	Unser Kind wird nächste Woche

next week. I have asked a friend to be godmother.

getauft. Ich habe eine Freundin gebeten, Patin zu sein.

The funeral service was attended by his very close friends.

Die kirchliche Beisetzung fand im engsten Freundeskreis statt.

Her religious faith has been a great source of comfort to her during this difficult time.

Ihr religiöser Glaube hat ihr viel Trost während dieser schwierigen Zeit gespendet.

This cathedral is famous for its architecture.

Dieser Dom ist wegen seiner Architektur berühmt.

The church must face up to the difficult challenges of contemporary society.

Die Kirche muß den schweren Herausforderungen der heutigen Gesellschaft mutig entgegentreten.

Many members of the church today are striving for Christian unity in an effort to ease differences and promote basic common goals.

Heute bemühen sich viele Kirchenmitglieder um christliche Einheit, damit Konflikte abgebaut werden und so gemeinsame Grundziele erreicht werden können.

Christianity preaches a doctrine of charity, brotherhood, justice and faith in God.

Das Christentum predigt die Lehre von der Nächstenliebe, der Brüderlichkeit, der Gerechtigkeit und dem Glauben an Gott.

In the United States the churches are financed by voluntary contributions from their members.

In den Vereinigten Staaten werden die Kirchen durch freiwillige finanzielle Unterstützung ihrer Mitglieder finanziert.

The members of the Protestant and Roman Catholic churches in West Germany have to pay a special church tax.

Die Mitglieder der evangelischen und katholischen Kirche in der Bundesrepublik müssen Kirchensteuer zahlen.

13.2 NON-CHRISTIAN RELIGIOUS GROUPS

13.2 NICHT-CHRISTLICHE RELIGIONSGEMEINSCHAFTEN

What religion do you belong to?

Welcher Religion gehören Sie an?

I'm Jewish.

Ich bin Jude.

He's an Orthodox Jew and adheres closely to ancient Jewish laws and traditions.

Er ist ein strenggläubiger Jude und hält sich eng an die althergebrachten jüdischen Gesetze und Traditionen.

I'm a Reform Jew.	Ich bin kein strenggläubiger Jude.
Do you attend services in the synagogue regularly?	Besuchen Sie regelmäßig die Gottesdienste in der Synagoge?
I go to an informal service in the synagogue every Saturday evening.	Jeden Samstagabend gehe ich zu einem informellen Gottesdienst in die Synagoge.
Our rabbi conducts the service in Hebrew and a special reader chants from the Torah.	Unser Rabbi leitet den Gottesdienst in Hebräisch, und ein spezieller Leser singt eine Psalmodie aus der Thora.
The Torah, the first five books of Moses, is written on a scroll and always used during services.	Die Thora, die ersten fünf Bücher Moses, ist auf einer Buchrolle geschrieben und wird ständig im Laufe des Gottesdienstes verwendet.
Our Sabbath, or day of rest, begins on Friday evening with the lighting of candles. When the first star appears on Saturday evening, the Sabbath has come to an end.	Unser Sabbat oder der Tag der Ruhe beginnt am Freitagabend mit Anzünden von Kerzen. Wenn am Samstagabend der erste Stern erscheint, ist der Sabbat zu Ende.
The religious education of our children is very important to us.	Die religiöse Erziehung unserer Kinder ist uns sehr wichtig.
Yom Kippur, or the Day of Atonement, is the holiest day in the Jewish year.	Jom Kippur oder der Tag der Versöhnung ist der heiligste Tag im jüdischen Jahr.
The ritual food for Passover is prepared and served on special dishes in accordance with ancient tradition.	Das rituelle Essen für das Passahfest wird nach althergebrachter Tradition auf speziellem Geschirr vorbereitet und serviert.
Can you explain the basic principles of your religion to me?	Können Sie mir die Grundprinzipien Ihrer Religion erklären?
My religion acknowledges only one true God.	Meine Religion erkennt nur einen wahren Gott an.
This religion honours (U.S.: honors) numerous gods; it is polytheistic.	Diese Religion verehrt viele Götter, sie ist polytheistisch.
What is considered to be the main religion of this country?	Welche ist die Hauptreligion dieses Landes?
He is Islamic.	Er gehört der islamischen Religion an.
These religious temples are visited by thousands of pilgrims every year.	Jedes Jahr werden diese religiösen Tempel von Tausenden von Pilgern besucht.
They are going to the mosque for prayer.	Sie gehen in die Moschee, um zu beten.

He was converted to Buddhism.	Er wurde zum Buddhismus bekehrt.
The sacred scriptures of many religions are now available in English translation.	Die heiligen Schriften von vielen Religionen sind jetzt in englischer Übersetzung erhältlich.
The followers of this religion are very intolerant of all other religions.	Die Mitglieder dieser Glaubensgemeinschaft sind allen anderen Religionen gegenüber intolerant.
He believes that all religions contain some good and that every religion is adapted to suit the conditions in the country it originated in.	Er glaubt, daß alle Religionen etwas Gutes enthalten und daß jede Religion dem Ursprungsland angepaßt ist.
He disapproves of all religions other than his own.	Er mißbilligt alle Religionen außer seiner eigenen.
The followers of this sect are required to take an oath and to perform strict rituals.	Die Anhänger dieser Sekte müssen einen Eid leisten und sich strengen Ritualen unterziehen.

14. Travel, Holiday / *14. Reisen, Urlaub*

14.1 WINTER HOLIDAY / **14.1** WINTERURLAUB

Have you been on holiday (U.S.: vacation) yet?	Waren Sie schon im Urlaub?
We go on holiday for two weeks every winter.	Wir machen jedes Jahr im Winter zwei Wochen Urlaub.
We go to the Alps every February.	Wir fahren jedes Jahr im Februar in die Alpen.
The snow is very good there.	Die Schneeverhältnisse sind dort sehr gut.
This year we are going skiing in the Dolomites.	Wir fahren dieses Jahr zum Skilaufen in die Dolomiten.
At the weekends (U.S.: on the weekends) the ski resorts in the Alps are overcrowded. Many winter sports enthusiasts come from the large towns for a short holiday (U.S.: vacation) there.	Am Wochenende sind die Wintersportgebiete in den Alpen überfüllt. Viele Wintersportler kommen dann aus den Großstädten zu einem Kurzurlaub.
There is tremendous activity on the ski lifts. One has to put up with long waits.	An den Skiliften herrscht Hochbetrieb. Man muß lange Wartezeiten in Kauf nehmen.

Isn't a winter holiday rather expensive?
Ist ein Winterurlaub nicht ziemlich teuer?

That depends on when and where one goes. The prices are higher during the peak season and there are expensive and reasonably priced ski resorts.
Das hängt davon ab, wann und wohin man fährt. So sind die Preise zur Hauptsaison höher und es gibt teuere und preiswerte Wintersportgebiete.

I like skiing.
Ich laufe gern Ski.

I'm not a very good skier.
Ich bin kein guter Skiläufer.

Skiing has developed into a sport for the masses. Approximately every tenth German goes skiing in his leisure time.
Das Skilaufen hat sich zu einem Massensport entwickelt. Ungefähr jeder zehnte Bundesbürger treibt in seiner Freizeit Skisport.

The peak season for winter sports is from the twentieth of December to the sixth of January and from mid-February till the end of March. Then there is always tremendous activity in the popular ski resorts.
Die Hochsaison für den Wintersport ist vom 20. Dezember bis 6. Januar und von Mitte Februar bis Ende März. Dann herrscht in den beliebten Wintersportgebieten viel Betrieb.

Cross-country skiing is becoming more and more popular. Unlike alpine skiing, it is a sport for people who love peacefulness and being close to nature.
Der Skilanglauf wird immer populärer. Im Unterschied zum alpinen Skisport ist der Langlauf eine Sportart für Menschen, die Stille und Naturverbundenheit lieben.

The equipment that is needed for cross-country skiing is relatively inexpensive.
Die Ausrüstung, die man für den Langlauf benötigt, ist relativ preiswert.

In many ski resorts cross-country skiing tracks are laid out and maintained by the municipal authorities.
In vielen Wintersportgebieten werden Langlaufloipen von den Gemeinden angelegt und gepflegt.

Although I don't go in for winter sports I enjoy going away on winter holiday. I go on many hikes then in the snow.
Obwohl ich keinen Wintersport treibe, fahre ich doch gern in Winterurlaub. Ich mache dann viele Spaziergänge im Schnee.

I only go on holiday during the off season, as the prices are often lower then and things are not as crowded and hectic as during the peak season.
Ich fahre nur in der Nebensaison in Urlaub. Die Preise sind dann oft niedriger und es herrscht nicht soviel Trubel und Hektik wie in der Hauptsaison.

Shall we take the chairlift or the ski tow?
Benutzen wir den Sessellift oder den Schlepplift?

I'll have to hire skiing equipment as I don't have any of my own.
Ich werde meine Skiausrüstung mieten müssen, da ich keine eigene habe.

This is my favourite (U.S.: favor-
Ich fahre am liebsten in dieses

ite) skiing centre (U.S.: center). There are good sports shops, excellent hotels, cosy mountain chalets and first-rate instructors for beginners and advanced skiers.

Skizentrum. Es gibt dort gute Sportgeschäfte, ausgezeichnete Hotels, gemütliche Berghütten und erstklassige Skilehrer für Anfänger und Fortgeschrittene.

14.2 SUMMER HOLIDAY

14.2 SOMMERURLAUB

14.2.1 Mountains

14.2.1 Gebirge

We're going on holiday for three weeks in June this year.

Wir werden dieses Jahr im Juni drei Wochen Urlaub machen.

We always have to coordinate our holiday (U.S.: vacation) with our children's school holidays.

Wir müssen immer unsere Ferien mit den Schulferien unserer Kinder koordinieren.

This summer we want to do a lot of hiking and mountain climbing.

Wir wollen in diesem Sommer viel wandern und bergsteigen.

My wife and I are keen hikers.

Meine Frau und ich sind begeisterte Wanderer.

We go for long hikes and take breaks in small mountain huts along the way.

Wir unternehmen lange Wanderungen und machen unterwegs in kleinen Berghütten Pause.

I prefer hikes that don't take longer than two to three hours.

Ich bevorzuge Wanderungen, die nicht länger als zwei bis drei Stunden dauern.

The start of summer is particularly delightful in the mountains.

Der Beginn des Sommers ist in den Bergen besonders reizvoll.

We are planning a climb to the summit, accompanied by a guide who knows his way around the area.

Wir planen eine Tour zum Gipfel in Begleitung eines ortskundigen Führers.

Isn't it a beautiful day? The air is so clear and fresh that the mountains appear to be quite close.

Ist es nicht ein wunderschöner Tag? Die Luft ist so klar und frisch, daß die Berge ganz nah zu sein scheinen.

Although it's lovely at the moment, we'd better take along weatherproof clothing in order to be prepared for a sudden change in the weather.

Trotz des schönen Wetters sollten wir wetterfeste Kleidung mitnehmen, um bei einem Wetterumschwung gerüstet zu sein.

Have you finished packing your rucksack (U.S.: backpack)?

Haben Sie Ihren Rucksack schon fertig gepackt?

You'll need sturdy shoes for the hike.
Sie brauchen feste Schuhe für die Wanderung.

The path is very steep and rocky, watch your step!
Der Pfad ist sehr steil und steinig, gehen Sie vorsichtig!

It's a very strenuous climb to the summit.
Der Anstieg zum Gipfel ist sehr anstrengend.

Would you like to take the cable railway up to the top?
Möchten Sie mit der Seilbahn zum Gipfel fahren?

I have never been up this height before.
Ich war noch nie so hoch.

This is one of the most beautiful mountain ranges I have ever seen.
Dies ist eins der schönsten Gebirge, die ich je gesehen habe.

These wood carvings are the work of local artists.
Diese Holzschnitzereien sind Werke von einheimischen Künstlern.

I'd like to buy a postcard of this beautiful area.
Ich möchte eine Ansichtskarte von dieser schönen Gegend kaufen.

If the weather is nice next weekend, we're going to go for a full day's mountain climbing.
Wenn das Wetter nächstes Wochenende schön ist, machen wir eine ganztägige Bergtour.

This hike is not to be recommended for families with children, as it's too strenuous.
Diese Tour ist für Familien mit Kindern nicht zu empfehlen, weil sie zu anstrengend ist.

This hike is also suitable for families with children.
Diese Tour ist auch für Familien mit Kindern zu empfehlen.

14.2.2 Seaside

14.2.2 Meer

We always spend our summer holiday at the seaside.
Wir verbringen die Sommerferien immer am Meer.

I'm particularly fond of the rugged climate at the coast.
Ich mag das rauhe Klima an der Küste besonders.

The fresh breeze blowing in from the ocean is very invigorating.
Die frische Brise, die vom Meer jetzt aufkommt, ist sehr belebend.

Our holiday home is located on a tiny island just off the coast.
Unser Ferienhaus befindet sich auf einer winzigen Insel, nicht weit von der Küste entfernt.

We've got to take the ferry to get to the island. The crossing takes
Um die Insel zu erreichen, müssen wir mit der Fähre fahren. Die

about an hour.	Überfahrt dauert ungefähr eine Stunde.
At the moment there are not many tourists in this resort.	Augenblicklich gibt es nicht viele Touristen in diesem Urlaubsort.
I enjoy taking long walks on the beach.	Ich mache gerne lange Spaziergänge am Strand.
If the weather is fine we'll go for a bicycle trip along the shore.	Wenn das Wetter schön ist, werden wir mit dem Fahrrad die Küste entlang fahren.
It's lovely weather for a swim.	Es ist sehr schönes Wetter, um schwimmen zu gehen.
We can't go for a swim today, as the sea is so rough.	Heute können wir nicht schwimmen gehen, da die See so stürmisch ist.
At the moment there is no lifeguard on duty.	Augenblicklich sind keine Rettungsschwimmer im Dienst.
The sea was very rough over the last few days, but today it's quite calm again.	Die letzten Tage war es sehr stürmisch, aber heute ist die See wieder ganz ruhig.
Windsurfing is becoming more and more popular here.	Das Windsurfen wird bei uns immer beliebter.
He is very adept at many water sports.	Er ist in vielen Wassersportarten sehr gut.
Don't forget to take your beach towel, suntan lotion and sunglasses with you.	Vergessen Sie nicht, Ihr Badetuch, die Sonnencreme und Ihre Sonnenbrille mitzunehmen.
Although you are not directly aware of the intensity of the sun with this wind, you must still protect yourself against sunburn.	Obwohl man bei diesem Wind die Intensität der Sonne nicht direkt spürt, muß man sich dennoch vor Sonnenbrand schützen.
I have hired (U.S.: rented) a wicker beach chair for two weeks.	Ich habe einen Strandkorb für zwei Wochen gemietet.
The beach is quite crowded today because of the lovely weather.	Der Strand ist heute wegen des schönen Wetters sehr überlaufen.
The tide is going out.	Die Ebbe hat eingesetzt.
It is now low tide.	Es ist jetzt Ebbe.
When does the tide start to come in?	Wann beginnt die Flut?
The surf is very impressive here.	Die Brandung hier ist sehr imponierend.
It looks as if there's a storm blowing up. I think we'd better go back to the hotel now.	Es sieht so aus, als ob ein Sturm aufkommen würde. Ich glaube, wir gehen jetzt besser zum Hotel zurück.

The water is getting very rough.

Das Wasser wird jetzt sehr unruhig.

The sailing boat (U.S.: sailboat) capsized. The crew was brought ashore by a lifeboat.

Das Segelboot kenterte im Sturm. Die Besatzung wurde von einem Rettungsboot an Land gebracht.

14.2.3 Train Journeys

14.2.3 Bahnreisen

This year we want to spend our holidays (U.S.: vacation) in Austria. I'm going to make inquiries at the travel agency about the best way of getting to our destination.

In diesem Jahr möchten wir unseren Urlaub in Österreich verbringen. Ich werde mich im Reisebüro erkundigen, wie wir unser Reiseziel am besten erreichen können.

The most comfortable way of travelling (U.S.: traveling) long distances is by train. That way you escape the unpleasant traffic jams on the motorways (U.S.: highways) in the peak travel season.

Für lange Strecken ist die Reise mit der Bahn am bequemsten. Sie entgehen dann den in der Hauptreisezeit so unangenehmen Verkehrsstaus auf den Autobahnen.

Is there a price reduction for families?

Gibt es eine Ermäßigung für Familien?

Yes, a special family ticket enables families to travel at considerably cheaper rates.

Ja, eine spezielle Familienfahrkarte ermöglicht es Familien, zu einem beträchtlich niedrigeren Preis zu reisen.

I prefer travelling (U.S.: traveling) in the early part of the season and would like to book a train journey from London to Glasgow around the first of April.

Ich reise lieber in der Vorsaison und möchte um den ersten April eine Bahnfahrt von London nach Glasgow buchen.

For such a long journey it would be advisable to take an intercity train. It only stops in large towns and this way you reach your destination very quickly.

Für eine solche lange Reise ist der Intercity empfehlenswert. Er hält nur in Großstädten, so erreichen Sie Ihr Reiseziel sehr schnell.

Shall we travel overnight and take a sleeper? When we get up in the morning, we'll already have reached our destination.

Sollen wir in der Nacht reisen und uns einen Schlafwagen nehmen? Wenn wir morgens aufwachen, werden wir unser Reiseziel bereits erreicht haben.

We've booked a cheap package tour by train. However, the offer is only valid for ten days and we've

Wir haben im Reisebüro eine günstige Pauschalreise mit der Bahn gebucht. Das Angebot ist aller-

got to begin our return trip on a fixed day.

dings nur zehn Tage gültig, und wir müssen unsere Rückreise an einem bestimmten Tag antreten.

I've bought a weekly ticket which is valid for all routes within Great Britain. With it, I can travel wherever I want and am not tied to a travel plan.

Ich habe mir eine Wochenkarte gekauft, die für alle Strecken innerhalb Großbritanniens gültig ist. Damit kann ich fahren, wohin ich möchte, und bin an keinen Reiseplan gebunden.

This ticket is also good for long routes, because you can interrupt the trip when you like or take indirect routes if you want.

Diese Fahrkarte ist auch auf Langstrecken günstig, da man die Fahrt nach Belieben unterbrechen kann und auch Umwege zulässig sind.

Can you use your ticket every day or is it only valid on certain days?

Können Sie Ihre Fahrkarte jeden Tag verwenden, oder ist sie nur an bestimmten Tagen gültig?

You are not allowed to use this ticket on Fridays and the duration of the trip is also not allowed to exceed six days.

Man darf mit dieser Karte nie freitags fahren, auch darf die Reise sechs Tage nicht überschreiten.

When you buy your ticket don't forget that different rates apply for the early, interim and peak season.

Beachten Sie beim Kauf Ihrer Fahrkarte, daß verschiedene Tarife für die Vor-, Zwischen- und Hauptsaison gelten.

Travelling (U.S.: traveling) by train is very pleasant. One can get up and stretch one's legs or relax and enjoy the scenery.

Eine Reise mit der Bahn ist sehr angenehm. Man kann aufstehen und sich die Beine vertreten oder man kann sich entspannen und sich an der Landschaft erfreuen.

Our train will be very crowded because of the peak holiday season. It would be a good idea to get seat reservations.

Wegen der Haupturlaubszeit wird der Zug überfüllt sein. Es wäre gut, wenn wir uns Platzkarten bestellen würden.

How often does our train stop before we reach Edinburgh?

Wie oft wird unser Zug anhalten, bevor wir Edinburgh erreichen?

The train stops five times before reaching Edinburgh.

Der Zug hält fünf Mal, bevor wir Edinburgh erreichen.

Are there interesting sights in the area around Edinburgh?

Gibt es in der Umgebung von Edinburgh interessante Sehenswürdigkeiten?

You really must take a trip to the Firth of Forth. It's easy to reach by bus.

Den Firth of Forth müssen Sie unbedingt besuchen. Er ist bequem mit dem Bus zu erreichen.

Your ticket is valid for the entire Federal Transportation Network,

Ihr Fahrschein ist für das ganze Bundesverkehrsnetz gültig, des-

therefore you are also entitled to travel on its bus lines.

wegen sind Sie auch dazu berechtigt, dessen Buslinien zu benutzen.

To gain a genuine insight into everyday life and to have closer contact with the native population, I chose to go by train.

Um einen wirklichen Einblick in das Alltagsleben und einen engeren Kontakt zur einheimischen Bevölkerung zu bekommen, wollte ich mit der Bahn fahren.

It was a very interesting trip and I managed to make the acquaintance of several other passengers. In addition, it was considerably cheaper to go this way than to hire a car or to take my own car.

Es war eine sehr interessante Reise, und ich konnte die Bekanntschaft einiger Mitreisender machen. Zusätzlich war es auf diese Weise beträchtlich billiger, als wenn ich mir ein Auto gemietet hätte oder mit dem eigenen Wagen gefahren wäre.

When you are dependent on public transport (U.S.: transportation), you are, of course, tied to a timetable and are not always as flexible as you might like to be.

Wenn Sie von den öffentlichen Verkehrsmitteln abhängig sind, sind Sie natürlich an einen Fahrplan gebunden und dadurch nicht so beweglich, wie Sie es gerne sein möchten.

14.2.4 Travel Parties

14.2.4 Reisegesellschaften

This year I want to book my holiday at the travel agency. I'm going to see what sort of trips they have on offer.

In diesem Jahr will ich meinen Urlaub im Reisebüro buchen. Ich lasse mir das Angebot an Ferienreisen vorlegen.

Where do you want to go on your trip?

Wohin soll die Reise gehen?

I haven't quite made up my mind where to go yet. I want to wait and get some detailed information from my travel agent first.

Ich habe keine endgültige Entscheidung über das Ziel des Urlaubs getroffen. Ich möchte mich noch im Reisebüro ausführlich beraten lassen.

Where do you intend to spend your holiday? Are you going to stay in Germany or would you prefer to go abroad?

Wo wollen Sie Ihren Urlaub verbringen? Bleiben Sie in Deutschland oder ziehen Sie das Ausland vor?

I'd like to visit some museums, the opera and the theatre (U.S.: theater) during my holiday (U.S.: vacation).

Ich möchte Museums-, Opern- und Theaterbesuche in meinen Urlaub einplanen.

It's best for you to book your

Am besten buchen Sie Ihren Ur-

holiday early, because this holiday resort is always booked up quickly.	laub frühzeitig, da dieses Feriengebiet immer schnell ausgebucht ist.
If you book with this travel group, you'll be able to take part in a lot of organized day trips.	Wenn Sie bei dieser Reisegesellschaft buchen, haben Sie die Möglichkeit, an vielen organisierten Tagesausflügen teilzunehmen.
Do I have to make up my mind right now, or will I still be able to book day excursions when I get to my holiday resort?	Muß ich mich jetzt entscheiden oder kann ich auch noch am Ferienort die Tagesausflüge buchen?
You can book with us right now, but it's also possible to book at your holiday resort without difficulties.	Sie können gleich hier bei uns buchen, aber auch am Urlaubsort ist eine Buchung ohne Schwierigkeiten möglich.
You can ask your guide about the details of the bus tour.	Informieren Sie sich bei Ihrem Reiseleiter über die Einzelheiten der Bustour.
Our travel group this afternoon consists of sixteen people. We will be meeting in the lobby of our hotel before the excursion.	Heute nachmittag besteht die Reisegruppe aus sechzehn Personen, Vor dem Ausflug treffen wir uns in der Halle unseres Hotels.
What is on the itinerary this afternoon?	Was steht am heutigen Nachmittag auf unserem Reiseplan?
We'll be going to an old port and taking a trip round the town. Afterwards we'll visit some famous ruins.	Wir werden zu einer alten Hafenstadt fahren und dort an einer Stadtrundfahrt teilnehmen. Danach werden wir einige berühmte Ruinen besichtigen.
Will we have any free time after the tour?	Werden wir nach der Tour etwas Freizeit zur Verfügung haben?
You will have two hours of free time at your disposal. Please meet back at the starting point at five p. m.	Sie werden zwei Stunden zu Ihrer freien Verfügung haben. Bitte kommen Sie pünktlich um 17 Uhr zum Ausgangspunkt zurück.
I'm having difficulties understanding our guide. Could you ask him to speak more slowly?	Ich habe Schwierigkeiten, den Reiseführer zu verstehen. Könnten Sie ihn bitten, langsamer zu sprechen?
This tour has been very well organized. If I had been alone, it would have been difficult for me to see so much in such a short time.	Diese Tour war sehr gut organisiert. Wäre ich allein gewesen, hätte ich nicht so viel in so kurzer Zeit gesehen.
The other people on the trip are all quite likeable.	Unsere Reisegefährten sind alle ganz nett.
We're sticking very closely to the	Wir halten uns sehr genau an die

route described in the guide book.	im Reiseführer beschriebene Route.
I'd like to buy some souvenirs in this shop.	In diesem Geschäft würde ich gerne einige Reiseandenken kaufen.
I enjoy travelling (U.S.: traveling) in a group more than on my own.	Ich reise lieber in einer Gruppe als alleine.
I always book my holiday in advance through a travel agency. That way I don't run the risk of not being able to find a room or being overcharged for accommodation.	Ich buche meinen Urlaub immer im voraus in einem Reisebüro. Auf diese Weise laufe ich nicht Gefahr, kein Zimmer mehr zu finden oder zuviel für die Unterkunft zahlen zu müssen.

14.2.5 Trips for Individuals / 14.2.5 Einzelreisen

I prefer going on trips on my own when I'm on holiday. I also avoid crowded hotels in popular holiday regions.	Während meines Urlaubs gehe ich am liebsten alleine auf Reisen. Außerdem meide ich überfüllte Hotels in beliebten Feriengebieten.
A holiday (U.S.: vacation) on your own can be very exciting. But you've got to plan the holiday well so that no problems occur.	Ein Urlaub auf eigene Faust kann sehr aufregend sein. Man muß den Urlaub aber gut planen, damit er problemlos verläuft.
Above all I want to relax when I'm on holiday. That's why I avoid any sort of hustle and bustle.	Ich möchte mich im Urlaub vor allem erholen, deshalb meide ich jeden Rummel.
I've booked a hotel room through the travel agency, but I'm driving to my destination in my own car, so that I can get to know the area in my own time.	Ich habe ein Hotelzimmer über das Reisebüro gebucht, werde jedoch mit dem eigenen Wagen fahren, um ganz unabhängig die Gegend kennenlernen zu können.
For the long journey you should get the latest road map of this area.	Für die lange Reise sollten Sie sich die neueste Straßenkarte von diesem Gebiet besorgen.
We are going to spend our holiday (U.S.: vacation) in Great Britain. We are going to fly to London and hire a motor caravan. We intend to spend two weeks driving round England and Scotland.	Unseren Urlaub werden wir in Großbritannien verbringen. Wir fliegen nach London und mieten uns dort ein Reisemobil. Wir wollen dann 14 Tage durch England und Schottland fahren.

14.3 ACCOMMODATION — 14.3 UNTERKUNFT

14.3.1 Hotel, Boarding House — 14.3.1 Hotel, Pension

We still haven't found suitable accommodation for our holiday. I wonder if you could give me some advice?	Wir haben immer noch keine geeignete Unterkunft für den Urlaub gefunden. Können Sie mir vielleicht einige Ratschläge geben?
It'll be difficult to find a room at short notice during the peak travel season but I can recommend a good hotel where we stayed on our last holiday.	Es wird schwierig sein, während der Hauptreisezeit kurzfristig ein Zimmer zu bekommen, aber ich kann Ihnen ein gutes Hotel empfehlen, wo wir im letzten Urlaub wohnten.
The hotel is conveniently located near the centre (U.S.: center) of town.	Das Hotel ist leicht erreichbar und befindet sich in der Nähe der Stadtmitte.
I'll inquire if this boarding house has any vacancies for tonight.	Ich werde fragen, ob es in dieser Pension noch freie Zimmer für heute nacht gibt.
Is it possible to get a double room for three nights?	Ist es möglich, für drei Nächte ein Doppelzimmer zu bekommen?
We only have single rooms left.	Wir haben nur noch Einzelzimmer frei.
Then we'll take two single rooms.	Dann nehmen wir zwei Einzelzimmer.
Is breakfast included in the price?	Ist das Frühstück im Preis inbegriffen?
We'd like to book half-board.	Wir möchten Halbpension buchen.
As the food here is very good, I always book a room with full board.	Da die Verpflegung hier sehr gut ist, buche ich immer ein Zimmer mit Vollpension.
Unfortunately the hotel has no vacancies at the moment.	Leider hat das Hotel im Augenblick keine Zimmer frei.
Is it possible to get a room with bath?	Ist es möglich, ein Zimmer mit Bad zu bekommen?
Room 18 is still free. It has a bath, air-conditioning and a TV.	Zimmer 18 ist noch frei. Es hat ein Bad, Klimaanlage und Fernsehen.
Our room has a large balcony with a view of the sea.	Unser Zimmer hat einen großen Balkon mit Ausblick aufs Meer.

To help guests make their free time more interesting our hotel offers a number of exercise and sports facilities, such as an outdoor swimming pool, sauna, solarium, training equipment and tennis courts.	Zur Freizeitgestaltung bietet unser Hotel eine Reihe von Fitneß- und Sportmöglichkeiten, wie zum Beispiel Freibad, Sauna, Solarium, Fitneßgeräte und Tennisplätze.
How much does the room cost per night?	Was kostet das Zimmer pro Nacht?
Have you got any less expensive rooms?	Haben Sie auch preisgünstigere Zimmer?
Unfortunately, pets are not allowed.	Das Mitbringen von Haustieren ist leider nicht erlaubt.
When is breakfast served?	Wann wird das Frühstück serviert?
We'd like to have breakfast in our room at 8 o'clock.	Wir möchten um 8 Uhr auf unserem Zimmer frühstücken.
The breakfast here consists of fresh rolls with jam and butter, as well as eggs, fruit juice and coffee or tea.	Das Frühstück hier besteht aus frischen Brötchen mit Marmelade und Butter, sowie Eiern, Saft, Kaffee oder Tee.
I'm Mrs Smith in room 37. We don't have any towels in our room.	Ich bin Frau Smith von Zimmer 37. Wir haben keine Handtücher auf unserem Zimmer.
The chambermaid will bring you some immediately. Do you need anything else?	Das Zimmermädchen wird sofort welche bringen. Benötigen Sie sonst noch etwas?
Can you bring us another ashtray and some coathangers?	Können Sie uns auch noch einen Aschenbecher und einige Kleiderbügel bringen?
The television set in my room isn't working properly.	Der Fernsehapparat in meinem Zimmer funktioniert nicht richtig.
When are the rooms cleaned?	Wann werden die Zimmer saubergemacht?
I have some articles of clothing that need cleaning. Can you arrange to have that done for me?	Ich habe einige Kleidungsstücke, die gereinigt werden müssen. Können Sie das für mich veranlassen?
I'd like to extend my stay by one day.	Ich möchte meinen Aufenthalt um einen Tag verlängern.
We've decided to leave one day earlier than planned.	Wir haben uns entschlossen, einen Tag früher als geplant abzureisen.
We'll be leaving tomorrow. Please get our bill ready for us.	Wir werden morgen früh abreisen. Bitte machen Sie unsere Rechnung fertig.

When we were in England we stayed with a nice family.

Als wir in England waren, haben wir bei einer netten Familie gewohnt.

The prices were very reasonable, but it was the cordial atmosphere that made our visit so pleasant and worthwhile.

Die Preise waren sehr günstig, aber es war die herzliche Atmosphäre, die unsere Reise so angenehm und lohnend machte.

14.3.2 Holiday (U.S.: Vacation) Homes and Flats (U.S.: Apartments)

14.3.2 Ferienhäuser und -wohnungen

We are planning to rent a holiday flat (U.S.: apartment) this year.

Wir beabsichtigen, dieses Jahr eine Ferienwohnung zu mieten.

For a carefree family holiday (U.S.: vacation) a holiday flat is ideal. It's practical and inexpensive.

Für einen unbeschwerten Familienurlaub kann man eine Ferienwohnung nur empfehlen. Es ist praktisch und preiswert.

It's important that the flat has suitable cooking facilities and that there is enough sleeping space available.

Wichtig ist, daß die Wohnung eine entsprechende Kochgelegenheit hat und genügend Platz zum Schlafen vorhanden ist.

I don't want to take bed linen or crockery with me on my holiday. That's why we always rent a fully furnished holiday home.

Ich möchte weder Bettwäsche noch Geschirr mit in den Urlaub nehmen. Deshalb mieten wir immer ein voll eingerichtetes Ferienhaus.

As groceries are cheaper at home, we always take tinned (U.S.: canned) food with us.

Da man Lebensmittel billiger zu Hause einkaufen kann, nehmen wir immer Konserven mit.

Our holiday apartment is in an ideal location. The mountains and forest are right next to it.

Unsere Ferienwohnung liegt ideal. Die Berge und der Wald sind unmittelbar in der Nähe.

I'm going to inquire as to whether there are any holiday homes left that can be let (U.S.: rented).

Ich werde mich erkundigen, ob hier noch ein Ferienhaus zu vermieten ist.

After the peak season there are sometimes price reductions.

Nach der Hauptsaison gibt es manchmal Preisermäßigungen.

I wonder if you could tell me whether one of your holiday flats will be free in September.

Ich möchte fragen, ob eine Ihrer Ferienwohnungen im September frei wird.

We need sleeping space for four people.

Wir benötigen Schlafplätze für vier Personen.

Is a deposit required to reserve the flat?

Ist eine Anzahlung erforderlich, um die Wohnung zu reservieren?

As I enjoy being in the fresh air, I always try to rent a flat with a balcony or a patio.

Da ich im Urlaub gern an der frischen Luft bin, versuche ich immer, eine Wohnung mit Balkon oder Terrasse zu mieten.

How many rooms does the flat have and what's the standard of the furnishings and fittings?

Wie viele Zimmer und welchen Komfort hat die Wohnung?

Is the kitchen equipped with all the necessary cooking utensils?

Ist die Küche mit allen nötigen Küchengeräten ausgestattet?

The apartment has a small, fully equipped kitchenette.

Die Wohnung hat eine kleine, voll eingerichtete Kochnische.

Could you get us another frying pan and three cups?

Könnten Sie uns noch eine Bratpfanne und drei Tassen besorgen?

Although our holiday flat is rather simply furnished, it's quite comfortable to live in. The flat is large enough for the entire family to feel at ease in.

Obwohl unsere Ferienwohnung etwas einfach ist, können wir ganz bequem drin wohnen. Die Wohnung ist auch groß genug, daß sich die ganze Familie dort wohl fühlen kann.

Every year we spend our summer holiday in the same holiday home. We know the owner well and are very satisfied with the location as well as the furnishings of the house.

Jedes Jahr verbringen wir die Sommerferien im selben Ferienhaus. Wir kennen den Besitzer gut und sind mit der Lage und der Einrichtung des Hauses sehr zufrieden.

14.3.3 Camping

14.3.3 Camping

Our camping holiday starts next week. I've hired (U.S.: rented) a motorhome with sleeping space for six people.

Nächste Woche beginnt unser Campingurlaub. Ich habe ein Wohnmobil gemietet, das genügend Schlafgelegenheiten für sechs Personen hat.

The only type of holiday that we would consider is one with our own motorhome. That way we can arrange our holiday individually without having to do without certain home comforts.

Für uns kommt nur ein Urlaub mit dem eigenen Wohnmobil in Frage. So können wir den Urlaub individuell gestalten, ohne auf einen gewissen Komfort zu verzichten.

The holiday site is very well equipped and has over two hundred pitches for motor caravans.

Die Ferienanlage ist sehr gut ausgestattet und verfügt über zweihundert Stellplätze für Reisemobile.

There are a lot of camping sites here, but you should still reserve a pitch in advance.	Es gibt hier viele Campingplätze. Trotzdem sollte man immer im voraus einen Stellplatz buchen.
We always go to a camping site (U.S.: campground) that is equipped with plenty of modern facilities: a laundry room, a grocer's shop (U.S.: grocery store) and a swimming pool as well as tennis courts and a golf course.	Wir fahren immer zu einem Campingplatz, der mit vielen modernen Anlagen ausgestattet ist: einer Waschküche, einem Lebensmittelgeschäft, einem Schwimmbecken sowie Tennisplätzen und einem Golfplatz.
Have you packed all the camping equipment: tent, poles and pegs?	Haben Sie die ganze Campingausrüstung zusammengepackt: Zelt, Stangen und Heringe?
Don't forget to take an axe and shovel with you.	Vergessen Sie nicht, eine Axt und eine Schaufel mitzunehmen.
We'd like to camp here for a (U.S.: one) week. Is there still a pitch available?	Wir würden hier gerne für eine Woche bleiben. Haben Sie noch einen Stellplatz frei?
Here is a map of the camping site. You can choose a pitch to please yourself. There are shady, grassy pitches for tenting on the south side of the site.	Hier ist eine Karte von dem Campingplatz. Suchen Sie sich einen Stellplatz aus. Schattige Rasenplätze zum Zelten befinden sich auf der Südseite des Campingplatzes.
We also have a row of pitches that runs parallel to the lakeshore.	Wir haben noch eine Reihe Stellplätze, die parallel zum Seeufer liegt.
We need a pitch with electricity for our caravan (U.S.: trailer).	Für unseren Wohnwagen benötigen wir einen Stellplatz mit Stromanschluß.
How high is the daily camping rate?	Wie hoch ist die Tagesgebühr für Camping?
Where is your pitch?	Wo haben Sie Ihren Stellplatz?
Our tent is located at pitch number twelve.	Unser Zelt befindet sich auf Stellplatz Nummer zwölf.
Would you like to join us at our campfire this evening?	Möchten Sie sich heute abend zu uns ans Lagerfeuer setzen?
The campground management is staging a large campfire gathering at 8 o'clock this evening.	Die Verwaltung des Zeltplatzes veranstaltet heute abend um 8 Uhr ein großes Treffen am Lagerfeuer.
Camping on farms is becoming more and more popular. You can ask at the travel agency what farms would be suitable.	Camping auf dem Bauernhof wird immer beliebter. Man kann sich im Reisebüro nach geeigneten Höfen erkundigen.
On our holiday (U.S.: vacation) in America we went to see beautiful	In unserem Amerikaurlaub haben wir einige schöne Nationalparks

national parks. We also went for some hikes in the hinterland.

besichtigt. Auch haben wir einige Wanderungen ins Hinterland unternommen.

We carried all our camping equipment in our rucksacks (U.S.: backpacks) and set up our own camp in the hinterland.

Wir haben die ganze Campingausrüstung in unseren Rucksäcken getragen und haben unser eigenes Lager im Hinterland errichtet.

What I found particularly good there was that every pitch was equipped with a picnic table and a fireplace.

Was mir dort besonders gefiel, war, daß jeder Stellplatz mit Picknicktisch und Feuerstelle ausgestattet war.

As I am a great nature lover, I always look for out-of-the-way camping sites which are not too busy.

Da ich die freie Natur sehr gern habe, suche ich immer abgelegene Campingplätze mit wenig Betrieb.

Our caravan is located all year round at a camping site about an hour's drive from where we live. That way we can also relax there at (U.S.: on the) weekends.

Unser Wohnwagen steht das ganze Jahr über auf einem Campingplatz etwa eine Autostunde von uns entfernt. So können wir uns auch am Wochenende dort entspannen.

14.4 INLAND TRIPS

14.4 INLANDSREISEN

There are lots of sights and places of interest that I still have not seen in this country, and that is why I am going to spend my holiday here rather than go abroad.

Es gibt noch viele interessante Sehenswürdigkeiten in diesem Land, die ich noch nicht gesehen habe. Aus diesem Grund werde ich meinen Urlaub hier und nicht im Ausland verbringen.

A holiday in one's own country is less problematic than a trip abroad. You don't have to bother about a passport or exchanging money, and it's not necessary to take out travel insurance.

Ein Urlaub im eigenen Land ist weniger problematisch als eine Reise ins Ausland. Man braucht sich nicht um einen Reisepaß und Geldumtausch zu kümmern. Auch ist es nicht notwendig, eine Reiseversicherung abzuschließen.

We are going to visit some of the noteworthy cities in the south during our holiday. Perhaps you could make some suggestions as to what is worth seeing in the area.

Wir werden in unserem Urlaub einige bedeutende Städte im Süden besuchen. Vielleicht könnten Sie einige Vorschläge machen, was in dieser Gegend sehenswert ist.

You really must visit this city, which is considered to be the business and cultural centre of the country.	Sie müssen auf jeden Fall diese Stadt besuchen, die als geschäftlicher und kultureller Mittelpunkt des Landes betrachtet wird.
We are planning to have a short break in the country.	Wir planen eine kleine Erholungsreise aufs Land.
Tourists are welcome in the small towns and villages here and are encouraged to take part in the local summer festivals.	Touristen sind in den kleinen Städten und Dörfern herzlich willkommen und werden dazu ermuntert, sich an den örtlichen Sommerfesten zu beteiligen.
I feel very much at home in this part of the country and always come here on holiday.	Ich fühle mich in diesem Teil des Landes sehr wohl und komme im Urlaub immer hierher.

14.5 TRAVEL ABROAD / 14.5 AUSLANDSREISEN

14.5.1 Travel Documents, Passport, Visa / 14.5.1 Reisepapiere, Paß, Visum

I must contact the Canadian consulate to find out whether I'll need an entrance visa for my summer holiday there.	Ich muß mich mit dem kanadischen Konsulat in Verbindung setzen, um herauszufinden, ob ich ein Einreisevisum für meinen Kanadaurlaub benötige.
I'm a citizen of the Federal Republic of Germany and would like to inquire if a visa is necessary for entry into your country.	Ich bin ein Bürger der Bundesrepublik Deutschland und möchte mich erkundigen, ob ein Visum für die Einreise in Ihr Land erforderlich ist.
I am planning to stay for three months.	Ich beabsichtige, drei Monate zu bleiben.
How long is this visa valid?	Wie lange ist dieses Visum gültig?
I must have my passport renewed.	Ich muß meinen Paß verlängern lassen.
We're approaching the border. Have you got your passport ready?	Wir nähern uns der Grenze, haben Sie Ihren Paß zur Hand?
May I see your passport, please?	Darf ich bitte Ihren Reisepaß sehen?
We can't accept an identity card. You need a passport.	Ein Personalausweis genügt nicht, ein Reisepaß ist erforderlich.
What is your nationality?	Welche Staatsangehörigkeit haben Sie?

I'm a citizen of the Federal Republic of Germany.	Ich bin ein Bürger der Bundesrepublik Deutschland.
How long will you be staying in England?	Wie lange bleiben Sie in England?
I'll be staying in England for four weeks. I'm visiting some friends in Bristol.	Ich werde vier Wochen in England bleiben. Ich besuche einige Freunde in Bristol.
I plan to stay the entire year here to study at university.	Ich beabsichtige, das ganze Jahr hier zu bleiben, um an der Universität zu studieren.
What is the nature of your trip?	Was ist der Zweck Ihrer Reise?
I'm here on business.	Ich bin auf Geschäftsreise.
We're here on holiday (U.S.: vacation).	Wir sind hier auf Urlaub.
My children are accompanying me on this trip. They are on my passport.	Meine Kinder begleiten mich auf dieser Reise. Sie sind in meinen Reisepaß eingetragen.
My son has his own passport.	Mein Sohn hat seinen eigenen Reisepaß.
What is the date of your departure?	Wann reisen Sie ab?
Our departure is scheduled for August 16.	Unsere Abreise ist für den 16. August geplant.
Have you any further means of identification with you?	Haben Sie noch weitere Ausweispapiere bei sich?
What is your occupation?	Was sind Sie von Beruf?
This visa is no longer valid.	Dieses Visum ist nicht mehr gültig.
Your passport expires next month.	Ihr Reisepaß wird nächsten Monat ungültig.
Passport control is progressing very slowly. I hope I'll make my connecting flight.	Die Paßkontrolle geht sehr langsam voran. Ich hoffe, ich erreiche noch meinen Anschlußflug.

14.5.2 Going through Customs — 14.5.2 Zollkontrolle

Have you anything to declare?	Haben Sie etwas zu verzollen?
No, I've only got my personal belongings with me.	Nein, ich habe nur meine persönlichen Sachen bei mir.

Have you got any alcohol, plants or perfume?	Haben Sie Alkohol, Pflanzen oder Parfüm bei sich?
I've got one bottle of wine.	Ich habe eine Flasche Wein.
I bought these cigarettes in a duty-free shop.	Ich habe diese Zigaretten in einem Duty-free-Shop gekauft.
Please open this suitcase. What is this? – That's a gift.	Bitte öffnen Sie diesen Koffer. Was ist das? – Das ist ein Geschenk.
Do I have to pay duty on these items?	Muß ich Zoll für diese Artikel bezahlen?
These gifts are subject to duty.	Diese Geschenke sind zollpflichtig.
I've got all the sales slips to prove that I haven't gone above the duty-free allowance.	Ich habe alle Quittungen, die beweisen, daß meine Einkäufe die zollfreie Grenze nicht überschreiten.
You must fill out this customs declaration.	Sie müssen diese Zollerklärung ausfüllen.
How high is the tariff?	Wie hoch ist der Zolltarif?
The customs officials confiscated the smoked ham I had intended as a present.	Den geräucherten Schinken, den ich als Geschenk geplant hatte, haben die Zollbeamten beschlagnahmt.

14.5.3 Obtaining Foreign Currency, Currency Regulations

14.5.3 Devisenbeschaffung, -bestimmungen

I must exchange my German money for pounds sterling as soon as possible.	Ich muß mein deutsches Geld so bald wie möglich gegen Pfund umtauschen.
Can I exchange my money at any bank or only at certain ones?	Kann ich mein Geld in jeder Bank umtauschen oder nur in bestimmten Banken?
It's only possible to change your money at two or three large banks in the town centre (U.S.: downtown).	Es ist nur möglich, Ihr Geld in zwei oder drei Banken in der Stadtmitte umzutauschen.
You can exchange your money at most banks here without any problems.	Sie können hier Ihr Geld bei den meisten Banken ohne Probleme umtauschen.
What is the rate of exchange today for the pound sterling?	Wie ist heute der Wechselkurs für das britische Pfund?
I'd like to exchange these Swiss francs for American dollars.	Ich möchte diese Schweizer Franken in amerikanische Dollar umtauschen.

That's not a very good rate of exchange, but unfortunately I can't wait for a better rate.
Das ist kein günstiger Wechselkurs, aber leider kann ich auf keinen besseren Kurs warten.

How many Austrian schillings will I get for one hundred pounds sterling?
Wie viele österreichische Schilling bekomme ich für hundert englische Pfund?

I'd like to exchange a hundred pounds (£100.00) into German money. How many marks will I get at the current rate?
Ich möchte gerne £100,00 in deutsches Geld umtauschen. Wieviel Mark bekomme ich bei dem heutigen Tageskurs?

How would you like your money?
Wie möchten Sie Ihr Geld?

I'd like it in twenty, fifty and one hundred mark notes (U.S.: bills).
Ich möchte Zwanzig-, Fünfzig- und Hundertmarkscheine.

I'll also need some small change.
Ich werde auch etwas Kleingeld brauchen.

Can I cash this traveller's cheque (U.S.: traveler's check) here?
Kann ich diesen Reisescheck hier einlösen?

I'll need your signature here, please.
Ich benötige hier Ihre Unterschrift.

What form of identification have you got with you?
Welche Ausweispapiere haben Sie bei sich?

How much money am I allowed to take into this country?
Wieviel Geld darf ich in dieses Land mitnehmen?

15. Health, Hygiene

15. Gesundheit, Körperpflege

15.1 STATE OF HEALTH

15.1 GESUNDHEITSZUSTAND

15.1.1 Illnesses

15.1.1 Krankheiten

I've never been seriously ill in my life.
Ich bin in meinem Leben niemals ernstlich krank gewesen.

Last year I took seriously ill and was unable to work.
Letztes Jahr wurde ich sehr schwer krank und konnte nicht arbeiten.

It took me a very long time to recuperate.
Es dauerte eine lange Zeit, bis ich mich wieder erholte.

He has got chickenpox.
Er hat Windpocken.

Have you ever had mumps?
Haben Sie jemals Mumps gehabt?

Your face looks very flushed. I think you've got a temperature.
Ihr Gesicht glüht so, ich glaube Sie haben Fieber.

Yes, I think I'm coming down with something. I don't feel well at all.	Ja, ich glaube, es ist etwas im Anzug. Ich fühle mich überhaupt nicht gut.
I'm sure it's nothing serious. But it's best not to take chances with your health. Shall I call a doctor?	Ich bin sicher, es ist nichts Ernsthaftes, man sollte aber mit seiner Gesundheit kein Risiko eingehen. Soll ich einen Arzt rufen?
You'd better go to the doctor's immediately.	Sie sollten besser sofort zum Arzt gehen.
I've got to watch my cholesterol count, so I stick to a strict diet.	Ich muß auf meinen Cholesterin-Spiegel achten und halte mich deshalb an eine strenge Diät.
My husband had a heart attack last autumn (U.S.: fall).	Mein Mann hatte im letzten Herbst einen Herzanfall.
He had a serious heart operation recently and will be confined to bed for some time.	Er hatte kürzlich eine schwere Herzoperation und wird noch einige Zeit bettlägerig sein.
The doctors are optimistic that he will recover soon.	Die Ärzte haben ihm gute Hoffnungen auf eine baldige Genesung gemacht.
He suffers from a liver ailment.	Er ist an der Leber erkrankt.
I'm a diabetic.	Ich bin Diabetiker.
He has recurring epileptic fits, which sometimes lead to loss of consciousness.	Er leidet an Epilepsie mit immer wiederkehrenden Anfällen, die auch zur Ohnmacht führen können.
Lots of people I know have got flu at the moment.	Im Moment haben viele Leute, die ich kenne, die Grippe.
I think I'm going to be sick.	Ich habe das Gefühl, als müsse ich mich übergeben.
He has had a contagious skin disease for the last few weeks, so he has missed a lot of school.	In den letzten Wochen hatte er eine ansteckende Hautkrankheit, weshalb er viel Schulunterricht versäumt hat.
I've got high blood pressure.	Ich habe hohen Blutdruck.
Her arthritis causes her a lot of pain.	Die Arthritis verursacht ihr große Schmerzen.
I find it difficult to sleep for the pain.	Wegen meiner starken Schmerzen kann ich schlecht schlafen.
Her kidneys aren't working properly. The doctors have said that a kidney transplant is necessary.	Ihre Nieren sind nicht mehr funktionsfähig. Die Ärzte haben gesagt, daß eine Nierentransplantation notwendig ist.
I was very sad to hear that you were ill.	Ich war sehr traurig, als ich hörte, daß Sie krank seien.

She took ill very suddenly.	Sie wurde sehr plötzlich krank.
The news of his terrible illness came as a shock to me.	Die Nachricht von seiner schrecklichen Krankheit kam wie ein Schock für mich.
I wish you a speedy recovery.	Ich wünsche Ihnen gute Besserung.

15.1.2 Feeling Unwell — 15.1.2 Unwohlsein

I don't feel very well today.	Ich fühle mich heute nicht sehr wohl.
You look rather pale.	Sie sehen ziemlich blaß aus.
I must apologize for my bad mood yesterday. I've been feeling a bit under the weather recently.	Ich muß mich für meine schlechte Laune gestern entschuldigen. Ich habe mich in der letzten Zeit nicht sehr gut gefühlt.
He seems to be very nervy at the moment.	Im Moment scheint er ziemlich nervös zu sein.
It's quite obvious that he's overworked.	Er ist ganz offensichtlich überarbeitet.
I always feel tired at the moment, but I'm sure it's just because of the weather.	Ich fühle mich zur Zeit immer müde, aber das ist wohl dem Wetter zuzuschreiben.
I've got low blood pressure.	Ich habe zu niedrigen Blutdruck.
My whole body is aching after the strenuous tennis match yesterday.	Nach dem anstrengenden Tennismatch gestern schmerzt mein ganzer Körper.
I think I've pulled a muscle.	Ich glaube, ich habe mir eine Muskelzerrung zugezogen.
Its rather warm in this room. I feel a little dizzy all of a sudden.	Es ist ziemlich warm in diesem Raum. Ich fühle mich plötzlich ein wenig schwindlig.
Have you got a headache again?	Haben Sie wieder Kopfschmerzen?
She often has migraines.	Sie hat oft Migräne.
He looks exhausted.	Er sieht erschöpft aus.
You look very despondent.	Sie sehen sehr niedergeschlagen aus.
Yes, I've been feeling a bit depressed lately.	Ja, ich fühle mich in der letzten Zeit ein bißchen deprimiert.
He is always complaining about different ailments.	Er beklagt sich immer über andere Beschwerden.

I feel much better today.	Ich fühle mich heute viel besser.
I'm in such a good mood because of the lovely weather.	Wegen des herrlichen Wetters bin ich so gut aufgelegt.
Try to cheer up and forget your troubles.	Versuchen Sie, abzuschalten und all Ihre Sorgen zu vergessen.

15.1.3 Accidents / 15.1.3 Unfall

Call a doctor immediately. There's been an accident.	Rufen Sie sofort einen Arzt. Es ist ein Unfall passiert.
Two people have been badly injured.	Zwei Menschen sind schwer verletzt worden.
Don't move any of the people who have been injured. Keep them warm with a blanket until help arrives.	Sie dürfen die verletzten Personen nicht bewegen. Halten Sie sie mit einer Decke warm, bis Hilfe kommt.
Are you in pain?	Haben Sie Schmerzen?
I've got a terrible pain in my right leg.	Ich habe fürchterliche Schmerzen im rechten Bein.
His arm is bleeding very heavily.	Sein Arm blutet sehr stark.
I think I've broken my arm.	Ich glaube, ich habe mir den Arm gebrochen.
The man appears to be suffering from shock.	Der Mann scheint an einem Schock zu leiden.
Can you move your fingers?	Können Sie die Finger bewegen?
No, my fingers feel quite numb.	Nein, meine Finger sind wie betäubt.
I've sprained my wrist.	Ich habe mir das Handgelenk verstaucht.
His finger is quite swollen.	Sein Finger ist sehr angeschwollen.
How do you feel?	Wie fühlen Sie sich?
The pain is getting worse.	Die Schmerzen nehmen zu.
Your knee seems to be dislocated. I'll give you a local anaesthetic (U.S.: anesthetic).	Ihr Knie scheint verrenkt zu sein. Ich werde Sie örtlich betäuben.
Is the pain starting to ease off now?	Nehmen jetzt die Schmerzen ab?
He is badly bruised, but there's nothing broken.	Er hat böse Quetschungen, aber es ist nichts gebrochen.
She is seriously injured and is still unconscious.	Sie ist schwer verletzt und immer noch bewußtlos.

The ambulance should be here any moment.
Der Krankenwagen müßte jeden Moment eintreffen.

Can I come to the hospital with her (him)? I am a close friend of hers (his) and was with her (him) when the accident occurred.
Kann ich mit der (dem) Verletzten ins Krankenhaus fahren? Ich bin ein guter Freund von ihr (ihm) und war mit ihr (ihm) zusammen, als der Unfall geschah.

Which hospital is she going to be taken to?
In welches Krankenhaus bringt man sie?

She has several head wounds that look worse than they really are.
Sie hat einige Kopfverletzungen, die schlimmer aussehen, als sie wirklich sind.

She has got concussion.
Sie hat eine Gehirnerschütterung erlitten.

He needs medical attention immediately.
Er braucht sofort medizinische Hilfe.

Is there a doctor here?
Ist hier jemand Arzt?

The injured woman is having trouble breathing.
Die Verletzte hat Atmungsschwierigkeiten.

His condition is stable at the moment. His life is no longer in danger.
Sein Zustand ist im Augenblick stabil, sein Leben ist nicht mehr in Gefahr.

15.2. PUBLIC HEALTH SERVICES

15.2 GESUNDHEITS-FÜRSORGE

15.2.1 Doctor's

15.2.1 Arzt

When does the doctor have his surgery (U.S.: office hours)?
Wann hat dieser Arzt Sprechstunde?

I have an appointment with the doctor at ten a.m. tomorrow morning.
Ich habe morgen früh um 10 Uhr einen Termin beim Arzt.

It is necessary to make an appointment with the doctor in advance unless it is an emergency.
Es ist erforderlich, mit dem Arzt einen Termin im voraus zu vereinbaren, es sei denn, es handelt sich um einen Notfall.

I'd like to make an appointment with the doctor for next week. I'd like an appointment for the late afternoon, if possible.
Ich hätte gern einen Termin für nächste Woche, wenn möglich am späten Nachmittag.

He only treats private patients.
Er behandelt nur Privatpatienten.

I must go to a urologist for treatment of my kidney complaint.	Ich muß mich wegen meines Nierenleidens von einem Urologen untersuchen lassen.
I can recommend a good gynaecologist.	Ich kann Ihnen einen guten Gynäkologen empfehlen.
I took ill last week and I've been off sick since then.	Ich erkrankte in der letzten Woche. Seitdem bin ich krank geschrieben.
The doctor said I've to stay off work till Monday.	Ich bin bis Montag krank geschrieben.
I haven't been feeling well lately.	Ich fühle mich in der letzten Zeit nicht wohl.
Can you describe your symptoms?	Können Sie die Krankheitssymptome beschreiben?
I often have headaches and no appetite.	Ich habe oft Kopfschmerzen und keinen Appetit.
My body hurts all over.	Ich habe Schmerzen im ganzen Körper.
I frequently have trouble breathing.	Ich habe häufig Atmungsschwierigkeiten.
I've got a terrible cold with a temperature and the shivers.	Ich habe eine fürchterliche Erkältung mit Fieber und Schüttelfrost.
Take your clothes off, please.	Machen Sie sich bitte frei.
How long have you been feeling ill?	Wie lange fühlen Sie sich schon krank?
I've had this trouble for a few weeks now.	Ich habe diese Beschwerden schon seit einigen Wochen.
Please open your mouth.	Öffnen Sie bitte den Mund.
Take a deep breath.	Atmen Sie tief durch.
My assistant will check your blood pressure.	Meine Assistentin wird Ihren Blutdruck messen.
How much do you weigh?	Wieviel wiegen Sie?
I weigh sixty kilos.	Ich wiege sechzig Kilo.
Does it hurt when I press here?	Tut es weh, wenn ich hier drücke?
No, I don't notice any pain.	Nein, ich verspüre keine Schmerzen.
I get a terrible pain when you press there.	Ich habe furchtbare Schmerzen, wenn Sie an dieser Stelle drücken.
I've noticed a peculiar lump, so I'd like you to examine me very thoroughly.	Ich habe einen eigenartigen Knoten festgestellt, und aus diesem Grund möchte ich, daß Sie mich sehr genau untersuchen.
I'd like to have a blood test.	Ich möchte eine Blutuntersuchung machen lassen.

We'll have to carry out a urine test. Bring a urine sample with you tomorrow morning.	Wir werden einen Urintest durchführen müssen. Bringen Sie morgen früh eine Urinprobe.
It would be best for your health if you were to stop smoking.	Es wäre für Ihre Gesundheit das Beste, wenn Sie das Rauchen aufgeben würden.
Try to lose some weight and get some regular exercise.	Sie sollten versuchen, abzunehmen und regelmäßig Sport treiben.
Have you had any previous operations or serious illnesses?	Hatten Sie früher irgendwelche Operationen oder ernsthafte Krankheiten?
I'll X-ray the area that is causing your problems.	Ich werde den Bereich röntgen, der Ihnen Probleme verursacht.
Can you give me something for the pain?	Können Sie mir etwas gegen die Schmerzen verschreiben?
I'll prescribe a sedative to help you sleep at night.	Ich werde Ihnen ein Beruhigungsmittel verschreiben, damit Sie nachts schlafen können.
You can get this medicine (U.S.: medication) at the chemist's (U.S.: drugstore) round the corner.	Sie können dieses Medikament in der Apotheke gleich um die Ecke bekommen.
This medicine is quite harmless.	Dieses Medikament ist ganz harmlos.
Just take one of these in the evening, as they are quite strong.	Nehmen Sie nur eine Kapsel am Abend, da dieses Medikament sehr stark ist.
Take one of these pills twice a day.	Nehmen Sie zweimal täglich eine von diesen Tabletten.
I've got great faith in my family doctor, who knows my complete medical history and has treated me for many years.	Ich habe großes Vertrauen zu meinem Hausarzt, der meine ganze Krankengeschichte kennt und mich seit vielen Jahren behandelt.
You aren't seriously ill, but you'll have to stay in bed for a while.	Sie sind nicht ernsthaft krank, aber Sie brauchen Bettruhe.
You're suffering from a contagious illness. You will have to avoid contact with your family.	Sie haben eine ansteckende Krankheit. Sie müssen den Kontakt mit Ihrer Familie meiden.
I'm going to refer you to a specialist for further treatment.	Ich werde Sie zur weiteren Behandlung an einen Spezialisten überweisen.
You're going to need an operation. I'll make all the necessary arrangements for you to be admitted to hospital at once.	Eine Operation ist erforderlich. Ich werde alle notwendigen Vorbereitungen für Ihre sofortige Einweisung ins Krankenhaus treffen.

15.2.2 Dentist's	**15.2.2 Zahnarzt**
I must go to the dentist's immediately, as I've got a dreadful toothache.	Ich muß sofort zum Zahnarzt, weil ich schreckliche Zahnschmerzen habe.
Please call the dentist and see if he can take me immediately.	Rufen Sie bitte den Zahnarzt an und fragen Sie ihn, ob er mich sofort behandeln kann.
I've got a loose filling.	Meine Plombe hat sich gelöst.
Please open your mouth wide.	Machen Sie bitte den Mund weit auf.
Which tooth is causing you pain?	Welcher Zahn bereitet Ihnen Schmerzen?
I'll have to drill.	Ich werde bohren müssen.
This tooth will have to be filled.	Dieser Zahn muß plombiert werden.
Would you prefer a gold or porcelain crown?	Möchten Sie lieber eine Gold- oder eine Porzellankrone?
This is only a temporary filling. I'll put in the real filling next week.	Das ist nur eine provisorische Plombe. Nächste Woche werde ich die richtige Füllung einsetzen.
An X-ray will show if the root is all right.	Eine Röntgenaufnahme wird zeigen, ob die Zahnwurzel noch in gutem Zustand ist.
This tooth will have to come out. The root has decayed.	Dieser Zahn muß gezogen werden, da die Wurzel verfault ist.
Could you give me something for the pain?	Würden Sie mir bitte eine Schmerzmittel geben?
This local anaesthetic will numb the entire area.	Diese örtliche Betäubung wird den ganzen Bereich unempfindlich machen.
I'm afraid you need dentures.	Sie brauchen leider eine Zahnprothese.
I went to the dentist's last week to have a wisdom tooth out.	Letzte Woche mußte ich zum Zahnarzt, um mir einen Weisheitszahn ziehen zu lassen.
Your daughter needs a brace.	Ihre Tochter braucht eine Zahnspange.
You have very healthy teeth.	Sie haben sehr gesunde Zähne.
He has false teeth.	Er trägt ein Gebiß.
You must take better care of your teeth.	Sie müssen Ihre Zähne besser pflegen.
I have broken a tooth.	Mir ist ein Zahn abgebrochen.

My gums are very sensitive.	Mein Zahnfleisch ist sehr empfindlich.
Yes, they seem to be inflamed.	Ja, es scheint entzündet zu sein.
Do you use dental floss?	Benützen Sie Zahnseide?
Your bridge will be ready next week.	Ihre Brücke wird nächste Woche fertig sein.
My dentist works in a dental hospital.	Mein Zahnarzt arbeitet in einer Zahnklinik.
I'm very happy with my dentist.	Ich bin mit meinem Zahnarzt sehr zufrieden.

15.2.3 Hospital / 15.2.3 Krankenhaus

Did you know that Harry Smith was taken to hospital last week?	Wußten Sie, daß Harry Smith letzte Woche ins Krankenhaus gebracht wurde?
He took ill quite suddenly.	Er wurde plötzlich krank.
He had to have his appendix removed.	Ihm wurde der Blinddarm entfernt.
We've known for quite a while that this illness can only be treated with an operation.	Wir wissen schon seit einiger Zeit, daß diese Krankheit nur noch operativ behandelt werden kann.
Which doctor is treating him?	Wer ist sein behandelnder Arzt?
Dr Peters performed the operation.	Doktor Peters führte die Operation durch.
The hospital visiting hours are from 10.00 a. m. – 8.00 p. m.	Die Besuchszeit im Krankenhaus ist von 10 Uhr bis 20 Uhr.
Shall we visit him together?	Wollen wir ihn zusammen besuchen?
Can you tell me the room number of Mr Harry Smith?	Können Sie mir die Zimmernummer von Harry Smith sagen?
He's in room 205 in the men's ward on the first (U.S.: second) floor.	Er liegt auf der Männerstation in Zimmer 205 auf der ersten Etage.
I'll come back and see you again tomorrow. Is there anything I can bring you?	Ich werde Sie morgen wieder besuchen. Gibt es etwas, was ich Ihnen mitbringen kann?
I've been in the hospital for two weeks now and I'm beginning to feel much better.	Ich bin jetzt seit zwei Wochen im Krankenhaus und fange an, mich schon viel besser zu fühlen.
My doctor has told me that I'm	Mein Arzt hat mir mitgeteilt, daß

going to be discharged next week.	ich nächste Woche entlassen werde.
Please ring for the nurse.	Bitte klingeln Sie nach der Schwester.
I share my hospital room with two other patients.	Ich teile das Krankenzimmer mit zwei anderen Patienten.
He has had a serious operation and needs absolute peace and quiet.	Er hat eine schwere Operation hinter sich und benötigt absolute Bettruhe.
The patient is not allowed to have visitors. She is in intensive care.	Die Patientin darf keinen Besuch empfangen. Sie liegt auf der Intensivstation.
I'd like to speak to the surgeon who performed the operation.	Ich möchte mit dem Chirurgen sprechen, der die Operation ausgeführt hat.
How is she, doctor?	Wie geht es ihr, Herr Doktor?
Her condition is stable and she'll be back to full health soon.	Ihr Zustand ist stabil, und sie wird bald wieder völlig gesund sein.
She is on the way to recovery.	Sie ist auf dem Weg der Besserung.
She is still in a critical condition. The next two days will be decisive for her recovery.	Ihr Zustand ist noch kritisch. Die nächsten zwei Tage werden entscheidend sein.
The tumour (U.S.: tumor) was removed and sent to the laboratory for examination.	Der Tumor wurde entfernt und dann in das Labor zur Untersuchung geschickt.
The test results show that the tumour is benign (malignant).	Die Testergebnisse zeigen, daß der Tumor gutartig (bösartig) ist.
I have complete faith in my doctor. He is a specialist in this field.	Ich habe völliges Vertrauen zu meinem Arzt. Er ist ein Spezialist auf diesem Gebiet.
This hospital has an excellent reputation. You are in good hands here.	Dieses Krankenhaus hat einen ausgezeichneten Ruf. Sie sind hier in guten Händen.
The doctors were very friendly and always did their best to answer my questions clearly.	Die Ärzte waren sehr freundlich und stets bemüht, auf alle meine Fragen eine klare Antwort zu geben.
I'm glad I'm going to be allowed to go home next week but I'll have to take it easy for the first few weeks.	Ich bin froh, daß ich nächste Woche entlassen werde, aber ich muß mich in den ersten Wochen noch sehr schonen.

15.2.4 Chemist's (U.S.: Pharmacy, Drugstore), Medicines

15.2.4 Apotheke, Medikamente

There is a chemist's right next to my doctor's surgery (U.S.: office).	Gleich neben meinem Arzt ist eine Apotheke.
Take one of these four times a day.	Sie müssen viermal am Tag eine Tablette nehmen.
Your doctor has prescribed a special tonic. You must take one tablespoonful every morning.	Ihr Arzt hat Ihnen ein Stärkungsmittel verschrieben. Sie müssen jeden Morgen einen Eßlöffel voll davon einnehmen.
Please shake the bottle before use.	Bitte schütteln Sie die Flasche vor Gebrauch.
Does this medicine have any side effects?	Hat dieses Medikament Nebenwirkungen?
You shouldn't drink alcohol when you are taking this medicine.	Sie sollten keinen Alkohol trinken, wenn Sie diese Medizin einnehmen.
With a prescription you only have to pay two marks.	Mit Rezept müssen Sie nur zwei Mark bezahlen.
I've got a very bad cold. Can you give me something for it?	Ich habe einen sehr starken Schnupfen. Können Sie mir etwas dagegen geben?
Take these nose drops. They're very good.	Nehmen Sie diese Nasentropfen, die sind sehr gut.
Do you also have something for a sore throat?	Haben Sie auch etwas gegen Halsschmerzen?
Try these cough drops.	Versuchen Sie diese Lutschpastillen.
I've got an eye allergy and need some eye drops.	Ich habe eine Augenallergie und benötige Augentropfen.
Do you have nose drops for hay fever?	Haben Sie Nasentropfen gegen Heuschnupfen?
Can you recommend something for mosquito and other insect bites?	Können Sie mir ein Mittel gegen Mücken- und andere Insektenstiche empfehlen?
In Germany you don't have to pay for children's prescriptions.	In Deutschland braucht man gegen Kinderrezept nichts zu bezahlen.
You've got to pay for all medicines here, even with a prescription.	Hier muß man für alle Medikamente, auch mit Rezept, bezahlen.

15.3 HEALTH INSURANCE	15.3 KRANKENVERSICHERUNG
I'm insured under the national health insurance plan.	Ich bin in der gesetzlichen Krankenversicherung.
I've taken out extra health insurance for the length of my stay in this country.	Für die Dauer meines Aufenthaltes in diesem Land habe ich eine zusätzliche Krankenversicherung abgeschlossen.
My supplementary insurance takes care of the costs of all hospital expenses and physicians' fees that may arise during my stay abroad.	Meine Zusatzversicherung übernimmt alle Krankenhaus- und Arztkosten, die während meines Auslandsaufenthaltes entstehen.
My doctor settles the bills directly with my health insurance company.	Mein Arzt rechnet direkt mit meiner Krankenkasse ab.
I have to pay the bills myself, but my insurance company reimburses me fully.	Ich muß die Rechnungen selber begleichen, aber die Krankenkasse erstattet mir die Kosten in voller Höhe zurück.
What insurance company are you with?	In welcher Krankenkasse sind Sie?
I'm insured under a works sickness fund.	Ich bin in einer Betriebskrankenkasse.
I'm insured under a health insurance fund whose members are mostly salaried employees.	Ich bin bei einer Ersatzkrankenkasse versichert, deren Mitglieder überwiegend Angestellte sind.
What benefits are provided by the basic health insurance here?	Welche Leistungen bietet hier eine normale Krankenversicherung?
The benefits here include medical treatment, sick pay and hospital care.	Die Leistungen hier beinhalten Krankenpflege, Krankengeld und Krankenhauspflege.
All health insurance companies must offer certain minimum benefits. Extra benefits vary from company to company.	Alle Krankenkassen müssen bestimmte Mindestleistungen anbieten. Mehrleistungen sind von Kasse zu Kasse unterschiedlich.
My insurance company meets the costs of hospital care for an unlimited period.	Die Krankenhauskosten werden von meiner Versicherung ohne zeitliche Begrenzung übernommen.
Health insurance is not mandatory in the United States.	Eine Krankenversicherungspflicht besteht in den Vereinigten Staaten nicht.

My insurance company meets my hospital expenses up to a maximum of 52 weeks.

You can send in reimbursement claims for medical bills exceeding £100.

I have to pay all my doctor's bills myself.

How is the national health insurance system financed in this country?

Employers and employees contribute equally towards insurance premiums.

15.3.1 National Health Insurance

Are you insured under the statutory health insurance scheme or are you privately insured?

I'm insured under the statutory health insurance plan.

In the United States there is no compulsory health insurance.

There are two different insurance systems here: private and statutory. Every citizen is entitled to join one of these insurance schemes.

The employer is obliged (U.S.: obligated) to pay half of the health insurance premiums, and the other half of the costs is borne by the employee.

My wife doesn't work for a living, so she is insured through me.

In Great Britain the National Health Service is financed by the Government.

What does your health insurance include?

My health insurance pays for all

Die Krankenhauskosten werden für eine Höchstdauer von 52 Wochen von meiner Versicherung bezahlt.

Sie können Erstattungsanträge einschicken für Rechnungen, die £100 überschreiten.

Ich muß alle meine Rechnungen für ärztliche Behandlung selber bezahlen.

Wie wird in diesem Land die soziale Krankenversicherung finanziert?

Arbeitgeber und Arbeitnehmer beteiligen sich je zur Hälfte an den Krankenkassenbeiträgen.

15.3.1 Gesetzliche Krankenversicherung

Sind Sie in einer gesetzlichen Krankenkasse oder sind Sie privat versichert?

Ich bin in einer gesetzlichen Krankenkasse versichert.

In den Vereinigten Staaten gibt es keine Versicherungspflicht.

Hier gibt es zwei Versicherungssysteme: das private und das gesetzliche. Jeder Bürger hat die Möglichkeit, in eine der beiden Versicherungen einzutreten.

Der Arbeitgeber ist verpflichtet, die Hälfte der Krankenversicherungsbeiträge zu bezahlen. Die andere Hälfte der Kosten trägt der Arbeitnehmer.

Meine Frau ist nicht berufstätig, aus diesem Grund ist sie bei mir mitversichert.

Die gesetzliche Krankenversicherung in Großbritannien wird vom Staat finanziert.

Was schließt ihre Krankenversicherung ein?

Meine Krankenkasse bezahlt alle

visits to the doctor as well as all hospital expenses.

Besuche beim Arzt und die vollen Krankenhauskosten.

My health insurance supplies me with a booklet of treatment chits. When I am having medical treatment, I have to present one of these certificates at the start of every quarter.

Meine Krankenkasse stellt mir ein Krankenscheinheft zur Verfügung. Wenn ich in ärztlicher Behandlung bin, muß ich am Anfang jedes Quartals einen neuen Krankenschein vorlegen.

I was very pleased with the treatment I received in the hospital, but I wasn't able to choose my hospital room or doctor.

Ich war mit der Behandlung im Krankenhaus sehr zufrieden. Allerdings konnte ich mir weder das Zimmer noch den behandelnden Arzt aussuchen.

I was in a room with two other women. The room had a small bathroom with a toilet, shower and sink.

Ich war auf einem Zimmer mit zwei anderen Frauen. Das Zimmer hatte ein kleines Bad mit Toilette, Dusche und Waschbecken.

My health insurance pays for a six-day hospital stay after a birth.

Meine Krankenkasse bezahlt die Kosten eines sechstägigen Krankenhausaufenthaltes für Wöchnerinnen.

Are you also covered by the statutory national health insurance scheme in this country? If you are, all medicine on prescription can be purchased at a fixed price.

Sind Sie auch in diesem Land gesetzlich versichert? Sie können dann alle rezeptpflichtigen Medikamente gegen einen festgesetzten Betrag kaufen.

I am only insured by the statutory health insurance scheme, as I can't afford any additional types of insurance at the moment.

Ich bin nur gesetzlich versichert, da alle zusätzlichen Versicherungen im Moment für mich zu teuer sind.

15.3.2 Private Health Insurance

15.3.2 Private Krankenversicherung

As I'm self-employed I have private health insurance.

Weil ich selbständig bin, bin ich privat versichert.

As he earns too much to be in the statutory health insurance scheme, he has decided to take out a private health insurance.

Da sein Verdienst die Grenze der Pflichtversicherung übersteigt, hat er sich für eine private Krankenversicherung entschlossen.

I'll probably take out an additional private health insurance policy to

Zusätzlich zur gesetzlichen Pflichtversicherung werde ich

supplement the statutory health insurance.

wahrscheinlich eine private Zusatzversicherung abschließen.

Why is that?

Warum denn?

A supplementary health insurance policy has a number of advantages. For example, if you have to go to hospital, the private health insurance policy will cover the cost of a private room and treatment by the senior consultant. In addition, it is possible to take out a policy that will provide you with compensation for a stay in hospital. Then you receive a certain amount of money for each day you have to spend in hospital.

Eine Zusatzversicherung hat viele Vorteile. Zum Beispiel werden im Falle eines Krankenhausaufenthaltes ein Privatzimmer und die Behandlung vom Chefarzt von der Privatversicherung bezahlt. Außerdem ist es möglich, eine Krankenhaustagegeldversicherung abzuschließen. Sie erhalten dann für jeden Tag, den Sie sich im Krankenhaus befinden, eine bestimmte Geldsumme.

Isn't private health insurance much more expensive?

Ist eine private Versicherung nicht viel teurer?

Not necessarily. The cover can be adjusted to meet one's personal and financial requirements. That means that some of the benefits that must be covered by the statutory insurance can be eliminated from the private policy if required.

Nicht unbedingt. Der Versicherungsschutz kann den persönlichen und finanziellen Verhältnissen angepaßt werden. Das bedeutet, daß einige Leistungen, die bei gesetzlichen Kassen Pflicht sind, bei Privatversicherungen auf Wunsch gestrichen werden können.

Does your private health insurance also cover you on trips abroad?

Besteht bei Ihrer Privatversicherung auch Versicherungsschutz auf einer Auslandsreise?

I'm insured for a maximum of one month during temporary stays abroad, and that includes countries outside of Europe.

Ich bin für maximal einen Monat eines vorübergehenden Aufenthaltes versichert, eingeschlossen sind auch Länder außerhalb Europas.

My health insurance will also pay for visits to non-medical practitioners.

Meine Versicherung bezahlt auch Besuche bei einem Heilpraktiker.

I'd like to take out a private health insurance policy. Please advise me which type would be best for me.

Ich möchte eine private Krankenversicherung abschließen. Bitte raten Sie mir doch, welche für mich die beste wäre.

When does my insurance cover begin?

Wann beginnt mein Versicherungsschutz?

Are you aware that there is a waiting period of three months before this policy comes into force?

Ist es Ihnen klar, daß Ihr Versicherungsschutz erst nach Ablauf von drei Monaten in Kraft tritt?

There is an excess on my policy. That means I have to pay the first five hundred marks of my annual claims.

Meine Police schließt eine Selbstbeteiligung an Ausgaben ein. Das bedeutet, ich muß die ersten fünfhundert Mark an jährlichen Ausgaben selbst bezahlen.

I have got to pay my doctors' bills myself, but I get the money back from my insurance.

Ich muß die Arztrechnungen selbst bezahlen, bekomme das Geld aber von meiner Versicherung zurückerstattet.

If I want, my insurance will also settle bills directly with the hospital.

Wenn ich es wünsche, wird meine Versicherung auch direkt mit dem Krankenhaus abrechnen.

Make sure that every doctor's bill has an exact description of the illness, the date of treatment and the appropriate numerical code for the medical fees.

Vergewissern Sie sich, daß sich auf der Arztrechnung eine genaue Beschreibung Ihrer Krankheit, das Behandlungsdatum und die Ziffern der Gebührenordnung befinden.

I have to keep all my prescriptions and send them to my insurance company for reimbursement.

Ich muß alle Rezepte aufbewahren und sie dann der Versicherung zuschicken, damit mir das Geld zurückerstattet wird.

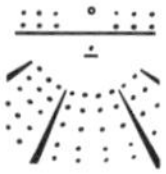

16. General Topics

16. Allgemeine Themen

16.1 POLITICS

16.1 POLITIK

16.1.1 Systems of Government

16.1.1 Regierungssysteme

Our system of government is based on democratic principles.

Unser Regierungssystem basiert auf demokratischen Prinzipien.

After the vote of no confidence the Federal Chancellor and his ministers resigned.

Nach dem Mißtrauensvotum sind der Bundeskanzler und seine Minister zurückgetreten.

The opposition is now faced with the task of forming a new government.

Die bisherige Oppositionspartei steht vor der Aufgabe, eine neue Regierung zu bilden.

The new government will probably not make any drastic changes in foreign policy.

Die neue Regierung wird die Außenpolitik wahrscheinlich nicht drastisch verändern.

Under the present government the economic situation has improved considerably.

Unter der amtierenden Regierung hat sich die wirtschaftliche Situation erheblich verbessert.

The scandal involving the Chancellor of the Exchequer (U.S.: Secretary of the Treasury) caused a serious crisis of government.

Der Skandal, in den der Finanzminister verwickelt ist, hat eine ernste Regierungskrise verursacht.

Since this government has been in office expenditure on the social services has been cut.

Seit diese Regierung im Amt ist, sind die Ausgaben für Sozialleistungen gekürzt worden.

The income tax rate has been put up again despite the government's previous claims that it would not consider increasing this tax.

Die Einkommensteuer ist wieder gestiegen, trotz früherer Behauptungen der Regierung, daß sie eine Erhöhung dieser Steuer nicht in Erwägung ziehe.

Our legislative consists of two houses.

Unsere Legislative besteht aus zwei Kammern.

The government of the United States is based on the principle of federalism, which unites the individual states but at the same time guarantees them a certain independence in internal affairs.

Die Regierung der Vereinigten Staaten basiert auf dem Prinzip des Föderalismus, welcher die einzelnen Staaten vereinigt, ihnen jedoch gleichzeitig eine gewisse Unabhängigkeit in inneren Angelegenheiten garantiert.

The Queen is the ceremonial head of government in Britain, but she does not exercise any real power.

Die Königin ist das protokollarische Haupt der britischen Regierung, sie übt jedoch keine eigentliche Macht aus.

Local government regulates many public services in Britain, but the central government has the final power to do away with these agencies or restrict their powers if they feel it's necessary.

Die Gemeindeverwaltung in Großbritannien regelt viele öffentliche Dienstleistungen, die Zentralregierung hat jedoch die Macht, diese Ämter abzuschaffen oder einzuschränken, wenn sie es für nötig hält.

The economic policy of the present government is very unpopular.

Die Wirtschaftspolitik der amtierenden Regierung ist sehr unbeliebt.

The latest opinion polls indicate that the voters would be in favour (U.S.: favor) of a change in government.

Die neuesten Meinungsumfragen deuten darauf hin, daß die Wähler einem Regierungswechsel zustimmen würden.

This government has declared that its main aim is to get the economy back on its feet.

Diese Regierung hat die Sanierung der Wirtschaft zu ihrem Hauptziel erklärt.

The government's announcement of a sharp control on wages to fight inflation has caused discontent among the workers.

Die Ankündigung der Regierung, eine scharfe Lohnkontrolle auszuüben, um die Inflation zu bekämpfen, hat Unzufriedenheit unter den Arbeitern ausgelöst.

Combatting unemployment is undoubtedly the most difficult problem facing this government at present.	Zur Zeit ist die Bekämpfung der Arbeitslosigkeit die wohl größte Herausforderung dieser Regierung.
A fierce debate is expected in Parliament when the government introduces its budget draft for the fiscal year.	Eine heftige Debatte wird im Bundestag erwartet, wenn die Regierung den Entwurf für das Budget des Haushaltsjahres vorlegt.
I went to a sitting of Parliament last week and found question time very interesting.	Ich besuchte letzte Woche eine Sitzung des Parlaments und fand die Fragestunde sehr interessant.
This politician is very popular among the people.	Dieser Politiker ist sehr populär unter der Bevölkerung.
He has the reputation of being a moderate.	Er gilt als Gemäßigter.
Today's debate in the German Parliament will be televised live.	Die heutige Debatte im deutschen Bundestag wird im Fernsehen direkt übertragen.
How long are Members of Parliament elected for?	Für wie lange werden die Abgeordneten in Großbritannien gewählt?
Senators serve a six-year term.	Die Amtszeit von Senatoren beträgt sechs Jahre.
How often are national elections held here?	Wie oft werden bundesweite Wahlen abgehalten?
National elections are held every four years.	Bundesweite Wahlen werden alle vier Jahre abgehalten.
What is the minimum age for voting in this country?	Wie hoch ist das Mindestalter für die Wahlberechtigung in diesem Land?
As there is no written criminal code in England, the courts rely on precedents in criminal cases.	Da es in England kein schriftlich verfaßtes Strafgesetzbuch gibt, stützen sich die Gerichte auf Präzedenzfälle.
The reason why this presidential candidate has a good chance of winning the forthcoming election is not because of his party affiliation but his extraordinary popularity among the people	Die guten Chancen dieses Präsidentschaftskandidaten, die kommende Wahl zu gewinnen, beruhen nicht auf seiner Parteizugehörigkeit, sondern auf seiner außergewöhnlichen Popularität unter der Bevölkerung.
Our simple-majority electoral system has often been criticized.	Unser Wahlsystem der einfachen Mehrheit ist oft kritisiert worden.
We have a proportional electoral system, which divides the seats among the parties according to	Wir haben das Verhältniswahlrecht, nach welchem die Mandate gemäß den Stimmenanteilen der

the number of votes each party receives.

jeweiligen Parteien aufgeteilt werden.

When exactly are the elections going to be held?

Wann ist der genaue Wahltermin?

The election results will not be announced until tomorrow morning.

Die Wahlergebnisse werden erst morgen früh bekanntgegeben.

The first computer predictions indicate losses for the Government.

Die ersten Hochrechnungen deuten auf Verluste der bisherigen Regierung hin.

16.1.2 Parties

16.1.2 Parteien

The political scene in this country is dominated by two major parties.

Die politische Bühne wird in diesem Land von zwei großen Parteien beherrscht.

There are five parties represented in the Bundestag (Lower House of the West German Parliament) at present.

Im Augenblick sind fünf Parteien im Bundestag vertreten.

The Christian Democrats have formed a coalition government with the Liberals.

Die Christdemokraten haben eine Koalitionsregierung mit den Liberalen gebildet.

How would you assess this party's manifesto (U.S.: platform)?

Wie würden Sie das Programm dieser Partei beurteilen?

This party supports free private enterprise and opposes government intervention in industry.

Diese Partei unterstützt eine freie Marktwirtschaft und ist gegen Eingriffe der Regierung in dieses System.

This party has been responsible for increasing social spending in recent years. Many of its members come from a working class background.

Dieser Partei haben wir eine Erhöhung der Sozialausgaben in den letzten Jahren zu verdanken. Viele ihrer Mitglieder stammen aus dem Arbeitermilieu.

This party is in favour of conservation of the environment and a freeze on nuclear arms.

Diese Partei unterstützt den Umweltschutz und ist für einen Stopp der nuklearen Aufrüstung.

This small party hopes to obtain five per cent of the votes in order to get into parliament.

Diese kleine Partei erhofft sich einen Stimmenanteil von fünf Prozent, um so den Einzug in den Bundestag zu schaffen.

It is very unlikely that a third party will ever find enough support to

Es ist sehr unwahrscheinlich, daß eine dritte Partei genug Unterstüt-

become a dominant force in politics here.	zung findet, um ein entscheidender Machtfaktor in der Politik zu werden.
The conservative faction within this party is very strong at the moment.	Die konservative Gruppierung innerhalb dieser Partei ist augenblicklich sehr stark.
The current discord within the party has weakened it tremendously. Many party members no longer support their leader on important issues.	Die augenblickliche Zwietracht innerhalb der Partei hat diese erheblich geschwächt. Viele Parteimitglieder unterstützen ihren Vorsitzenden nicht mehr.
This party has chosen a very liberal candidate for the next election.	Diese Partei hat einen sehr liberalen Kandidaten für die nächste Wahl aufgestellt.
The new party whip has the reputation of being a moderate. He hopes to reconcile the diverging tendencies within the party.	Der neue Fraktionsvorsitzende hat den Ruf, eine politisch gemäßigte Linie zu vertreten. Er hofft, die auseinandergehenden Trends innerhalb der Partei wieder zu vereinigen.
He is standing (U.S.: is running for office) as an independent candidate.	Er kandidiert als Parteiloser.
I'm not a member of any political party.	Ich gehöre keiner politischen Partei an.
I support this party in most matters.	Ich identifiziere mich in den meisten Punkten mit dieser Partei.
The party is holding its party conference (U.S.: convention) next week.	Die Partei veranstaltet nächste Woche ihren Parteitag.
The Conservative Party is now in power and the Labour Party is in opposition.	Die Konservative Partei ist jetzt an der Macht, und die Labour Partei ist in der Opposition.
This town has long been a Social Democrat stronghold.	Diese Stadt ist seit langem eine sozialdemokratische Hochburg.
The election has not altered the delicate balance of power between the parties. Although the Social Democrats have remained the strongest party, they still have not obtained an absolute majority.	Die Wahl hat die undeutlichen Machtverhältnisse zwischen den Parteien nicht verändert. Obwohl die Sozialdemokraten die stärkste Partei geblieben sind, haben sie die absolute Mehrheit nicht erreicht.
A minority government has been formed by three different parties.	Eine Minderheitsregierung ist von drei verschiedenen Parteien gebildet worden.
The M.P. (U.S.: representative) was obliged to follow the party	Der Abgeordnete mußte sich den Parteiinteressen beugen, obwohl

line, although he had a different opinion on the issue.

er in der Sache eine andere Meinung vertrat.

Some M.P.s are expected not to follow the party line when it comes to a vote.

Es wird erwartet, daß einige Abgeordnete der Parteilinie nicht folgen werden, wenn es zur Abstimmung kommt.

This bill is expected to attract support from both parties.

Es wird erwartet, daß dieser Gesetzentwurf die Unterstützung von beiden Fraktionen erhält.

The four main candidates for the next election will be debating important issues in a programme (U.S.: program) televised nationwide next Sunday.

Die vier Hauptkandidaten für die nächste Wahl werden über wichtige Themen in einer landesweit ausgestrahlten Fernsehsendung nächsten Sonntag diskutieren.

16.1.3 Constitution

16.1.3 Verfassung

The United Kingdom does not have a written constitution. The system of government is based partly on tradition and precedents and partly on legislation passed by Parliament.

Das Vereinigte Königreich hat kein schriftlich verfaßtes Grundgesetz. Das Regierungssystem ist auf Tradition, Präzedenzfälle und auf parlamentarische Gesetzgebung gegründet.

The American Constitution dates from the eighteenth century and has been frequently amended since then.

Die amerikanische Verfassung stammt aus dem achtzehnten Jahrhundert und wurde seitdem öfters abgeändert.

In order to understand the constitution of the Federal Republic of Germany, one has to be familiar with the Weimar Constitution and its weaknesses.

Um das Grundgesetz der Bundesrepublik Deutschland verstehen zu können, muß man mit der Weimarer Verfassung und ihren Schwächen vertraut sein.

It is very difficult to amend the constitution in this country.

Es ist sehr schwierig, in diesem Land eine Verfassungsänderung zu erreichen.

An amendment to the constitution has been proposed in the Senate. If it is approved by a two-thirds majority in both the Senate and the House of Representatives, it must then be ratified by thirty-eight states.

Ein Verfassungsänderungsantrag wurde im Senat eingebracht. Wenn der Antrag von einer Zweidrittelmehrheit im Senat und im Repräsentantenhaus gebilligt wird, muß er noch von 38 Bundesstaaten ratifiziert werden.

Do you think the amendment will

Glauben Sie, daß der Verfas-

be approved by Congress?

sungsänderungsantrag vom Kongreß gebilligt wird?

The amendment may be approved by Congress, but it will be difficult to obtain the ratification by thirty-eight states as required.

Der Antrag könnte gebilligt werden, es wird jedoch schwierig sein, die Ratifizierung von mindestens achtunddreißig Staaten zu erreichen.

Civil rights campaigners have complained that parts of this legislation are unconstitutional.

Bürgerrechtler bemängeln, daß Teile dieser Gesetzgebung verfassungswidrig sind.

The Supreme Court now has to decide whether this is the case.

Der höchste Gerichtshof muß nun entscheiden, ob dies der Fall ist.

The constitutional court is deliberating over the constitutional challenge. A decision is expected next week.

Das Verfassungsgericht berät über die Verfassungsklage. Eine Entscheidung wird für nächste Woche erwartet.

The court has decided that this law is not consistent with the constitution.

Das Gericht hat beschlossen, daß das Gesetz mit der Verfassung nicht vereinbar ist.

The law has been proclaimed constitutional.

Das Gesetz ist für verfassungsgemäß erklärt worden.

Our constitution guarantees freedom of speech and freedom of the press.

Unsere Verfassung garantiert Meinungs- und Pressefreiheit.

Our constitution guarantees political equality.

Das Recht der politischen Gleichheit ist in unserem Grundgesetz verankert.

In our country we can influence government policy in certain questions by means of referendum.

Wir haben die Möglichkeit, in unserem Land durch einen Volksentscheid in bestimmten Fragen Einfluß auf die Politik zu nehmen.

Capital punishment is no longer imposed in this country.

Die Todesstrafe wird in diesem Land nicht mehr verhängt.

In some states in America the death penalty is still in use.

In einigen amerikanischen Bundesstaaten wird die Todesstrafe noch angewandt.

The decision of the High Court of Justice (U.S.: Supreme Court) disappointed many citizens and politicians alike.

Die Entscheidung des obersten Gerichts enttäuschte viele Bürger ebenso wie Politiker.

16.2 MANNERS AND CUSTOMS

16.2 SITTEN UND GEBRÄUCHE

I've noticed that a lot of the customs you have at Christmas

Es fiel mir auf, daß viele der Weihnachtsbräuche in diesem Land

time are very similar to the ones we have.

denen meines Landes sehr ähnlich sind.

We decorate our Christmas tree with real candles, sweets (U.S.: candy) and colourful (U.S.: colorful) balls. What about you?

Wir schmücken unseren Weihnachtsbaum mit echten Kerzen, Süßigkeiten und bunten Kugeln. Und Sie?

As our children are grown-up we don't bother buying a Christmas tree.

Da unsere Kinder schon groß sind, kaufen wir keinen Christbaum mehr.

We've set up a hand-carved manger scene under our Christmas tree.

Wir haben eine handgeschnitzte Krippe unter dem Weihnachtsbaum aufgestellt.

Our children always look forward to St. Nicholas Day.

Unsere Kinder freuen sich immer auf den St. Nikolaustag.

Really? In the United States we don't celebrate St. Nicholas Day, but the children always look forward to Santa Claus coming on Christmas Day.

Wirklich? In den Vereinigten Staaten wird der Nikolaustag nicht gefeiert, aber die Kinder freuen sich immer auf den Besuch von Santa Claus (Weihnachtsmann) am 25. Dezember.

On the night of the sixth of December St. Nicholas visits the houses and gives the children small gifts such as nuts, apples or sweets (U.S.: candy).

Am Abend des 6. Dezember besucht St. Nikolaus die Häuser und übergibt den Kindern kleine Geschenke wie Nüsse, Äpfel oder Süßigkeiten.

This thanksgiving we are again having the traditional turkey dinner.

Zum Erntedankfest werden wir dieses Jahr wieder das traditionelle Truthahnessen veranstalten.

Will you be going to the carnival parades and events next week?

Werden Sie nächste Woche an den Karnevalsumzügen und -veranstaltungen teilnehmen?

I'm only going to the parade on the Monday before Ash Wednesday.

Ich werde nur am Rosenmontagszug teilnehmen.

The carnival festivities come to a climax on the days leading up to Ash Wednesday.

Der Höhepunkt des Karnevals wird in den Tagen vor dem Aschermittwoch erreicht.

The carnival masks and dances go back to pagan rites.

Die Masken und Tänze in der Faschingszeit haben ihren Ursprung im heidnischen Aberglauben.

In order to ensure a good harvest and good weather the people used frightening masks, loud noises and wild gestures to drive away the demons.

Um eine gute Ernte und gutes Wetter zu sichern, wollte man durch furchterregende Masken, laute Geräusche und wilde Gebärden die Dämonen vertreiben.

Would you like to come to the carnival procession with me? I'm

Wollen Sie mich zu einem Karnevalszug begleiten? Es wird Ihnen

sure you'll enjoy it.

bestimmt eine Menge Spaß bereiten.

In the United States it is customary to hold a small celebration for the bride before the wedding, where friends and acquaintances can give wedding gifts to the bride.

In den Vereinigten Staaten findet üblicherweise vor der Hochzeit eine Feier für die Braut statt, wo Freunde und Bekannte die Möglichkeit haben, der Braut die Hochzeitsgeschenke zu geben.

I've heard that engaged couples here hold a party the night before their wedding.

Ich habe gehört, daß hier die Verlobten vor der Hochzeit beim Polterabend Abschied vom Junggesellenleben nehmen.

Yes, that's right. Friends visit the bride the night before the wedding to ward off misfortune by breaking pottery.

Ja, das ist richtig. Freunde besuchen die Braut am Abend vor der Hochzeit, um durch Zerbrechen von Geschirr Unglück abzuwenden.

Congratulations on your engagement!

Herzliche Glückwünsche zur Verlobung!

It's customary to bring along a bunch of flowers for the hostess when you're invited to somebody's house.

Es ist üblich, der Gastgeberin einen Blumenstrauß mitzubringen, wenn man eingeladen wird.

Did you know that Hallowe'en is celebrated on the 31st of October?

Wußten Sie, daß am 31. Oktober Hallowe'en gefeiert wird?

No, I didn't. What does Hallowe'en involve?

Nein, das wußte ich nicht. Was ist alles mit der Hallowe'enfeier verbunden?

This old custom is chiefly for children, who go from house to house in costumes and are given fruit and sweets (U.S.: candy).

Dieser alte Brauch ist hauptsächlich für Kinder, die kostümiert von Haus zu Haus gehen, um Obst und Süßigkeiten zu bekommen.

The children sing a song or shout out "Trick or Treat" when they come to your house.

Die Kinder singen ein Lied oder rufen „Trick or Treat" („Streich oder Belohnung") aus, wenn sie zu Ihnen kommen.

Like many other customs this one has survived through the centuries.

Wie viele andere Bräuche ist dieser Jahrhunderte lebendig geblieben.

The children taking part in the St. Martin's procession carry paper lanterns and sing songs.

Die Kinder, die am St.-Martins-Zug teilnehmen, tragen Papierlaternen und singen Lieder.

In our town there is always a big lantern procession on St. Martin's day, which is in November.

In unserer Stadt wird immer ein großer Laternenumzug am St.-Martins-Tag im November veranstaltet.

It is still customary to wear the

Zu bestimmten Anlässen ist es

traditional costumes on certain occasions here.

hier gebräuchlich, die Tracht zu tragen.

I've never heard of this custom before. I wonder if you could tell me something about its origin.

Dieser Brauch ist mir nicht bekannt. Vielleicht können Sie mir etwas über seinen Ursprung sagen.

16.3 HOLIDAYS

16.3 FEIERTAGE

16.3.1 National and Bank (U.S.: Legal) Holidays

16.3.1 Nationale und gesetzliche Feiertage

Did you know that tomorrow is a public holiday? All the shops (U.S.: stores) are closed, so we'll have to do the shopping this afternoon.

Wußten Sie, daß morgen ein gesetzlicher Feiertag ist? Alle Geschäfte sind morgen geschlossen, deshalb müssen wir heute die nötigen Einkäufe machen.

No, I didn't. What holiday is it tomorrow?

Nein, das wußte ich nicht. Welcher Feiertag ist morgen?

It is the Day of German Unity (third of October).

Es ist der Tag der deutschen Einheit (3. Oktober).

We'll have a long weekend because of the holiday. Have you made any plans for it yet?

Wegen des Feiertages haben wir ein langes Wochenende. Haben Sie dafür schon Pläne gemacht?

I'm planning to take the family out to the lake for the day.

Wir haben einen Familienausflug zum See geplant.

We've got friends coming to see us.

Wir erwarten Freunde zu Besuch.

On the Fourth of July Americans celebrate their Independence Day.

Am 4. Juli feiern die Amerikaner ihren Unabhängigkeitstag.

How do they usually celebrate it?

Wie wird dieser Tag in der Regel gefeiert?

The day is spent with the family and friends. Most people barbecue and then light fireworks later on.

Der Tag wird im Familienkreis und mit Freunden verbracht. Es ist üblich zu grillen, und gegen Abend werden Feuerwerkskörper angezündet.

On the first of May I am going to a trade union meeting with some colleagues from work.

Am 1. Mai werde ich mit Arbeitskollegen eine Veranstaltung der Gewerkschaft besuchen.

The last Monday in May or the first Monday in June is always a bank holiday in England.

Der letzte Montag im Mai oder der erste Montag im Juni ist in England immer ein gesetzlicher Feiertag.

When I was in America last year I went to the Labor Day parade. There were lots of floats, each depicting a historical incident.

Als ich im letzten Jahr in Amerika war, war ich am Tag der Arbeit auf einer Parade. Es gab viele Festwagen, jeder stellte ein historisches Ereignis dar.

If you got to Austria on the twenty-sixth of October you should remember that it is a national holiday there.

Wenn Sie am 26. Oktober nach Österreich fahren, müssen Sie berücksichtigen, daß dort ein Nationalfeiertag ist.

I'd be happy if you could come to my party on New Year's Eve.

Ich würde mich freuen, wenn Sie zu meiner Silvesterfeier kommen können.

Thanks for the invitation. I'm looking forward to the party.

Vielen Dank für die Einladung. Ich freue mich auf Ihre Feier.

Unfortunately, I won't be able to make it as I'll be away on holiday until the sixth of January.

Leider werde ich nicht kommen können, da ich bis zum sechsten Januar verreist bin.

Have a happy and healthy New Year!

Ein glückliches und gesundes neues Jahr!

I haven't made any plans for the holidays yet.

Ich habe noch keine Pläne für die Feiertage.

If you haven't made any plans for the coming holiday yet, why don't you come and see us.

Wenn Sie am kommenden Feiertag noch nichts vorhaben, würden wir Sie gerne zu uns einladen.

At the moment I really can't afford to go away at the weekend.

Ich habe im Augenblick leider nicht die finanziellen Mittel, um am Wochenende wegzufahren.

It looks as if we're going to have nice weather for our day off tomorrow.

Es sieht aus, als ob wir schönes Wetter für unseren freien Tag haben würden.

Our day off was very pleasant, although we didn't go away.

Unser freier Tag war sehr angenehm, obwohl wir nicht weggefahren sind.

The day off really did me good.

Der freie Tag hat mir wirklich gutgetan.

16.3.2 Religious Feast Days

16.3.2 Religiöse Feiertage

Can you tell me where there is a Protestant (Catholic) church (a synagogue)?

Können Sie mir sagen, wo sich eine evangelische (katholische) Kirche (eine Synagoge) befindet?

Do you observe all your religious feast days?

Feiern Sie alle Ihre religiösen Feiertage?

I always try to attend church on our most important religious feast days.	Ich versuche immer, an unseren wichtigsten religiösen Feiertagen in die Kirche zu gehen.
Are you going to midnight mass on Christmas Eve?	Gehen Sie am Heiligen Abend in die Christmette?
The church has been beautifully decorated for Christmas with fir branches, candles and flowers.	Die Kirche ist für die Weihnachtszeit mit Tannenzweigen, Kerzen und Blumen sehr schön geschmückt.
Many of our Christmas carols originally came from the German-speaking countries.	Viele unserer Weihnachtslieder stammen aus dem deutschsprachigen Raum.
We always celebrate Christmas and Boxing Day (26 December) with the family.	Wir feiern den ersten und zweiten Weihnachtstag immer im engen Familienkreis.
Merry Christmas! – Thanks, the same to you.	Fröhliche Weihnachten! – Danke, gleichfalls.
Lent has now begun. This time before Easter is a time of penance for many Catholics.	Die Fastenzeit hat jetzt angefangen. Diese Zeit vor Ostern ist eine Zeit der Buße für viele Katholiken.
Good Friday is the most important religious festival for Protestants.	Karfreitag ist der höchste Feiertag der Protestanten.
Easter is early this year.	Ostern ist dieses Jahr früh.
I don't go to church regularly but I always go to the Easter service.	Ich gehe nicht regelmäßig in die Kirche, nehme jedoch immer am Ostergottesdienst teil.
Easter is the most important religious festival for Catholics. It is very important for me to celebrate this day with my family.	Ostern ist das bedeutendste Fest der Katholiken. Es ist sehr wichtig für mich, dieses Fest im Kreise meiner Familie zu feiern.
We had a nice whitsun this year.	Wir hatten dieses Jahr ein schönes Pfingstfest.
Corpus Christi is still celebrated here with a procession through the city.	Fronleichnam wird hier immer noch mit einer Prozession durch die Stadt gefeiert.
In Germany the Protestant Day of Prayer and Repentance is always celebrated on the Wednesday before the last Sunday in the church year.	In Deutschland wird der evangelische Buß- und Bettag am Mittwoch vor dem letzten Sonntag im Kirchenjahr gefeiert.
In rural areas the processions go through the village and then out into the fields. Musicians, flag-bearers and groups wearing traditional costumes take part.	In ländlichen Gegenden geht die Prozession durch das Dorf und dann hinaus auf die Wiesen. Musikanten, Fahnenträger und Trachtenvereine nehmen daran teil.

Yom Kippur, one of our most important religious feasts, begins next Friday.

Jom Kippur, einer unserer wichtigsten religiösen Feiertage, beginnt nächsten Freitag.

How do you celebrate this special day?

Wie feiern Sie diesen besonderen Tag?

We begin by fasting from sunset on Friday to sunset on Saturday.

Wir fasten vom Sonnenuntergang freitags bis zum Sonnenuntergang am Samstag.

As I am not an Orthodox Jew, I don't take part in the fasting on Yom Kippur.

Da ich kein strenggläubiger Jude bin, nehme ich nicht am Fasten an Jom Kippur teil.

The feast of the Passover follows ancient Jewish traditions very closely. All the food and drinks as well as the psalms and songs have symbolic significance.

Das Passahfest folgt alten jüdischen Traditionen. Das gesamte Essen und die Getränke sowie die Psalmen und Lieder haben symbolische Bedeutung.

This feast day is especially important for the children, who play an important role in all the festivities.

Dieser Feiertag ist besonders für die Kinder wichtig, die eine große Rolle bei allen Festlichkeiten spielen.

16.4 ARMED FORCES / 16.4 MILITÄR

He has been called up (U.S.: drafted) and he now has to do his basic military service.

Er ist zur Bundeswehr eingezogen worden und muß jetzt den Grundwehrdienst ableisten.

He had to serve a mandatory period of fifteen months.

Er mußte eine vorgeschriebene Militärdienstzeit von fünfzehn Monaten absolvieren.

As a conscientious objector he had to do eighteen month's community serve.

Als Wehrdienstverweigerer mußte er achtzehn Monate Zivildienst ableisten.

My son enlisted voluntarily.

Mein Sohn hat sich freiwillig zum Militärdienst gemeldet.

He has been a professional soldier for over ten years but has never taken part in active combat.

Er ist seit über zehn Jahren Berufssoldat, hat jedoch noch an keinem Krieg teilgenommen.

I am stationed in South Germany.

Ich bin in Süddeutschland stationiert.

Most of the soldiers and their dependents who are stationed here have little contact with the local population.

Die meisten Soldaten und deren Familienangehörige, die hier stationiert sind, haben nur wenig Kontakt zu der Bevölkerung.

I'm on duty this weekend.	Dieses Wochenende habe ich Dienst.
About 10,000 soldiers will be taking part in the manoeuvres (U.S.: maneuvers) next week.	Ungefähr 10 000 Soldaten werden nächste Woche an dem Manöver teilnehmen.
Demonstrators have made several attemps to block the entrance to the army base. For the most part these demonstrations have remained peaceful.	Demonstranten haben mehrmals versucht, die Zufahrt zum Kasernengelände zu blockieren. Diese Demonstrationen sind zum Großteil friedlich verlaufen.
Tomorrow there will be a drill for the entire regiment on the parade ground.	Morgen wird das ganze Regiment auf dem Exerzierplatz üben.
I have asked to be transferred.	Ich habe darum gebeten, versetzt zu werden.
My duties on the base involve matters affecting national security.	Mein Aufgabenbereich beim Militär umfaßt Gebiete der Staatssicherheit.
An international peacekeeping force has been sent to the trouble spot to restore law and order.	Eine internationale Friedenstruppe ist in das Spannungsgebiet gesandt worden, um Ruhe und Ordnung wiederherzustellen.
An additional multinational contingent of about 2,000 men is due to arrive next week.	Eine weitere multinationale Truppe von ungefähr 2000 Mann trifft nächste Woche ein.
The government, under pressure from the public, is seeking an end to the military confrontation.	Unter dem Druck der Öffentlichkeit sucht die Regierung nach einem Ende der militärischen Konfrontation.
A plan has been drawn up for the withdrawal of troops so that a neutral zone can be set up between the two lines.	Es wurde der Plan entworfen, die Truppen abzuziehen und dadurch eine neutrale Zone zwischen den Streitkräften zu schaffen.
The policy of exporting high tech military equipment to this country has come in for a lot of criticism.	Die Politik, hochtechnologisches Militärgerät in dieses Land zu exportieren, wird scharf kritisiert.
Our government has guaranteed additional military aid to this third-world country.	Zusätzliche Militärhilfe wird diesem Land der dritten Welt von unserer Regierung gewährleistet.
It's still important to maintain our conventional forces even in the nuclear age.	Die Aufrechterhaltung unserer konventionellen Streitkräfte ist auch im Atomzeitalter immer noch wichtig.
It is necessary to establish a climate in which arms control negotiations are possible, so that	Es ist erforderlich, ein positives Klima für Rüstungskontrollverhandlungen zu schaffen, so daß

real progress towards peace can be made.

ein wahrer Fortschritt in Richtung Frieden erzielt werden kann.

At the moment there is an unprecedented fear of a nuclear war in Europe.

In Europa herrscht zur Zeit eine Angst bisher nicht gekannten Ausmaßes vor einem Atomkrieg.

It is expected that defence (U.S.: defense) spending will be considerably increased for the next fiscal year.

Es ist zu erwarten, daß der Verteidigungsetat für das nächste Haushaltsjahr beträchtlich steigen wird.

Both nuclear submarines bearing nuclear warheads and aircraft carriers are considered to be very important for our defence.

Atom-U-Boote mit nuklearen Sprengköpfen und Flugzeugträger werden für unsere Verteidigung als sehr wichtig angesehen.

Before military action is taken in this crisis all possibilities of negotiation ought to be exhausted.

Bevor diese Krise zu militärischen Aktionen führt, sollten alle Verhandlungsmöglichkeiten erschöpft sein.

The policy of détente has been overshadowed by increasing hostility between the superpowers.

Die Entspannungspolitik ist von der wachsenden Feindseligkeit zwischen den Supermächten überschattet.

This country has been accused of using chemical weapons.

Diesem Land wird vorgeworfen, chemische Waffen einzusetzen.

He was classed as unfit for military service.

Er wurde als für den Wehrdienst untauglich ausgemustert.

His term of military service ends in September.

Seine Wehrdienstzeit endet im September.

He is on leave for a week.

Er hat eine Woche Urlaub.

16.5 INDUSTRY

16.5 INDUSTRIE

Most of the inhabitants of this large industrial town are employed in the steel industry.

Die Einwohner dieser großen Industriestadt sind hauptsächlich in der Stahlindustrie beschäftigt.

He is employed in the textile industry.

Er ist in der Textilindustrie beschäftigt.

The chemical industry is the most important industry in this area.

Die chemische Industrie ist die wichtigste Industrie in diesem Gebiet.

I work for an international industrial concern which has branches in

Ich gehöre einem internationalen Industriekonzern an, der Nieder-

seven different countries.	lassungen in sieben verschiedenen Ländern hat.
Our headquarters are in Frankfurt.	Unser Hauptsitz befindet sich in Frankfurt.
What does your company make?	Was stellt Ihr Konzern her?
We make computers.	Wir machen Computer.
This is considered to be the industrial centre (U.S.: center) of our country.	Dies gilt als Industriezentrum unseres Landes.
There is hardly any industry in this part of the country.	In diesem Teil des Landes gibt es kaum Industrie.
He is in a top managerial position.	Er hat einen führenden Posten in der Betriebsleitung.
What is the average hourly wage of an industrial worker in this country?	Wie hoch ist der durchschnittliche Stundenlohn eines Industriearbeiters in diesem Land?
The hourly wage of workers in the motor (U.S.: automobile) industry is quite high in this country.	Der Stundenlohn für Arbeitnehmer der Automobilindustrie ist in diesem Land sehr hoch.
The fringe benefits of workers in the United States include health insurance.	In den Vereinigten Staaten schließen die zusätzlichen Leistungen zum Lohn die Krankenversicherung ein.
In this country health insurance is financed by the government and is not an additional benefit given to the worker by his employer.	In diesem Land wird die Krankenversicherung vom Staat finanziert und ist keine zusätzliche Leistung des Arbeitgebers an die Arbeitnehmer.
The trade union is demanding an increase in wages to keep up with the inflation rate.	Die Gewerkschaft fordert eine Lohnerhöhung, die die Preissteigerungsrate der Inflation auffängt.
The management is at present involved in wage negotiations. It is hoped that an agreement can be reached without a strike.	Die Betriebsleitung steht jetzt in Tarifverhandlungen. Man hofft, daß die Tarifpartner sich ohne Streik einigen können.
Many people feel threatened by the spectre of unemployment due to automation.	Arbeitslosigkeit als Folge der Automatisierung ist das Schreckgespenst vieler Leute.
The trade unions and the management have two different approaches towards tackling the problem of unemployment. A deadlock in negotiations seems imminent.	Die Gewerkschaften und die Betriebsleitung vertreten zwei unterschiedliche Standpunkte zur Bekämpfung der Arbeitslosigkeit. Ein Stillstand der Verhandlungen scheint bevorzustehen.

This industry is fighting for tax reductions from the government to restore its competitiveness on the world market.	Dieser Industriezweig setzt sich für Steuererleichterungen ein, die seine Konkurrenzfähigkeit auf dem Weltmarkt wiederherstellen sollen.
The steel industry here is subsidized by the government.	Die Stahlindustrie hier wird von der Regierung subventioniert.
As we've got more orders coming in now, we can work at full capacity once again.	Durch die verbesserte Auftragslage können wir wieder mit voller Kapazität arbeiten.
About five-thousand workers are employed here. They work in three different shifts.	Hier sind ungefähr fünftausend Arbeiter beschäftigt. Sie arbeiten in drei Schichten.
Our firm is introducing a number of organizational changes intended to make it more profitable.	In unserer Firma werden verschiedene organisatorische Änderungen vorgenommen, die die Rentabilität steigern sollen.
We expect lower profits this year than we had last year.	Wir erwarten für dieses Jahr weniger Gewinn als im letzten.
Many economists have predicted an upturn for this ailing industry.	Viele Wirtschaftsexperten haben einen Aufschwung für diese kränkelnde Industrie vorhergesagt.
These two corporations are negotiating a merger.	Diese beiden Aktiengesellschaften verhandeln über einen Zusammenschluß.
We are building a new factory in Bristol, which is due to open next year.	Wir bauen jetzt eine neue Fabrik in Bristol, die nächstes Jahr den Betrieb aufnehmen soll.
The plant will create 2,000 new jobs.	Das Werk wird 2000 neue Arbeitsplätze schaffen.
Our factory employs thirty-five apprentices.	Unsere Fabrik beschäftigt fünfunddreißig Lehrlinge.
This factory is looking for semi-skilled workers.	Diese Fabrik sucht angelernte Arbeiter.
Our foreman has a good relationship with the workers.	Unser Werkmeister hat ein gutes Verhältnis zu den Arbeitern.
I work forty hours a week on the assembly-line.	Ich arbeite vierzig Stunden in der Woche am Fließband.
The trade unions would like to introduce the thirty-five-hour working week to cut down the number of job losses and to create new jobs.	Die Gewerkschaften möchten die 35-Stunden-Woche einführen, um den weiteren Abbau der Arbeitsplätze aufzuhalten und neue Stellen zu schaffen.
On the other hand, employers fear that there will be more unemployment, as many small businesses	Die Industrie dagegen befürchtet mehr Arbeitslose, da die 35-Stunden-Woche von vielen klei-

will not be able to cope with the thirty-five hour week.

nen und mittleren Betrieben nicht verkraftet werden kann.

I've got to work overtime this week.

Ich muß diese Woche Überstunden machen.

This factory will have to close down unless a large amount of money is invested in modernization.

Diese Fabrik wird die Arbeit einstellen müssen, wenn nicht viel Geld in die Modernisierung investiert wird.

16.6 TRADE, COMMERCE

16.6 GEWERBE, HANDEL

I am a businessman (businesswoman).

Ich bin Geschäftsmann (Geschäftsfrau).

What line of business are you in?

In welcher Branche sind Sie tätig?

I am a retail dealer. I own an electrical supply shop.

Ich bin Einzelhändler. Ich besitze ein Elektrogeschäft.

I work at a hi-fi specialist's.

Ich arbeite bei einem Hi-Fi-Spezialisten.

He works at an ironmonger's (U.S.: at a hardware store).

Er arbeitet in einem Eisenwarengeschäft.

My son is also learning a trade.

Mein Sohn lernt auch ein Handwerk.

I'm a joiner (carpenter).

Ich bin Tischler (Zimmermann).

As a building contractor, I've always got more work than I can handle.

Als Bauunternehmer habe ich immer mehr Arbeit, als ich erledigen kann.

My roofing business is going very well at the moment.

Mein Dachdeckerbetrieb geht zur Zeit sehr gut.

I do a lot of repairs in my own workshop, but I also call at customers' homes.

Ich mache viele Reparaturen in meiner eigenen Werkstatt, aber ich mache auch Hausbesuche.

He runs a very profitable wholesale business.

Er leitet ein gutgehendes Großhandelsgeschäft.

We were able to expand our business this year by opening two new branches.

In diesem Jahr konnten wir den Betrieb erweitern, indem wir zwei neue Zweigstellen eröffneten.

How is your business going at the moment?

Wie läuft Ihr Geschäft im Augenblick?

Business is going well. I am planning to enlarge my shop.

Das Geschäft geht gut. Ich beabsichtige, mein Geschäft zu vergrößern.

We're going through a slack period at the moment.

Wir erleben augenblicklich eine Flaute.

The depressed economic situation is expected to last until the end of the year.

Die Konjunkturflaute wird voraussichtlich bis zum Ende des Jahres andauern.

The increase in turnover this month only reflects a seasonal trend.	Die Umsatzsteigerung in diesem Monat ist auf einen saisonbedingten Trend zurückzuführen.
Many small shops in this town have been able to hold their own up to now despite the competition from the large supermarkets.	Viele kleine Geschäfte in dieser Stadt haben sich bis jetzt trotz der Konkurrenz der großen Supermärkte halten können.
Personally, I prefer shopping in small shops because of the pleasant atmosphere and the friendly service.	Ich persönlich kaufe gern in kleinen Geschäften ein, wegen der angenehmen Atmosphäre und der freundlichen Bedienung.
The small shops in our town are finding it very hard to keep pace with the large department stores. A large department store chain has already bought up several small shops (U.S.: stores) here.	In unserer Stadt haben es die kleinen Geschäfte sehr schwer, mit den großen Warenhäusern Schritt zu halten. Eine große Warenhauskette hat hier schon einige kleine Läden aufgekauft.
I've just been promoted to sales manager.	Ich bin gerade zum Verkaufsleiter befördert worden.
The atmosphere in our firm is really good. Our boss is not only a capable businessman, he is also very fair to his employees.	In unserem Betrieb herrscht ein sehr gutes Arbeitsklima. Unser Chef ist nicht nur ein tüchtiger Geschäftsmann, auch seinen Angestellten gegenüber ist er immer gerecht.
I would like to apply for the position of travelling (U.S.: traveling) salesman that will soon be vacant.	Ich möchte mich für die bald freiwerdende Stelle als Handelsvertreter bewerben.
The applicant must be a shrewd salesman and have a knowledge of the trade.	Der Bewerber muß ein guter Verkäufer sein und Branchenkenntnis haben.
The sales manager has decided to include a series of new articles in our sales programme (U.S.: program).	Der Verkaufsleiter hat sich entschlossen, eine Reihe neuer Artikel ins Verkaufsprogramm aufzunehmen.
These new goods are selling very well.	Diese neuen Waren verkaufen sich sehr gut.
One of our representatives will call on you next week with a collection of samples of our products.	Nächste Woche wird Sie ein Vertreter mit einer Musterkollektion unserer Produkte aufsuchen.
It'll take a large-scale advertising campaign to get this product onto the market.	Nur eine umfassende Werbekampagne kann einen guten Umsatz dieses unbekannten Produktes ermöglichen.
Our company employs two clerks	Unsere Firma beschäftigt zwei

who deal with foreign correspondence.	Auslandskorrespondenten.
Up to now our exports have been mainly to European countries. We would now like to improve our business links with America.	Bis jetzt exportiert unsere Firma hauptsächlich in europäische Länder, nun möchten wir unsere Geschäftsbeziehungen zu Amerika verbessern.
This company has declared itself bankrupt. Payment of all outstanding debts has been halted.	Diese Firma hat Konkurs angemeldet. Die Zahlung aller offenstehenden Schulden ist eingestellt worden.
A thorough investigation revealed that the company was insolvent.	Eine genaue Untersuchung ergab, daß die Firma zahlungsunfähig war.
He was accused of fraudulent bankruptcy.	Er wurde wegen betrügerischen Bankrotts angeklagt.
This company's shares have gone up.	Die Aktien dieser Gesellschaft sind gestiegen.
He is the largest shareholder in this company.	Er besitzt die meisten Aktien dieser Gesellschaft.
He is a member of the Board of Directors.	Er ist Vorstandsmitglied dieser Firma.
These two car (U.S.: automobile) manufacturers are negotiating a joint venture.	Diese zwei Automobilhersteller befinden sich in Verhandlungen über ein gemeinsames Unternehmen.
I have applied for a patent for my new product.	Ich habe ein Patent für mein neues Produkt angemeldet.
The inventor has given our company full rights to produce this unique product.	Der Erfinder hat unsere Firma berechtigt, dieses einzigartige Produkt herzustellen.
This article is patented.	Diese Ware ist patentgeschützt.
Demand for our product has been so high this year that we have made larger profits than usual. Much of this money will be spent on developing new technology.	Die Nachfrage für unser Produkt war dieses Jahr so hoch, daß wir mehr Gewinn als üblich machten. Ein großer Teil dieses Geldes wird für die Entwicklung neuer Technologien ausgegeben.
The devaluation of our currency has made our exports less expensive and more attractive on the international market.	Die Abwertung unserer Währung hat unseren Export am internationalen Markt preiswerter und attraktiver gemacht.
The import tax on foreign products, together with this country's protectionist trade policy, make it very difficult for us to get a foothold in this market.	Die Importsteuern für ausländische Produkte und die Einfuhrbeschränkungen dieses Landes machen es sehr schwer, diesen Markt zu erschließen.

16.7 AGRICULTURE	16.7 LANDWIRTSCHAFT
I come from a rural community that consists mainly of medium-sized farms.	Ich komme aus einer ländlichen Gemeinde, die zum Großteil aus mittelgroßen Bauernhöfen besteht.
The farmers here earn their livelihood mainly through pig-breeding and dairy farming.	Die Bauern verdienen hier ihren Unterhalt hauptsächlich durch Schweinezucht und Milchwirtschaft.
In comparison to farms in America, these farms are very small.	Im Vergleich zu den Bauernhöfen in Amerika sind diese landwirtschaftlichen Betriebe sehr klein.
This land belongs to one of the most prosperous farmers in the area.	Dieses Ackerland gehört einem der wohlhabendsten Bauern in der Gegend.
He is a tenant farmer.	Er hat das Gut gepachtet.
We specialize in cattle-breeding (U.S.: cattle-raising).	Wir haben uns auf Rinderzucht spezialisiert.
Our farm is completely mechanized. We use a tractor, a bailer, a disc harrow, and a combine harvester.	Unsere Landwirtschaft ist vollständig mechanisiert. Wir verwenden einen Traktor, eine Strohpresse, eine Scheibenegge und einen Mähdrescher.
Now that the harvest has begun, we are always busy in the fields.	Da jetzt die Ernte angefangen hat, sind wir immer auf den Feldern beschäftigt.
The drought has ruined much of the crop. This will push up the price of grain this year.	Die Dürre hat einen großen Teil der Ernte vernichtet. Die Preise für Getreide werden dieses Jahr steigen.
We are going to have a record harvest this year.	Wir werden dieses Jahr eine Rekordernte haben.
This land is lying fallow at the moment.	Dieses Land liegt augenblicklich brach.
Our cows are machine-milked.	Unsere Kühe werden maschinell gemolken.
Holidays (U.S.: vacations) on farms have become more and more popular recently.	In der letzten Zeit wird der Urlaub auf dem Bauernhof immer beliebter.
I am going to buy ten more hens and four turkeys next week.	Ich kaufe nächste Woche zehn neue Hühner und vier Truthähne.

This sheep farm employs three labourers (U.S.: laborers).
Diese Schaffarm beschäftigt drei Arbeiter.

With its wide open fields and favourable (U.S.: favorable) climate the American Middle West has become an important producer of wheat.
Mit seinen weiten, offenen Feldern und seinem günstigen Klima ist der amerikanische Mittelwesten ein wichtiger Weizenproduzent geworden.

We've planted rye, oats and soya (U.S.: soy) beans.
Wir haben Roggen, Hafer und Sojabohnen angebaut.

Chemical pesticides are used to protect our crops against insects.
Chemische Pestizide werden gegen Ungeziefer eingesetzt, um unsere Ernte zu schützen.

This small farmer doesn't use chemical sprays on his fruit and vegetables.
Dieser Kleinbauer verwendet keine chemischen Spritzmittel für seine Obst- und Gemüseprodukte.

We've got a large garden with lots of apple trees and we also grow lots of different types of vegetables ourselves.
Wir haben einen großen Garten mit Apfelbäumen, und außerdem bauen wir viele Arten von Gemüse selbst an.

These fresh eggs from the farm taste particularly good.
Diese frischen Eier vom Bauernhof schmecken besonders gut.

Many farmers have decided to stop using chemical fertilizers because of the increasing demand for chemical-free products.
Viele Bauern haben sich durch die verstärkte Nachfrage nach biologischen Produkten wieder für den chemiefreien Anbau entschieden.

The overproduction of milk in the EU has led to the lake of milk and the butter mountain.
Durch die Überproduktion von Milch in der EU sind der „Milchsee" und der „Butterberg" entstanden.

The EU subsidizes certain agricultural products, and this often leads to overproduction.
Die EU subventioniert bestimmte landwirtschaftliche Produkte, was oft zur Überproduktion führt.

In Germany – a classical white wine growing area – one can buy good wines directly from the wine-grower.
In Deutschland – einem klassischen Weißweingebiet – kann man gute Weine direkt beim Winzer kaufen.

The wine harvest has now begun. There are many wine festivals taking place at the moment where one can try out the wine of the region.
Die Weinlese hat begonnen. In vielen Gebieten finden jetzt Weinfeste statt, wo man den Wein der Region probieren kann.

As the vineyards on the Moselle are on very steep slopes, the wine-growers can't use machinery.
Weil die Weinberge an der Mosel an sehr steilen Berghängen liegen, können die Winzer dort keine Maschinen einsetzen.

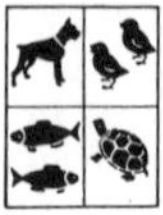

16.8 ENVIRONMENT

16.8 UMWELT

16.8.1 Plants, Animals

16.8.1 Pflanzen, Tiere

On many of my walks through this forest I've seen animals that are only found in these parts. I've also come across rare plants.

Auf vielen meiner Wanderungen durch diesen Wald habe ich Tiere beobachtet, die nur hier heimisch sind, und selten gewordene Pflanzen entdeckt.

It's worth leaving the beaten track and venturing into some of the more isolated parts of this forest.

Es ist der Mühe wert, die Waldwege zu verlassen und sich an einsamere Gebiete des Waldes heranzuwagen.

At this time of the year the meadows are strewn with beautiful wild flowers.

Um diese Jahreszeit sind die Wiesen mit wunderschönen Wildblumen übersät.

These plants have medicinal qualities. I collect them to make tea with.

Dies sind Heilpflanzen. Ich sammle sie, um Tee daraus zu machen.

He knows many types of medicinal herbs that grow wild in this area.

Er kann viele Arten von Heilkräutern, die in diesem Gebiet wild wachsen, unterscheiden.

Don't pick those flowers! You're not supposed to pick them as they're in danger of dying out.

Pflücken Sie diese Blumen nicht! Sie stehen unter Naturschutz, weil sie vom Aussterben bedroht sind.

There are lots of oak trees in this forest.

Es gibt viele Eichen in diesem Wald.

This is an edible mushroom.

Dies ist ein eßbarer Pilz.

This sort of mushroom is poisonous.

Dies ist eine giftige Pilzart.

There are lots of brambles, raspberries and blueberries in this wood.

Brombeeren, Himbeeren und Blaubeeren sind in diesem Wald reichlich vorhanden.

I really love this unspoiled marshland. It is one of the few places where rare birds still nest.

Ich liebe diese unberührte Moorlandschaft. Sie ist einer der wenigen Orte, wo noch seltene Vögel nisten.

There is a wide variety of plant and animal life on the mud flats on the North Sea coast.

Das Wattenmeer unterhält eine vielfältige Pflanzen- und Tierwelt.

Over thirty different kinds of birds have been observed in this bird

In diesem Vogelschutzgebiet sind über dreißig verschiedene Vogel-

sanctuary and twenty different species nest here regularly.	arten beobachtet worden, und über zwanzig nisten hier regelmäßig.
He is a keen bird watcher.	Er ist ein begeisterter Vogelbeobachter.
This pond is a regular resting place for geese flying south for the winter.	Dieser Teich ist ein regelmäßiger Rastplatz für Gänse, die über Winter in den Süden fliegen.
This river has been stocked with trout.	In diesem Fluß wurden Forellen ausgesetzt.
What other kinds of fish are found in these waters?	Welche anderen Fische gibt es in diesen Gewässern?
There aren't any salmon in German rivers any more.	In deutschen Flüssen gibt es keine Lachse mehr.
When I come past here in the morning, I often see deer by this stream.	Wenn ich morgens hier vorbeikomme, sehe ich oft Rehe an diesem Bach.
The stag was a twelve-pointer.	Der Hirsch war ein Zwölfender.
We found the tracks of hare and deer in the fresh snow.	Wir konnten Spuren von Hase und Reh im Neuschnee entdecken.
One can also encounter badgers, foxes, beavers and elks in these woods.	Man kann auch Dachs, Fuchs, Biber und Elch in diesen Wäldern antreffen.
What kind of animals are found in this area?	Welche Tierarten gibt es hier?
There are wild bears here, but they are very shy. They are usually only dangerous when provoked.	Es gibt noch wilde Bären in diesem Gebiet, die aber sehr scheu sind. Sie sind in der Regel nur gefährlich, wenn man sie provoziert.
The animals in this national park are not tame and should not be approached by tourists.	Die Tiere in diesem Nationalpark sind nicht zahm, und die Touristen sollten sich ihnen nicht nähern.
The adder is the only poisonous snake in this area, but it won't bother you if it's left alone.	Die Kreuzotter ist die einzige Giftschlange in diesem Gebiet. Sie greift jedoch nicht an, wenn man sie in Ruhe läßt.
We often have hedgehogs and moles in our garden (U.S.: backyard).	Wir haben oft Igel und Maulwürfe in unserem Garten.

16.8.2 Environmental Problems

16.8.2 Umweltbelastungen

The results of environmental pollution are often not noticed until they start to affect people. But when things have got that far, it's often very difficult, if not impossible, to stop them.

Die Auswirkungen der Umweltverschmutzung werden oft erst wahrgenommen, wenn sie anfangen, das Leben der Menschen zu beeinflussen. In diesem fortgeschrittenen Stadium sind die Schäden meist nicht mehr oder nur sehr schwer aufzuhalten.

Ever since the forests have been dying at this alarming rate, the government has been trying to develop an effective programme (U.S.: program) to combat pollution.

Seitdem die Wälder in alarmierendem Tempo absterben, hat die Regierung versucht, ein wirkungsvolles Programm gegen die Umweltverschmutzung zu entwickeln.

Air pollution has not only affected much of the plant life here, it has also begun to corrode buildings.

Die Verschmutzung der Luft hat nicht nur einen Großteil der Pflanzen beeinflußt, sondern hat auch angefangen, Bauwerke anzugreifen.

It seems that no government is keen on imposing expensive emission control measures on industry to reduce the level of pollutants in the air.

Es scheint, daß keine Regierung bestrebt ist, der Industrie teure Imissionsschutzmaßnahmen aufzubürden, um die Schadstoffe in der Luft zu reduzieren.

Environmentalists claim that the government is not doing enough to combat this problem effectively.

Umweltschützer behaupten, daß dieses Problem nicht wirkungsvoll genug von der Regierung bekämpft wird.

It is estimated that the majority of trees in West Germany have been affected by pollution.

Es wird geschätzt, daß die Mehrzahl der Bäume in der Bundesrepublik an den Folgen der Umweltverschmutzung erkrankt ist.

In Germany unleaded petrol (U.S.: gasoline) wasn't introduced until 1985, whereas in the United States it has been in use for years.

In Deutschland gibt es erst seit 1985 bleifreies Benzin, während es in den Vereinigten Staaten schon seit vielen Jahren verwendet wird.

This large chemical company has been accused of polluting the Rhine with poisonous chemicals.

Diesem großen Chemiekonzern wird vorgeworfen, den Rhein mit giftigen Chemikalien verschmutzt zu haben.

The drinking water for this area has been contaminated because highly concentrated chemicals have got into the system.	Das Trinkwasser in diesem Gebiet ist verseucht, weil Chemikalien hochkonzentriert ins Wasser gelangten.
A large oil slick that drifted onto the coast has polluted miles of beach and killed many birds.	Ein großer Ölteppich, der auf die Küste zutrieb, hat den Strand meilenweit verunreinigt und viele Vögel getötet.
Environmentalists were unable to save most of the birds that had been affected by the oil.	Die Umweltschützer konnten die meisten der mit Öl verschmutzten Vögel nicht retten.
Conservation laws to protect endangered plants only make sense if the natural environment of these plants is also protected.	Gesetze zum Schutz von gefährdeten Pflanzen sind nur dann sinnvoll, wenn auch der natürliche Lebensraum dieser Pflanzen geschützt wird.
I'm a member of a local conservation group.	Ich gehöre einer Bürgerinitiative für Umweltschutz an.
Conservationists have long been opposed to the testing of nuclear weapons.	Umweltschützer wehren sich seit langem gegen Atomwaffentests.
International cooperation is needed to protect the environment, as laws in one single country are not far-reaching enough to have a lasting effect.	Internationale Zusammenarbeit ist nötig, um die Umwelt zu schützen, da Gesetze in einem einzigen Land nicht weitreichend genug sind, um einen dauerhaften Erfolg zu erzielen.
Insecticides have caused the deaths of many species of birds in this area.	Insektizide haben den Tod vieler Vogelarten in dieser Gegend verursacht.
The eagle is a protected species.	Der Adler steht unter Naturschutz.
This type of bird has become very rare and is threatened by extinction.	Diese Vogelart ist sehr selten und vom Aussterben bedroht.
The newly planned motorway (U.S.: highway) will destroy the most beautiful part of the countryside around here.	Die neu geplante Autobahn wird den schönsten Teil dieser Landschaft vernichten.
Car (U.S.: automobile) exhaust fumes have already affected much of the vegetation here.	Die Autoabgase haben schon einen großen Teil der Pflanzenwelt geschädigt.
The interests of industry still seem to have priority over those of conservationism.	Industrieinteressen scheinen immer noch den Vorrang gegenüber dem Umweltschutz zu haben.
Many conservationists see maintaining the supply of drinking	Viele Umweltschützer halten die Sicherung der Trinkwasserver-

water as one of the most serious ecological tasks facing future generations.

sorgung für eine der wichtigsten ökologischen Aufgaben der nächsten Generationen.

16.9 WEATHER, CLIMATE

16.9 WETTER, KLIMA

Lovely day, isn't it?

Wir haben wunderschönes Wetter heute.

Yes, we've been really lucky with the weather these last two weeks.

Ja, die letzten zwei Wochen haben wir wirklich viel Glück mit dem Wetter gehabt.

This extremely hot weather is unusual for this area.

Dieses extrem heiße Wetter ist für diese Gegend ungewöhnlich.

We usually have a pleasant summer with fairly moderate temperatures.

Wir haben in der Regel einen angenehmen Sommer mit mäßig warmen Temperaturen.

This has been an unusually long summer.

Dies ist ein außergewöhnlich langer Sommer.

It seems as if summer isn't going to come at all this year. This cold wet weather just seems to go on and on.

Es scheint, als ob es dieses Jahr überhaupt nicht Sommer wird. Dieses naßkalte Wetter hält schrecklich lange an.

What do you think the weather is going to be like tomorrow?

Was meinen Sie, wie wird das Wetter morgen?

The weather appears to be changing.

Das Wetter scheint sich zu ändern.

The weather forecast is for warm and sunny weather.

Es wurde sonniges und warmes Wetter angesagt.

Summer temperatures in this area can reach over 95° F.

Die Sommertemperaturen in dieser Gegend können gut 35° C erreichen.

It's so hot here that you need air conditioning to survive.

Die extreme Hitze hier ist nur durch Klimaanlagen zu ertragen.

This has been the hottest day of the summer so far.

Bis jetzt ist das der heißeste Tag des Sommers.

This will probably be the last nice week of the summer.

Dies wird wahrscheinlich die letzte schöne Woche des Sommers sein.

The weather is changing. The nights are getting very cool now.

Das Wetter ändert sich. Die Nächte sind jetzt sehr kühl.

We had the first frost of the season last night.	Wir haben letzte Nacht den ersten Frost der Saison gehabt.
The weather looks quite gloomy. There seems to be snow in the air.	Das Wetter sieht sehr düster aus. Schnee scheint in der Luft zu liegen.
Autumn (U.S.: fall) is a beautiful time of year. The days are still relatively warm and the autumn colours (U.S.: colors) of the trees are particularly splendid.	Der Herbst ist eine wunderschöne Jahreszeit. Die Tage sind verhältnismäßig warm, und die Laubfärbung der Bäume ist besonders prächtig.
I don't like this cold weather.	Ich mag dieses kalte Wetter nicht.
I'm very sensitive to the cold.	Ich bin sehr empfindlich gegen Kälte.
We've had exceptionally cold weather these last few days.	Wir hatten die letzten Tage außerordentlich kaltes Wetter.
This cold weather will probably continue into March.	Diese Kälte wird wahrscheinlich bis in den März andauern.
I'm freezing. My toes are already quite numb.	Mir ist sehr kalt. Meine Zehen sind schon starr vor Kälte.
This has been the worst blizzard we've had in years.	Dies war der schlimmste Schneesturm, den wir seit Jahren erlebt haben.
Icy conditions caused long delays on the roads.	Der Verkehr wurde durch überfrierende Nässe stark behindert.
Temperatures are sure to drop below freezing point this evening.	Die Temperaturen werden heute abend sicherlich unter den Gefrierpunkt sinken.
It's starting to snow.	Es fängt an zu schneien.
It's been snowing for three hours now.	Seit drei Stunden schneit es.
The weather has been variable all day with scattered snow flurries and sunny spells.	Das Wetter ist den ganzen Tag unbeständig gewesen, mit vereinzelten Schneegestöbern und streckenweise Sonnenschein.
The sun is shining now. I expect the snow and ice will melt soon.	Die Sonne scheint jetzt. Ich nehme an, daß der Schnee und das Eis bald schmelzen.
It has been thawing all day.	Es taut den ganzen Tag.
Spring is in the air!	Frühling liegt in der Luft!
This is an early spring.	Das ist ein zeitiger Frühling.
It looks as if we're going to have rain.	Es sieht aus, als ob wir Regen bekommen.
It was only a short shower.	Es war nur ein kurzer Schauer.
The weather forecast is for	Der Wetterbericht meldete für

thundery showers this afternoon.	heute nachmittag gewittrige Schauer.
It's very cloudy today.	Es ist heute sehr bewölkt.
The storm lasted only a short time but was very intense.	Der Sturm dauerte zwar nur eine kurze Zeit, war jedoch sehr heftig.
The thunderstorm broke before we reached the house.	Es begann zu donnern und zu blitzen, bevor wir das Haus erreichen konnten.
We've got a lightning conductor on our roof.	Wir haben auf dem Dach einen Blitzableiter.
Severe storms can cause flooding here, especially when the snow's melting, too.	Schwere Stürme können hier Überschwemmungen verursachen, besonders wenn sie mit der Schneeschmelze zusammentreffen.
During the thunderstorm it suddenly began to hail.	Während des Gewitters fing es plötzlich an zu hageln.
A tornado has been sighted in the area.	Ein Tornado wurde in dieser Gegend gesichtet.
The tornado caused considerable damage.	Der Tornado hat beträchtliche Schäden verursacht.
There's a hurricane on its way. Everyone is advised to seek shelter.	Ein Orkan zieht auf. Es wird allen Leuten geraten, Schutz zu suchen.
We don't have extreme weather conditions where I come from. The climate is relatively mild.	Wir haben bei uns keine extremen Wetterverhältnisse. Das Klima ist verhältnismäßig mild.
The fog is very thick, which is making driving very hazardous.	Der Nebel ist sehr dicht, was das Fahren sehr gefährlich macht.
The wind has turned.	Der Wind hat sich gedreht.
A strong wind from the east usually means that there is bad weather on the way.	Starker Ostwind deutet in der Regel auf schlechtes Wetter hin.
The weather in the North is very different from what we get in the South.	Das Wetter im Norden unterscheidet sich sehr von dem im Süden unseres Landes.
The barometer has dropped.	Das Barometer ist gefallen.

Index
Sachregister

Index

Page numbers in **bold** print refer to chapter headings.

accident 25, 29, 40, 101, 124, **202**
accident insurance **100**
accommodation **190**
account 94, 99
acknowledgement **19**
address **33**
advice **32,** 190
age **35**
agreement **20**
agriculture **234**
airport 97, 107, 109, 116
air travel **106**
animals **236**
apartment **42**
apology 42
apprenticeship 59
approval 19
armed forces **226**
art **173**
art gallery **173**
assurance **19**
auction **175**
authorities **122**
autumn (Brit.) 241

bachelor 33
baker **85**
bank **94**
bar 134
barber **82**
beer 37, 38, 134, **146**
belief (expression of) **22**
bicycle 33
bill 89, 131, 135, 191, 211
birthday **35**
boarding house **190**
boarding school 55
bookshop **75,** 170
breakfast **148,** 190, 191
bus 106
butcher **86**

cafe 18, 147
camera 26
camping **193**
car 32, 117, **118,** 187
caravan 194, 195
cash 89, 96, 124
champagne **144**
check (U.S.) 89, 94, 96
chemist 205, **209**
cheque (Brit.) 89, 94, 96
Christian name 33
Christian religious groups **176**
Christmas 40, 220, 225
church 177, 224
cinema **167**
civil servant 60, 61
climate **240**
coffee 37, 131, **148,** 149
college **57**
commerce **231**
company 23
comprehensive insurance **104**
comprehensive secondary school **53**
concern **24**
concert **163**
condolences 27, 30
confirmation **19**
congratulations 27
constitution **219**
contradiction **19**
conversation **17**
conversation (starting up) **17**
conversation (keeping it going) **18**
conviction **22**
course 56
credit card 89, 95
crime films **168**
currency **198,** 233

currency regulations **198**
customs **197, 220**

daily life **67**
demonstration 227
dentist **206**
department stores **73,** 77, 232
desires **26**
dictionary 33, 76
disappointment 27, **30**
discussion 29
dislikes **27**
dissatisfaction **28**
doctor 200, **203,** 207, 208, 209, 210, 212
double room 190
drinks 135, 138, **144**
druggist 205
drugstore **209**
duty 198

Easter 225
easy listening **161**
economic policy 215
economy 215
education **48**
elections 216, 218
electrical supplies shop **88**
elementary school **48**
environment 217, **236,** 239
environmental problems **238**
evening meal **151**
exam 21, 33
exchange 198
exchange office **97**
exchange rate 199
exhibition **175**

failure 28
faith 178
fall (U.S.) 241
family **33,** 185
family name 33
farm 234
favo(u)r 26
feelings **23**
feeling unwell **201**
filling (petrol) station (Brit.) 121, 122
filling up (car) **121**
financial institutions **94**
first name 33
fish **139**
five-year secondary modern school **50**
flat **42**
flight 112, 113, 114, 115, 116
flowers 81, 236
flower shop **81**
food **67, 138**
forces 227
foreign currency 97
forest 236, 238
friendship 30
full board 190

garden 235
gas (U.S.) 121, 122
gas station (U.S.) 92
given name 33
Good Friday 225
government (system of) **214,** 217, 230, 238
grammar school **52**
groceries **67,** 90, 192
grocer's shop (Brit.) 67
grocery store (U.S.) 67
guess 23

hair 82
hairdresser **82**
half-board 190
health 105, **199**
health insurance **210**
help 30
higher education **55**
high school **52**
highway 185, 239
hobbies 80, **152**

holiday 26, 31, 64, 116, **180,** 187, 189, 193, 195, 196, 197, 234
holiday flat (Brit.) **192**
holiday home 192
holidays 223
hope **24**
hospital 203, 205, **207,** 212, 213, 214
hotel **190**
human relationships **37**
hygiene **199**

identity card 196
illness **199**
importance **21**
impressions **23**
indifference **28**
industry **228,** 238
information 19
inland trip **195**
inn 132
insurance **100**
invitation 24, 30

job 65
journal **172**
journey 185

ladies' clothing **71**
lawyer 32, 123
leisure time **152**
letter 98
liability insurance **102**
life assurance **105**
light reading **171**
likes **27**
litter 33
luggage 111, 114, 118
lunch **150**

magazine **172**
manners **220**
marital status **33**
meals **148**
measurements **90**
meat dishes **138**
medication 205
medicine 205, **209,** 212
men's clothing **69**
methods of preparation (meals) **143**
minister 214
money 94, 95, 96, 99, 124, 198
moods **23**
motor caravan 189
motorhome 193
motorway 185, 239
mountains **182**
movies **167**
museum **173,** 187
music 27, **161**

name **33**
nationality **36**
negation **19**
newspaper **171**
night club **137**
non-academic school **50**
non-Christian religious groups **178**
non-fiction **170**
nursery 48

offer 20
opera **163,** 187
opinion 20, 22, 23

parcel 98
parliament 216
parties (political) **217**
Passover 226
passport 122, 124, 126, 127, 195, **196**
pasta **142**
petrol (Brit.) 121, 122
pharmacy **209**
place of birth **35**
plane 116
plants **236,** 238
pleasure **26**

point of view **19**
police 40, **122,** 124
politics **214**
pollution (environmental) 238
polytechnic **55**
position 65
post office **98**
prescription 209
press **171**
prices 68, 78, **89,** 176, 192
primary school **48**
private school **54**
profession **59**
professional school **57**
prohibition **32**
proposal 31
pub 37, **134**
public health services **203**
public transport 106

radio **159**
rain 241
reading **170**
recipe 144
refusal **20**
registration (with the authorities) **125**
regret **21, 26**
relatives 34
religion **176,** 179
rent 44, 46, 95
repairs 118, **120,** 231
restaurant 74, **129,** 132, 134, 140, 150, 152
retail dealer 231
revenue office **127**
rice **142**
river 237

sadness **29**
satisfaction **28**
savings bank **95**
school **48**
school system **48**
sea 190
seaside 26, **183**
sea travel **106**
serious films **167**
serious music **162**
ship 106, 117
shoemaker **84**
shoes 80
shoe shop **80**
shopping center (U.S.) 75
shopping centre (Brit.) 75
shops **67,** 232
single room 190
situation 24, 25, 29, 30, 31, 32
six-year secondary modern school **51**
skiing **157,** 180, 181
ski jumping **157**
snow 241
soccer **154**
soft drinks **147**
soldier 226
solicitor 123
spirits **146**
sports **153**
sports goods **77**
spring 90, 241
stamps 98
state of health **199**
stores **67,** 73
strike 66
studies 56
subway 109
suggestion 20, **31**
summer 240
summer holidays **182,** 193
supermarket 67, 140
supper 151
surname 33
swimming 31, 33, 117, **157**
sympathy **26**

taxes 127, 128, 129, 215, 233
tax office **127**
tea **148**
teacher 22

telegram 98
telephone **99**
television **159**
temperatures 241
tennis **155**
term 56, 58
theater (U.S.) 27, **165,** 187
theatre (Brit.) 27, **165,** 187
theft 124
tip 108, 131
tooth 206
track-and-field athletics **156**
trade **231**
trade unions 66, 229, 230
train 110, 186
train journeys **185**
train station 92, 111
transport (Brit.) **106**
transportation (U.S.) **106**
travel **180**
travel (trip) abroad **196,** 213
travel agency 185, 187, 189, 194
travel agent 108
travel documents **196**
traveler's check (U.S.) 97, 124, 199
traveller's cheque (Brit.) 97, 124, 199
travel parties **187**
trip 132, 187, 189
trips for individuals **189**
trouble 25

uncertainty **23**
underground 109
understanding 30, 31
unemployment 216, 229, 230
university 53, **55,** 126, 197

vacation **192**
vacation apartment (U.S.) **192**
vegetables **141**
visa **196**
vocational training **58**

wages 90
weather **240**
weather forecast 241
wedding 34, 222
weights **93**
western **169**
whitsun 225
wholesale trade 231
wine 131, 133, **144,** 198, 235
wine tavern **136**
winter holiday **180**
winter sports 181
wishes **26**
work **59**

Yom Kippur 179, 226

Sachregister

Fettgedruckte Seitenzahlen verweisen auf Kapitelüberschriften.

Abendessen **151**
Abfall 33
Ablehnung **20**
Adresse **33**
alkoholfreie Getränke **147**
Alter **35**
Anerkennung **19**
Angebot 20
Apotheke 205, **209**
Arbeit **59**
Arbeitslosigkeit 216, 229, 230
Arbeitsstelle 65
Arzt 200, **203,** 207, 208, 209, 210, 212
Auktion **175**
Ausbildung **48**
Ausflug 132
Ausflugslokal **132**
Auskunft 19
Auslandsreise **196,** 213
Ausstellung **175**
Auto 32, 117, **118,** 187
Autobahn 185, 239

Bäcker **85**
Bahnhof 92, 111
Bahnreisen **185**
Bank **94**
bar (zahlen) 89
Bargeld 96, 124
Bauernhof 234
Beamter 60, 61
Bedauern **21, 26**
Behörden **122**
Beileid 27, 29
Benzin 121, 122
Beruf **59**
Berufsausbildung **58**
Bestätigung **19**
Bier 37, 38, 134, **146**
Bierkneipe **134**
Blumen 81, 236
Blumenladen **81**
Brief 98
Briefmarken 98
Buchhandlung **75,** 170
Bus 106

Café 18, 147
Camping **193**
christliche Religionsgemeinschaften **176**

Damenbekleidung **71**
Demonstration 227
Devisen **198**
Diebstahl 124
Diskussion 29
Doppelzimmer 190

Eindrücke **23**
Einkaufszentrum 75
Einladung 24, 30
Einverständnis 19
Einzelhändler 231
Einzelreisen **189**
Einzelzimmer 190
Elektrogeschäft **88**
Entschuldigung 42
Enttäuschung 27, **30**
ernste Musik **162**

Fachhochschule **57**
Fahrrad 33
Familie **33,** 185
Familienstand **33**
Feiertage **223**
Ferienhaus **192**
Ferienwohnung **192**
Fernsehen **159**
Film 167
Finanzamt **127**

Fisch **139**
Fleischer **86**
Fleischspeisen **138**
Flug 112, 113, 114, 115, 116
Flughafen 97, 107, 109, 116
Flugzeug **106,** 115, 116
Fluß 237
Freizeit **152**
Freude **26**
Freundschaft 30
Friseur **82**
Frühling 90, 241
Frühstück **148,** 190, 191
Fußball **153**

Galerie **173**
Garten 235
Gasthaus 132
Gebirge **182**
Gebräuche **220**
Geburtsort **35**
Geburtstag **35**
Gefallen 26, **27**
Gefühle **23**
Geld 94, 95, 96, 99, 124, 198
Geldinstitute **94**
Gemüse **141**
Gepäck 111, 114, 118
Gesamtschule 53
Geschäfte **67,** 73, 232
Gesellschaft 23
Gespräch **17**
Gesprächseröffnung **17**
Gesprächsfortführung **18**
Gesundheit 105, **199**
Gesundheitsfürsorge **203**
Gesundheitszustand **199**
Getränke 135, **138, 144**
Gewerbe **231**
Gewerkschaften 66, 229, 230
Gewichte **93**
Glaube (Religion) 179
glauben (vermuten) **22**
Gleichgültigkeit **28**
Glückwunsch 27

Großhandel 231
Grundgesetz 219
Grundschule **48**
Gymnasium **52**

Haare 82
Haftpflicht **102**
Halbpension 190
Handel **231**
Handwerk 231
Hauptschule **50**
Hochzeit 34, 222
Herbst 241
Herrenbekleidung **69**
Hilfe 30
Hobbys 80, **152**
Hochschule **55,** 126
Hoffnung **24**
Hotel **190**

Industrie **228,** 238
Inlandsreise **195**
Internat 55

Jom Kippur 179, 226
Junggeselle 33

Kaffee 37, 131, **148,** 149
Kamera 26
Karfreitag 225
Kaufhaus **73,** 77, 232
Kindergarten 48
Kino **167**
Kirche 177, 224
Klima **240**
Kneipe 37
Konto 94, 99
Konzert **163**
Körperpflege **199**
Krankenhaus 203, 205, **207,** 212, 213, 214
Krankenkasse 210
Krankenversicherung **210**
Krankheiten **199**
Kreditkarte 89, 95

Kriminalfilme **168**
Krimis 171
Kummer 25
Kunst **173**

Lage 25, 32
Landwirtschaft **234**
Lebensmittel **67,** 90, 192
Lebensmittelgeschäft 67
Lebensversicherung **105**
Lehre 59
Lehrer 22
Leichtathletik **156**
Lesen **170**
Löhne 90
Lokal 132

Mahlzeiten **148**
Maße **90**
Medikament 205, **209,** 212
Medizin 209
Meer 26, **183,** 190
Meinung 19, 20, 22, 23
Meldebehörde **125**
Metzger **86**
Miete 44, 46, 95
Militär **226**
Minister 214
Mißerfolg 28
Mißfallen **27**
Mitleid **26**
Mittagessen **150**
Museum **173,** 187
Musik 27, **161**

Nachname 33
Nachtclub **137**
Name **33**
nicht-christliche Religionsgemeinschaften **178**

öffentliche Verkehrsmittel **106**
Oper **163,** 164, 187
Ostern 225

Paket 98
Parlament 216
Parteien **217**
(Reise)Paß 122, 124, 126, 127, 195, **196**
Passahfest 226
Pension **190**
Personalausweis 196
Pfingsten 225
Pflanzen **236,** 238
Politik **214**
Polizei 40, **122,** 124
Post **98**
Preise 68, 78, **89,** 176, 192
Presse **171**
Privatschule **54**
Problemfilme **167**
Prüfung 21, 33
Pub **134**

Radio **159**
Rat **32,** 190
Realschule **51**
Rechnung 89, 131, 135, 191, 211
Rechtsanwalt 32, 123
Regen 241
Regierung(ssystem) **214,** 217, 230, 238
Reis **142**
Reisebüro 108, 185, 187, 189, 194
Reisegesellschaften **187**
Reisemobil 189
Reisen **180,** 185, 187, 189
Reisepapiere **196**
Reisescheck 97, 124, 199
Religion **176,** 179
Reparaturen 118, **120,** 231
Restaurant 74, **129,** 134, 140, 150, 152
Rezept (für eine Mahlzeit) 144
Rezept (für ein Medikament) 209

Sachbücher **170**
Scheck 89, 94, 96
Schiff **106,** 117
Schnee 241
Schuhe 80
Schuhgeschäft **80**
Schuhmacher **84**
Schule **48**
Schulsystem **48**
Schwimmen 31, 33, 117, **157**
Sekt **144**
Semester 56, 58
Sitten **220**
Situation 24, 29, 30, 31
Skilaufen **157,** 180, 181
Skispringen **157**
Soldat 226
Sommer 240
Sommerurlaub **182,** 193
Sorge **24**
Sparkasse **95**
Speisen **138**
Spirituosen 146
Sport **153**
Sportartikel **77**
Staatsangehörigkeit **36**
Standpunkt 19
Stellungnahme **19**
Steuern 127, 128, 129, 215, 233
Stimmungen **23**
Streik 66
Streitkräfte 227
Studium 56
Supermarkt 67, 140

tägliches Leben **67**
Tanken **121**
Tankstelle 92, 121, 122
Technische Hochschule **55**
Tee **148**
Teigwaren **142**
Teilkasko **104**
Telefon **99**
Telegramm 98
Temperaturen 241
Tennis **155**
Theater 27, **165,** 187
Theke 134
Tiere **236**
Traurigkeit **29**
Trinkgeld 108, 131

U-Bahn 109
Überzeugung **22**
Umtausch (Währungen) 198
Umwelt 217, **236,** 239
Umweltbelastungen **238**
Umweltverschmutzung 238
Unfall 25, 29, 40, 101, 124, **202**
Unfallversicherung **100**
Ungewißheit **23**
Universität 53, **55,** 197
Unterhaltung **17**
Unterhaltungsliteratur **171**
Unterhaltungsmusik **161,** 162
Unterkunft **190**
Unwohlsein **201**
Unzufriedenheit **28**
Urlaub 26, 31, 64, 116, **180,** 187, 189, 193, 195, 196, 197, 234

Verbot **32**
Verfassung **219**
Verkehrsmittel **106**
Vermutung 23
Verneinung **19**
Verschlimmerung 25
Versicherung (Schaden) **100**
Versicherung (Äußerung) **19**
Verständnis 30, 31
Verwandtschaft 34
Visum **196**
Vollkasko **104**
Vollpension 190
Vorlesung 56
Vorname 33
Vorschlag 20, **31**

Wahlen 216, 218
Währung 97, 233

Wald 236, 238
Wechselkurs 199
Wechselstube **97**
Weihnachten 40, 220, 225
Wein 131, 133, **144,** 198, 235
Weinhaus **136**
Western **169**
Wetter **240**
Wetterbericht 241
Wichtigkeit **21**
Widerspruch **19**
Wintersport 181
Winterurlaub **180**
Wirtschaft 215
Wirtschaftspolitik 215
Wohnmobil 193
Wohnung **42**
Wohnwagen 194, 195
Wörterbuch 33, 76
Wünsche **26**

Zahn 206
Zahnarzt **206**
Zeitschrift **172**
Zeitung **171**
Zoll 198
Zollkontrolle **197**
Zubereitungsarten (Speisen) **143**
Zufriedenheit **28**
Zug 110, 185, 186
Zustimmung **20**
zwischenmenschliche Beziehungen **37**